# 한국현대문학의 수사학

etoric

Korean

ntemporary

erature

장 석 원

도서출판 월인

# 머리말

두 번째 연구서를 묶는다. 대학원에서 문학을 전공하면서 나는 줄곧 수사학에 관심을 두었다. 시와 소설을 읽는 유용한 방법이자 텍스트를 이해하는 중요한 인식의 틀이 수사학이었다. 박사학위 논문의 테마였던 김수영의 시를 수사학 관점으로 연구한 것이 첫 번째 성과였고, 이 책이 수사학과 연관된  두 번째 결과물이다. 두 권의 책으로 넓고 깊은 수사학과 문학 텍스트의 상관 관계의 일면이라도 밝힐 수 있었는가에 대해 나는 지금 회의한다. 또한 반성을 시작한다. 학문의 길은 갈수록 어려워진다. 성근 논리와 서툰 문장과 좁은 문학관으로 이제까지 연구를 수행해오지는 않았나 하는 의문에서 벗어나기 힘들다. 나의 연구가 연구의 대상이 되었던 텍스트의 의미 해석에 조금이라도 기여했을까. 의심이 깊어진다. 내가 나를 위로할 수 있는 유일한 방법은 이 책이 그동안의 연구를 집약하고 정리하는 결과물이 아니라 새로운 연구의 시작임에 불과하다는 확인뿐이다.

이 책의 1부는 한국 현대 문학의 태동기인 1910~1920년대의 수사적 특성을 연구의 주제로 삼은 글로 구성했다. ≪대한매일신보≫에 실린 시 텍스트, 주요한의 초기시, 북미 유학생 잡지 ≪우라키≫의 수사학이 계몽 이데올로기와 밀접한 연관을 지닌다는 것을 확인할 수 있는 자리였다. 더불어 나는 수사학과 문학을 둘러싼 사회가 상동적인 관계망을 형성한다는 점도 인식하게 되었다. 2부에 묶인 논문은 시의 多聲性이라는 주제로 수렴된다. 미하일 바흐찐의 이론을 중심에 두고 시에 적용될 수 있는 다성성 개념을 확보하는 글이 2부의 첫 번째 글이다. 이를 토대로 하여 '형용사와 부사의 가치 평가적 기능'이라는 다성성의 개념을 한국 현대시에 적용시켜본 것이 이용악의 후기시와 친일 의식에 대한 논문이다. 이상의 시를 다성성 개념으로 분석한 글, 김수영의 시에 사용된 인칭대명사를 통계화하고 그 계량적 특징이 김수영 시의 통시적 변모 양상과 일치한다는 것을 밝힌 논문 역시 수사학의 구체적인 개념을 문학 텍스트의 분석과 해석에 적용하려는 이 책의 연구 방향과 일치한다. 3부는 수사학을 현대 소설에 적용시킨 논문으로 구성했다. 작품의 문체를 만들어내는 문장의 구체적인 양상을 분석하여 작가의 세계관과 작품의 대 사회적인 연관 관계를 밝힐 수 있는 중요 개념이 소설의 문체임을 논증하는 세 편의 논문으로 3부는 이루어졌다. 수사학이 시뿐만 아니라 소설의 연구 방법으로도 유용하다는 것을 확인시킬 수 있으리라고 믿는다.

문학을 업으로 삼겠다고 다짐하고 대학원에 입학한 후로 후회할 틈도 없었고, 후회할 수도 없었다. 두 번째 연구서를 묶는 지금 문학에 대한 열정과 신념의 동력이 무엇인지를 다시 한번 나 스스로에게 물어본다. 답은 인간에 대한 믿음과 사랑이다. 답은 언제나 똑같았다. 앞으로도 그 답은 달라지지 않을 것이다. 그러나 지금 나는 이것이 맹목이 아닌지 의심한다. 인간에 대한 믿음과 사랑을 아무리 신념으로 삼는다 한들 신념이 문학은 아니기 때문이다. 문제는 인간과 인간의 삶과 인간의 역사라는 추상적이고 거대한 이데올로기들을 구체성으로 환원시키는 어떤 것을 찾아내는 것이다. 그것을 매개로 하여야만 인간에 대한 믿음과 사랑이라는 허구적인 이념이 문학 연구의 실제적 방법이 될 수 있다. 시를 쓰는 입장 역시 마찬가지이다.

텍스트에 대한 애정과 믿음과 존중이 없을 때 연구자는 작품의 핵심과 비밀을 놓치게 되기 쉽다. 정해진 결론으로 텍스트를 몰아 이용하는 연구에서, 작가의 의도를 충실하게 반영하는, 섬세한 형식이 견지하는, 작품의 아름다운 구조는 도태되는 경우가 허다하다. 이러한 연구 방법은 작품을 연구의 도구로 소비해버리고 만다. 텍스트는 사라지고 연구자의 목적이 연구의 중심이 된다. 목적이 달성될 수 있다면 수단은 문제되지 않는다.

나는 문학 연구의 지름길은 없다고 생각한다. 이런 나의 생각을 나의 행동이 충족시켰는지가 의심스럽다. 언제나 텍스트를 중심에 두고, 텍스트가 인도하는 길을 따라가면 작품의 비밀을 풀어낼 수 있다고 믿었다. 이용악과 김수영과 이인직의 텍스트를 도서관에 앉아 다섯번 여섯번 읽으면서 지루함을 견디기 힘들었지만, 한 번 더 읽을 때마다 텍스트는 새로운 의미를 노출시키며 나를 호출했다. 즐거운 일이었다. 그들의 작품을 천천히 재독하면 이 책의 논문들이 얼마나 형편없는가를 확인하게 될 것이다. 그것은 두려움이다. 책을 엮으면서 나는 작품 읽기의 행복에 다시 편안하게 젖을 수 있을 것이라고 기대한다. 아울러 그 과정에서 새로운 공부가 시작될 것임을 확신한다.

두 번째 연구서를 내는 심정은 두려움이다. 이제야 시작했기 때문이다. 책의 출판을 흔쾌하게 허락해주신 월인의 사장님과 책을 만들어주신 담당자 분들께 고마움을 표한다. 공부와 삶과 문학을 가르쳐주신 스승들에게는 뭐라 할 말이 없다. 지켜봐주시는 것조차도 내게는 힘이다. 무엇보다 문학에 대한 사랑을 가르쳐주신 나의 선생님이 떠오른다. 그리고 아내와 어머니와 가족들. 고맙다는 말로는 부족하지만 고맙다는 말 이외에 달리 할 것이 없다. 내가 그렇다. 시가 주는 자유처럼 그 분들은 나의 힘이다. 한때 적의와 증오가 나를 문학으로 이끌었다. 그것이, 그것의 대상이 사라졌다. 대신 지금 나에게는 사랑이 있다.

2006년 9월

장 석 원

# 목 차

## 3부

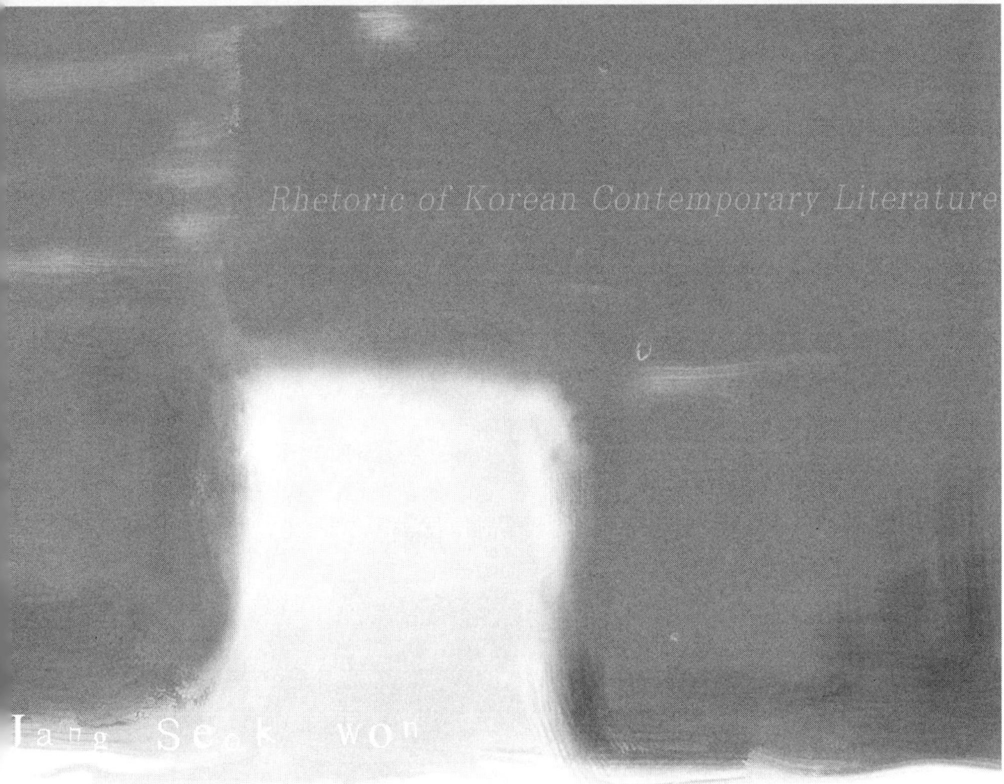


# 제 1 부

# 계몽기 시가의 세계 인식과 수사의 상관성

≪대한매일신보≫의 시가를 중심으로

## 1. 계몽해야 산다

호르크하이머와 아도르노는 그들의 공저 『계몽의 변증법』 첫 머리에서 '계몽'을 다음과 같이 설명한다. "진보적 사유라는 포괄적 의미에서 계몽은 예로부터 인간에게 공포를 몰아내고 인간을 주인으로 세운다는 목표를 추구해왔다. 그러나 완전히 계몽된 지구에는 재앙만이 승리를 구가하고 있다. 계몽의 프로그램은 세계의 '탈마법화'였다. 계몽은 '신화'를 해체하고 '지식'에 의해 상상력을 붕괴시키려 한다."[1] 서구의 계몽과 근대 조선의 계몽은 같은 의미로 수렴될 수 없음에도 그들이 지적한 계몽의 특성은 조선의 그것에도 적용될 수 있는 보편성을 지니고 있다. 일본에 의한 강제 개항과 이를 기점으로 시작된 서구 문명의 유입이 조선에서 실행되었던 계몽의 과정을 단적으로 설명하는 말이라고 할 때, 조선의 계몽이 지니는 의미가 서구의 계몽과는 다른 경로를 밟을 수밖에 없음을 짐작하기란 어려운 일이 아니다.

---

1) Max Horkheimer · Theodor W. Adorno, 『계몽의 변증법』, 김유동 외 역, 문예출판사, 1996, 23면.

계몽이라는 근대의 프로그램은 새로운 언어를 필요로 한다. 새로운 문물과 지식은 이전에는 존재하지 않았던 단어들을 조선과 조선인에게 선보였다. 수많은 명사들이 쏟아져 들어왔다. 새로운 고유명사들은 조선과 동북 아시아 이외에 다른 세계가 존재하고 있다는 증거였다. 따라서 계몽은 반드시 계몽'되어야' 했다. 계몽을 해야 살아남을 수 있었다. 계몽만이 살 길이었다. 새 명사들은 모두가 새로운 문명을 지시했고 더 나아가 새로운 세계 그 자체였다. 중세 조선 500년의 언어와 해일처럼 밀려든 새 언어들이 뒤섞여 혼란이 시작되었다. 근대 계몽기의 언어는 혼란으로 정의된다는 성급한 결론을 내릴 수도 있을 것이다. 그러나 계몽은 혼돈 속에서도 일정한 규칙과 작동 방식을 지니고 있었다. 계몽이 지닌 일정한 양식이 언어에 어떻게 작용되었는가를 살피는 것이 이 글의 목적이다.

## 2. '계몽'이 세계를 전취하는 방식

### 1) 은유의 감옥

학교 문법 시간에 은유는 수사법의 일종이라고 가르친다. 어떤 단어에 '~처럼'이나 '~같이'가 붙으면 직유가 되고, 은유는 "내 마음은 호수요"에서 보듯이 'A = B'라는 문장 형식을 지닌 수사법이라고 배운다. 전체 맥락에 상관없이 어떤 것이 은유로 쓰였는가를 찾아내는 일은 어려운 일이 아니다. 일상의 언어가 기표와 기의의 대응 관계에 기반을 두고 있지 않다는 사실, 사용한 언어 자체의 의미보다는 사용되고 소통되는 맥락(context, situation)이 중요하다는 사실을 통해 비유에 일종의 코드 같은 특성이 들어 있음을 알 수 있다.

이질적인 사물들 사이에, 주체 '나'와 타자 사이에 유사성을 매개로 하여 동일성을 새롭게 만들어내는 것을 은유라고 하고, 그 반대를 환유라고 하는 경우, 대부분의 비유는 은유에 포함된다. 은유는 주부와 술부가 이어지면서 생성되는 시적 표현이다. 논리적으로는 말이 안 되는데 뜻으로는 말이 되는 은유는 세계를 주체인 '나'가 자아화시키는 방법이다. 세계에 대한 새로운 인식, 논리를 뛰어넘어 새로운 의미를 산출하는 방법이지만 그것이 결코 형이상학적인 어떤 법칙이나 규정에 의존하지 않는다는 점에서, 은유는 언어의 권능을 예증하기도 한다. 은유는 경험적인 세계로 다시 환원된다. 주체인 '나'에게 빨려 든 세계는 '나'에 의해 은유라는 마술의 대상이 되고, 은유된 세계는 다시 경험과 감각을 지닌 언어의 세계로 돌아간다. 새롭게 창조된 세계는 주체 '나'의 상상력에 의해 변형된 것이다. 이 변형 과정이 곧 상상력의 패턴이 될 것이고, 상상력의 독창성은 세계를 바라보는 주체 '나'의 세계관으로 주형될 것이다. 은유를 통해, 은유에 동원된 언어에 의해 주체가 세계에 대응하는 양식과 세계관이 파악될 수 있다. 다음의 예문들은 주체가 세계를 비유하는 일련의 과정을 보여준다.

① 명령이아 명령이아 네가 잇던 본쳐소를 단단ᄒᆞ게 봉힛더면 나나니가 독ᄒᆞᄃᆡ도 제가 감히 드러 와셔 잡아가지 못ᄒᆞ엿지 너는 홀로 가련ᄒᆞ다 (1908.9.22)[2]

② 만산풍우 요란 즁에 지엽 업ᄂᆞᆫ 고목 ᄒᆞ나 반씀 썩고 웃쑥 섯다 어리셕은 ᄶᅡᄶᅡ굴이 그 나무에 집을 짓고 그 집에셔 살 터인ᄃᆡ 그 나무를 잣구 씩어 저의 집을 제가 허네 (1908.9.27)

③ 황국단풍 란만ᄒᆞᆫᄃᆡ 유람ᄎᆞ로 ᄃᆞᆫ니다가 동물원에 드러 가니 각죵금슈 모혓고나 이것 뎌것 보ᄂᆞᆫ ᄃᆡ로 인정물ᄐᆡ 비교ᄒᆞ니 불평심회 졀노 난다 (1908.10.4)

④ 양귀비야 양귀비야 네 셩질이 혹독ᄒᆞ다 밤이 되면 합힛다가 ᄒᆡ가 ᄯᅳ면 퓌ᄂᆞᆫ고나 독ᄒᆞᆫ 진ᄋᆡᆨ 변화ᄒᆞ야 아편연이 된 연후에 살해ᄉᆡᆼ명 무슘일고 매국대신 뎌 심장이 네 셩질과 방불ᄒᆞ다 (1908.10.24)

---

2) 강명관 · 고미숙 편, 『근대 계몽기 시가 자료집』 제1권, 대동문화연구원, 2000, 397면. 앞으로 작품은 이 책에서 인용하며, 이 경우 작품이 ≪대한매일신보≫에 게재된 일자만을 밝힌다. 또한 ≪대한매일신보≫는 ≪신보≫로 표기한다.

네 편의 가사 작품에서 화자들은 자신이 비판하고자 하는 대상을 각각 사물에 비유하고 있다. ①에서 화자는 국권을 상실한 당시의 조선을 '명령이'에 비유한다. ②에서는 나라가 '딱따구리'의 성질에 비유되고, ③에서는 인정물태가 동물원의 '각종 금수'가 지니는 특성에, ④에서는 매국대신들의 행동이 '양귀비'가 지니고 있는 독에 비유된다. 각 작품의 화자들은 국권 상실과 서구 문물의 유입과 같은 사회상을 사물의 특성에 비교하면서 자신이 찾아낸 의미를 부여한다.

일반적인 은유라고는 볼 수 없다. 화려한 수사가 동원된 문학적인 은유가 아니기 때문에 비유가 아니라고 판단할 수 있다. 그러나 주체가 세계를 자아화하는 방식, 즉 두 사물 사이의 유사성을 기초로 하여 논리적으로는 의미가 성립될 수 없지만 뜻으로는 말이 되게 하는 은유의 매커니즘을 고려할 때, 위와 같은 방식은 은유라고 할 수 있을 것이다. 딱따구리가 나무에 제 집을 짓기 위해 구멍을 내는 행위가 나라를 망하게 하는 행위가 될 수는 없고, 마찬가지로 매국대신들이 양귀비는 아니다. 화자는 딱따구리와 양귀비의 특성에 자신이 비판하고자 하는 대상의 특성을 연결시킨다. 유사한 특성에 의거하여 자신이 표현하고자 하는 대상을 비유하고 있는 것이다. 'A=B'가 성립된다. 매국대신(A)=양귀비(B) 관계가 설정되었다. 양귀비의 독성과 매국대신의 행위가 끼친 해악의 동일성이 당대의 상황(situation)에서 비유를 성립시킨다. 대상을 포섭하고 주체화시키는 방법으로 은유가 적극적으로 사용된다. 화자는 은유를 통해 세계의 의미를 발견하고, 나아가 세계를 새롭게 창조한다.

① 한인들아 한인들아 개암이를 못 보ᄂᆞ냐 심 적은 버러지도 큰 언덕에 구녕 뚤어 강이라도 ᄉᆡ게 ᄒᆞ니 단합ᄒᆞᄂᆞᆫ 효력이오 (1909.5.2)

② 대한동포 뎌 병근은 이왕진찰 ᄒᆞᆫ 연후에 무수권면 ᄒᆞ엿건만 일국병세 위즁ᄒᆞᆫ즉 약쓰기가 급ᄒᆞ도다 경고ᄒᆞᄂᆞᆫ 큰 붓으로 의국방문 써 내 놋코 일심정력 다 드려서 약 ᄒᆞᆫ 졔를 지어노니 졀망병을 쇼제ᄒᆞᄂᆞᆫ 희망단이 분명하다 (1909.5.5)

첫 번째 가사는 한인들의 단결력 없음을 개미의 특성에 비유한다. 이 가사는 힘 적은 벌레에 불과한 개미도 힘을 합쳐 강둑을 뚫을 수 있다는 가능성을 제시하면서 한인들에게 단결을 호소한다. 단결이라는 개미의 특성을 통해 화자는 한인들도 단결해야 한다는 점을 다른 사람들에게 알리고자 한다. 우리 모두 단결해야 한다는 화자의 소망은 개미의 성질에 한인들이 해야 할 바를 연결시킨다. 주체의 특성과 대상의 특성을 동일화시켜 사유하는 비유의 매커니즘이 작동되고 있음을 알 수 있다. 단결을 주장하는 화자는 개미의 특성을 주체에 동일화시키는 비유를 시도하고 있다. 더 나아가 단결의 특성을 지닌 다른 사물, 예컨대 꿀벌 같은 곤충을 비유의 대상으로 끌어올 가능성도 있다. 단결이라는 성질을 지니는 사물이라면 뭐든지 비유의 대상이 될 가능성이 있다는 뜻이다. 그 대상이 차지하는 의미 맥락이나 작품으로서의 가치는 첫 번째 고려 사항이 아니다. 단결해야 하기 때문에, 단결보다 중요한 것은 있을 수 없기 때문에, 화자의 욕망은 단결이라는 특성을 지닌 사물이라면 가리지 않고 비유를 통해 포섭할 것이다. 동일성의 논리에 기반을 둔 비유의 욕망은 사물을 강력하게 흡입한다.

두 번째 가사에서 화자는 당시의 나라 상황을 병에 비유한다. 나라는 병들었고, 병든 나라를 고치기 위해서는 약이 필요하다고 말한다. 병든 나라를 약으로 고치기 위해서 화자는 나라를 인간의 몸에 비유한다. 나라와 몸을 연결시키면서 화자는 나라의 증세에 맞는 환약을 하나씩 제조한다. 화자는 병든 나라를 치료하기 위해 확실한 처방전을 제시한다. 부국보토단, 애국헌신단 등의 약을 먹으면 아픈 몸(병든 나라)이 쾌유될 것이라고 화자는 믿는다.

약을 써서 병든 나라를 치료하겠다는 비유는 나라에 인간의 몸이라는 특성을 부여해야 가능하다. 추상적인 나라에 인간의 신체 특성을 부여하여 의인화시키는 이런 비유는 세계를 해석하려고 하는 주체의 욕망이 얼마나 강력하게 작동하고 있는가를 예증한다. 주체 주위의 모든 사물을 의인화하여 인간화된 시선으로 사물의 의미를 파악하려는 비유

방식은 세계를 해석하려는 주체의 욕망이 자연에 대한 인간의 우위를 증명하는 길로 나아갔던 근대의 사유 체계와 유사하다. 데카르트가 "나는 생각한다, 고로 존재한다"고 했을 때, 이 말에는 생각하는 행위에 의해 인간이 세계의 중심이 될 수 있다는 선언적 의미가 포함되어 있다. 데카르트가 이렇게 자신 있게 선언할 수 있었던 배경에는 이상적인 학문으로서 '기하학과 수학적 자연과학'이라는 명확성이 자리잡고 있었다.[3] 경험으로 환원되기 힘든 추상적 대상인 국가에 인간의 특성을 부여하여 '몸=국가'로 인식하는 행위는 데카르트의 기하학 혹은 수학적 자연과학이 토대로 삼고 있는 대상의 분해, 계열화(분류), 질서 부여 과정을 전제로 삼는다. 병든 몸을 증세에 따라 절단하여 각 부위에는 어떤 증상이 있고, 치료를 위해서는 어떤 약이 필요하다는 부분에 대한 인식은 각 부분을 알면 부분으로 구성된 전체도 파악된다는 사고에 의해 작동된다. 전체는 부분으로 계량화된다. 부분은 전체를 재구성한다.

> 사ᄅᆞᆷ이라 ᄒᆞᄂᆞᆫ 것은 ᄉᆞ지ᄇᆡᆨ톄 구비ᄒᆞ야 ᄒᆞᆫ 몸ᄯᅮᆼ이 되엿ᄂᆞᆫᄃᆡ 일신 즁에 각 긔관이 맛흔 능간 다 잇셔서 활동리용 ᄒᆞᄂᆞᆫ 바ㅣ라 그 능간이 엇더ᄒᆞᆫ지 각기 ᄒᆞᆫ번 물어볼가
>
> (…)
>
> 발아 너ᄂᆞᆫ 무슴 능고 나의 능간 말ᄒᆞᆯ진ᄃᆡ 방계곡경 아니 ᄇᆞᆲ고 탄탄대로 ᄌᆞᆺ거니와 쉬지 안코 나아가면 못 갈 곳이 업ᄂᆞ니라 유진무퇴 목뎍으로 긔명상에 진보일세
>
> 일샤회의 전톄든지 일국가의 전톄든지 일개인의 일신ᄭᆞ지 모든 긔관 활동ᄒᆞ야 각기 능간 부려가며 일심단합 ᄒᆞᆫ 연후야 방가위지 젼단톄니 어시 됴심 아니 ᄒᆞᆯ가 (1909.5.18)

대상을 숫자로 바꾸어야 수학이 가능하고, 대상을 기호로 바꾸어야 논리가 파악되기 쉽다. 화자는 신체의 각 부분에 인격을 부여하고, 신체의 각 부분이 지닌 능력에 맞춰 일심단합 활동하면 목표를 이룰 수

3) Edmund Husserl, 『데카르트적 성찰』, 이종훈 역, 철학과현실사, 1993, 44면.

있다고 말한다. 이 시의 화자가 보여주는 인식은 전체는 부분의 합이라는 근대적 사고의 일면을 보여준다. 알 수 없는 괴물인 전체를 장악하기 위해서는, 전체를 분할하고 절단하여 부분으로 만드는 과정이 필요하다. 이 작품에서 신체는 마음, 눈, 귀, 입, 코, 손, 발로 각각 분할되어 각각의 임무를 부여받는다. 한 인간을 구성하던 신체 기관이 생명을 잃은 절단물이 되었다가 화자에 의해 생명을 다시 부여받아 로봇이 된다. 눈은 흑암천지를 잘 분간하기만 하면 되고, 귀는 정직언론을 듣기만 하면 된다. 이렇게 하여 인간은 신체의 각 부분을 이어 붙인 누더기 인간 프랑켄슈타인이 된다. 살기 위해 알아야 할 것들이 살아 있는 인간보다 더 중요하다.

화자는 자신이 알고 있는 것들을 알지 못하는 다른 사람들에게 알려야 한다. 그는 강박을 느낀다. '알아야 산다. 나만 알고 있다는 것은 죄악이다.' 여기서 데카르트의 유명한 명제는 "나는 말한다, 고로 존재한다"로 바뀐다. 알려야 하는 화자의 욕망은 그 욕망의 강렬함에 의해 주체 이외의 모든 대상을 동일성의 논리로 포섭한다. '나'가 이미 알고 있는 지식에 의거하여 사물들은 유사성을 기준으로 분류되고, 확인된 유사성에 의해 사물들은 폭력적 동일화 과정에 끌려든다.

> 일진회원 너희들도, 이쳔만즁 일분ᄌᆞ로, 삼견론에 미혹 밧고 ᄉᆞ대강령 쥬챵타가, 오됴약에 션언ᄒᆞ나, 륙대쥬위 괴물이요 칠적들의 노례되니, 팔역민의 원슈로다, 구츄단풍 락엽되니 십월 ᄑᆞ리 가련ᄒᆞ다, 빅년부귀 구ᄒᆞ다가, 쳔고죄인 되엿고나 만셰호챵 ᄒᆞ지 말아, 억죠창싱 비웃ᄂᆞᆫ다. (사조 : 1909.3.18)

1부터 억(億)까지 기표의 유사성에 따라 현실을 비판하고 있는 작품이다. 대상의 유사성을 토대로 의미를 찾아내는 과정에서 세계를 해석하려는 주체의 의지를 발견하게 된다. 화자가 세계를 흡수하는 과정이라고 할 수 있다. 모든 대상을 계몽이라는 구심점에 묶어 유사성의 체계를 만들어내는 이 과정에는 주체가 일방적으로 대상을 조작하는 폭력성이 내재되어 있다. 주체가 세계를 사유하는 한 과정으로 작동하는 은유의 체계 즉, 'A=B'라는 동일화 과정에 의해 계몽은 대상을 포획한다. 주체에 의해 대상의 고유 의미는 박탈되고, 일방적인 소통의 맥락이 형성된다. 목적이 수단을 정당화시키는 방법, 주체의 전단적인 동일화 과정이 은유에 의해 실현된다. 기표는 유사성에 의해 대상에 의미를 부여하고, 부여된 의미는 곧 비판이 되고, 비판은 계몽하고자 하는 화자의 파토스에 실려 강력한 이념성을 획득한다. 적과 나의 선명한 분리가 이루어진다.

> 샹하인민 물론ᄒᆞ고 지식고루 ᄒᆞᆫ 톳시니 멸죵ᄒᆞ길 면ᄒᆞ랴면 졍신차려
> 교육ᄒᆞ소 텬하만ᄉᆞ 모든 긔관 지식에셔 나ᄂᆞ니라 (1909.4.24)

명확한 경계는 근대가 가져온 지식에 의해 더욱 선명하게 주체와 대상을 이격시키고, 주체와 적을 분리시킨다. 주체는 은유를 무기 삼아 세계를 온몸으로 소화시킨다. 주체는 아메바 운동을 한다. '나'와 다른 이질적 존재와 결합하여 새로운 생명을 탄생시키는 유성 생식이 아니라 체세포 하나가 다른 체세포 둘로 나뉘는 증식을 통하여 주체는 지식을 확대시킨다. 계몽은 계몽을 낳고, 은유는 동일성의 논리를 복제한다. 주체는 은유라는 폭력적 동일화의 논리를 생산해낸다.

### 2) 리듬의 감옥

전대의 문학 양식은 근대 계몽기에도 활발하게 창작되었다. 가사와 시조의 정형률은 형식의 완강함을 유지한 채 계몽이라는 시대의 이데올로기를 흡수하여 대중들에게 향유되었다. 집단성이 강한 이념을 지향한다는 점에서 가사와 시조의 정형적인 리듬은 전대 문학 양식의 강렬한 변양에 동력이 된다. 문명 개화라는 이념적 당위가 모든 대상을

계몽이라는 코드로 균질화시켰듯이 4음보 연속체라는 가사의 리듬은 개인의 언어를 균질화시키는 기능을 담당한다. 국가가 개인의 신체로 변양되어 균질화라는 단련을 받듯이, 다양한 개인의 언어는 리듬에 의해 균질화되어 계몽이라는 시대의 이념에 단련된다.

> 긔챠 고동 흔 번 불믹 일폭강산 수쳔리가 번긔굿치 슌식간에 눈 압흐로 지나가니 뎌 속력을 옴겨다가 사름일에 붓쳐 노면 새 셰계가 쉽게 될 듯
> 긔챠 고동 흔 소릐에 이 강산을 열람흐니 디방풍진 지리키로 싱민어육 되엿고나 진무방칙 실시흐야 승평셰계 문들기를 속히 가는 긔챠굿치
> (1908.8.16)

근대 문물의 대표로 인식되는 기차의 경이로움을 화자는 찬탄한다. 근대의 확장된 시공간 의식을 상징하는 기차를 통해 당대인들의 속도에 대한 인식 과정을 알 수 있다. 공간의 확장에 따라 인식의 공간 역시 확장되었다. 이전까지의 그 어떤 교통 수단보다 빠른 기차의 출현은 속도에 대한 찬탄을 불러왔다. 더불어 기차는 시간 의식에도 획기적인 변화를 유발시켰다. 기차의 속력을 사람의 일에 붙여놓으면 새 세계가 쉽게 이루어질 것이라는 발언은 화자가 속도와 시간의 비례 관계를 인식하고 있었다는 증거이다. 획기적인 교통 기관에 의해 X축에는 시간이, 다른 한 축에는 속도가 설정되고, 그 두 변수가 그려내는 그래프를 거리로 파악하는 근대적—수학적, 과학적—인식이 화자를 점령한다. 화자는 근대의 리듬으로 다가온 기차의 속도에 자신의 희망을 실어 전진한다. 4음보 리듬에 맞춰 기차처럼 내달린다.

가사 장르는 리듬을 동력으로 하여 계몽이라는 목적에 부합하는 수많은 대상들을 자신의 기차에 실을 수 있는 능력을 지니고 있다. 4음보 연속체에 의해 끝없이 내달릴 수 있는 것이다. '속히 가는 기차'처럼 화자는 철길 주변의 모든 사물들을 포섭하여 4음보 동력 기관에 실어 올린다. 계몽이라는 역을 향해 기차는 힘차게 질주한다. 리듬으로 달리는

이 기차에 실린 언어들은 모두가 같은 얼굴을 지니고 있다. 4음보는 사물을 균질화시키고, 계몽 기관차는 앞을 향해 나아간다. 리듬은 세계를 포섭하고 세상을 새롭게 구축한다. '기차 고동 한 소리에' 세계는 모두 희망의 얼굴로 탈바꿈한다. 리듬에 장악된 화자는 집단화된다.

> 져녁 그늘 산즁 길에 쇼 ᄐᆞᆫ 목동 초뎍 부러 시국ᄉᆞ를 탁의ᄒᆞ니 듯ᄂᆞᆫ 쟈가 쥬져ᄒᆞ며 만심단회 졀노 나셔 ᄎᆞᆷ아 가지 못 ᄒᆞᄂᆞᆫ가
>
> ᄒᆞᆫ 곡됴가 쳥하ᄒᆞ다 번화홍진 부귀극은 쥬야분주 무ᄉᆞᆷ 일고 헛된 욕심 도도ᄒᆞ야 위급환난 불고ᄒᆞ니 가련ᄒᆞ다 뎌 인ᄉᆡᆼ은 내 신세만 못 ᄒᆞ고나
>
> ᄯᅩ ᄒᆞᆫ 곡됴 쳥아ᄒᆞ다 ᄉᆞ방산쳔 ᄇᆞ라보면 풍진 즁에 잠겻ᄂᆞᆫᄃᆡ 이 시졀이 어ᄂᆞ ᄯᅢ뇨 날이 발셔 놉핫스니 우리 동포 니르켜서 깁히 든 잠 ᄭᆡ여 보세
>
> (1908.6.16)

이 작품은 시국에 대한 화자의 견해를 논설하기 위해 목동의 이야기를 듣고 기록한다는 서사적 장치를 도입하고 있다. 화자는 자신이 들었다는 목동의 말을 옮겨 적는다. 목동의 목소리를 기록하는 장치에 의해, 또 계몽이라는 목적에 의해 개인의 목소리는 '우리'라는 집단의 목소리로 변형된다. 깊히 잠든 동포들의 미몽을 깨어나게 해야 한다는 계몽 이념은 화자에게 '우리'라는 집단성을 기획하게 한다. 리듬이라는 강제는 이 작품에서 4음절로 이루어진 한자 성어의 빈번한 사용을 촉매한다. 계몽이라는 목표에 대상을 자유롭게 접합시키는 역할을 담당하면서도 4음보, 4음절은 강제로 작용한다. 또한 4음보는 개인의 내면적인 리듬을 균질화—거세—시켜서 개인의 목소리를 단일한 리듬으로 집단화한다.

> 어제 져녁 동남풍에 줄줄쏼쏼 오던 비가 쳔금보다 더 즁ᄒᆞ고 션약보다 더 귀ᄒᆞ야 죽던 초목 소ᄉᆡᆼᄒᆞ고 폐ᄒᆞᆫ 농ᄉᆞ 흡족ᄒᆞ니 하ᄂᆞᆯ조화 누가 알가
>
> 줄줄쏼쏼 오ᄂᆞᆫ 비가 반갑기도 반갑도다 불과 ᄀᆞᆺ치 ᄐᆞ든 ᄯᅡᆼ이 잠시간에 윤ᄐᆡᆨ하니 식물 쟝ᄎᆞᆺ 풍족ᄒᆞᆷ을 누가 아니 깃버ᄒᆞᆯ고 급업ᄒᆞᆯ손 이 시국도 이

와 곳치 쇄신홀까 (1908.6.19)

자연 현상에 사회 현상을 빗대어 비유하는 이 작품의 화자는 개인이면서도 당대의 일반 대중이라고 할 수 있다. 가뭄이 들어 타 들어가던 대지를 적시는 비가 '천금보다 더 중하고 선약보다 더 귀하'다는 화자의 평가는 개인의 평가가 아니라, 대중의 염원이 반영된 집단적 평가이다. '하늘의 조화'를 아무도 알 수 없다는 세상의 이치에 대한 집단의 믿음이 수사의문형으로 표현되었다. 비가 내려 작물들이 장차 풍족하게 될 것인데, 이 사실을 '누가 아니 기뻐할 수 있겠는가'라고 표현하는 2행 역시 집단의 심리를 보여준다.

근대 계몽기라는 시대의 특수성은 가사 장르에 무한한 포용력을 부여했다. 4음보 리듬은 이러한 현상의 핵심 동력으로 작동한다. 정해진 형식에, 정해진 리듬에 어떠한 대상이 와도 된다. 각 음보는 어떤 것이 될지 모르는 '변수 X', 그 자체였다. 따라서 계몽기의 가사가 지니는 놀라운 흡수력을 부정할 수는 없다. 이것이 이 시대의 고유한 특수성이라는 사실 역시 부정될 수 없다. 그러나 문학이라는, 시라는 특성 역시 도외시할 수는 없을 것이다. 시가 태생부터 집단성과 주술성이 강했다는 점은 부정되지 않는다. 재도지기라는 이념을 전달하는 매체로서의 문학적 전통 역시 부정될 수 없다. 마찬가지로 시가 개인의 내면에 자리잡고 있는 자율적 영역이라는 사실 역시 오랜 전통을 지니고 있다. 중요한 것은 개인과 집단이라는 이원성 중에서 무엇이 더 중요하냐는 원론적 질문이 아니라 이데올로기의 단일성이다. 계몽이라는 단일한 이데올로기가 모든 언표를 지배하고 있던 이 시기에 계몽의 전횡적 권력에 균열을 만들고, 계몽이라는 거대한 수목적 체계를 해체하는 새로운 흐름을 만들 가능성은 '개인적인 것', 즉 다수의 권력에 반대하는 소수의 저항적 흐름에 있다고 할 수 있다.

4음보 리듬은 이 시기의 수많은 사회 평론들을 가사라는 단일 장르로 묶는다. 다양성을 통합시키는 하나의 원리인 4음보 리듬은 가사 특유의 교술적 특성을 가능하게 하는 유일한 동력이면서, 동시에 리듬이라는 집단성으로 개인의 목소리를 제거하는 역할을 담당한다. 문학은 집단적 이념을 무기로 삼아 떼를 지어 사회와 역사로 달려가는 것이 아니라 개인이라는 자율적 존재가 개인의 언어를 통해 능동적으로, 다양한 형식을 통해 다수와는 다르게 대응하는 방법이다. 계몽기 가사의 리듬이 지니는 집단성은 내용의 자유로운 접합을 가능하게 했던 요소지만 동시에 '개인적인 것'의 차이를 인정할 수 없었던 이념의 단성적인 약점을 그대로 노출한다.

## 3. '이데올로기'가 언어를 지배하는 방식

### 1) '시조'의 종장 말구 처리에 나타나는 '계몽'의 권력

≪신보≫에는 가사와 대비되는 형식을 지닌 시조도 게재되었다. 이들 작품은 형식과 내용 면에서 이전 시기의 시조와 변별된다. 근대 계몽의식을 작품의 주제로 삼았다는 점에서 전대 시조와 내용이 구별되고, 다양한 종장 말구의 처리 방식 때문에 시조가 지닌 엄격한 형식에 균열이 생겼다는 점에서 전대 시조와 형식이 구별된다. 대표적인 형식의 파괴는 전대 시조가 보여주었던 '~하노라, ~이더라' 같은 감탄 종결 어미가 생략되는 현상이다. 시조의 종장 말구가 생략되는 현상은 계몽기만의 특징은 아니고 과거의 작품에서도 발견되는 현상이다.[4] 그러나, 근대 계몽기 시조에 나타나는 종장 말구의 처리 방식은 문장 전체의 의미를 온전히 갖추기 위해 반드시 필요한 문장 성분이 생략된다는 점에서 전대의 작품과 큰 차이를 드러낸다.

① 동창에 히 돗엇다, 어셔 밧비 니러나소 / 남뎐북답 늙은 뎐장, 대홍슈에

4) 권오만, 『개화기 시가 연구』, 새문사, 1989, 139면 참조.

둑 터지네. / ᄒᆞᄉᆞ이다, 우리 농부들아, 임심슈축. (「권농부」, 1908.12.25)

② 왜 나왓나 왜 나왓나, 다 죽으러 왜 나왓나. / 법 모르ᄂᆞᆫ 너의 죵ᄌᆞ, 뉘 덕으로 살어나리. / 영젼에, 미리 아라 예방홀줄, 왜 모르나. (「왜 갓나」, 1909.4.24)

③ 내 가슴 쓰러 만져 보소. 살 ᄒᆞᆫ 뎜이 업네 그려. / 굼뜬 아니ᄒᆞ여도, ᄌᆞ연 그러ᄒᆞ여. / 아마도, 우리 국권회복ᄒᆞ면, 이 몸 쇼ᄉᆡᆼ. (「쇼ᄉᆡᆼ단」, 1909.1.16)

④ 챠호라 대한동포들아. 이 내 말솜 드러 보소 / 삼쳔리ᄂᆞᆫ 금슈강산이오, 이쳔만은 금슈ᄃᆡ우로다 / 엇지타, 금슈강산 ᄉᆡᆼ긴 몸이, 금슈ᄃᆡ우 (「면금슈」, 1908.12.29)

계몽기 시조의 종장 말구 처리 방식은 전대 시조의 그것과 다양한 차이를 보인다. ①은 문장 성분이 도치되어 종장 말구의 서술 어미가 생략된 경우이고, ②는 문장 구성상 어떤 성분이 생략되지 않고 의미가 완결된 경우이다. ①과 ②는 의미 맥락을 이루는 문장 성분이 생략되지 않았다는 점에서 같은 범주로 묶을 수 있다. ①에서 문장 성분의 도치는 작자의 의도를 강조한다. ②의 종장 말구 처리 방식이 나타나는 대부분의 시조들은 계몽기에 접어들어 민요조 여음구가 삽입된 다수의 시조가 창작된다는 특징과 연결된다. ≪신보≫에 게재된 시조에서도 이러한 경우를 발견할 수 있다. 1909년 2월 9일에서 같은 달 20일까지, 2월 25일에서 3월 7일까지 신문에 실린 시조들은 모두 여음구 '흥'을 사용해서 종장 말구를 완결시키고 있다. 민요의 내용과 형식을 도입해서 애국계몽 의식을 널리 알리려는 작가의 의도가 적극적으로 반영된 결과이다.

③은 문장 성분은 생략되지 않았으나, '아마도 우리의 국권이 회복되면, 이 몸도 소생하리라'라는 완결된 문장에서 '~하리라'라는 종결어미가 생략된 경우이다. ④의 종장은 작품 전체의 의미 맥락에 따라 '어찌하여 금수강산에 난 우리는 금수의 대우를 못 면하는가' 정도로 풀어볼 수 있다. 마침표를 사용하지 않았다는 점에서도 의미가 완결되지 않았다는 점을 확인할 수 있다. 이 작품의 종장 말구는 목적어 '금수의 대

우'를 받는 서술어이자, 부사 '어찌하여'와 호응하는 '못 면하는가'가 생략된 채 제시된다. 한 문장의 전체 의미를 완성하는 서술어가 생략되었다. ③과 ④는 완성되지 않은 문장이라는 점에서 생략이 일어난 경우로 묶을 수 있다. 따라서 ①과 ②를 한 범주 (Ⅰ)로, ③과 ④를 다른 한 범주 (Ⅱ)로 구별할 수 있을 것이다.

위의 네 가지 방식은 모두 작가가 독자에게 전달하고자 하는 의미를 강조한다. 중요한 방식은 Ⅱ이다. 출현 회수에서 현저하게 다수를 차지한다는 점 이외에도, Ⅱ의 방식은 작가가 전달하고자 하는 의미를 강조하고 독자들에게 의미 해석의 몫을 남겨둔다는 점에서 더욱 중요하다. 음악성을 중요하게 여기는 시조의 형식을 파괴하지 않으면서도 의미 맥락을 확장시키고, 완결되지 않은 문장을 독자가 종결하여 의미를 완성시키게 하는 이러한 방법에는 작가의 강력한 의도가 실려 있다.

① 양츈이 도라오니. 죵다리가 놉히 쓴다. / 지일지일 비샹텬은, 국가형편 알외는 듯. / 네 비록, 미물일망뎡, 텬의응당 (「소텬금」, 1909.1.26)
② 공명도 니즌 늬요, 부귀도 니졋노라. / 구곡간장 믯친 마음, 국권회복 뿐이로다. / 동포는, 단단일심 변치 믈고, 나를 죠쳐. (「일심경」, 1909.3.27)

①에서 화자는 봄날의 들판 높이 날고 있는 종다리를 쳐다본다. 자신이 독자들에게 전하고자 하는 의미를 화자는 종달새에게 의탁한다. 울며 날아오르는 종달새가 위급한 국가 형편을 알리고 있다. 화자는 '네가 비록 미물일망정 天意를 응당 알고 있구나'라는 전체 문장에서 '알고 있구나'라는 서술어를 생략한다.

두 번째 작품을 산문으로 풀어보면 이렇다. '나는 공명도 잊었고, 부귀도 잊었다. 내 마음속에 깊이 서린 것은 오로지 국권 회복뿐이다. 동포들은 변하지 않는 마음을 지니고 나를 좇아서, (국권회복의 의지를 품자).' 생략된 문장의 내용은 괄호 안의 내용 정도로 추측된다.

생략된 서술어는 독자에게 작품의 의미 맥락 구성에 참여하기를 요구한다. 독자는 결락된 빈 부분을 자신이 작품을 읽으면서 채워넣는다. 이 과정에서 독자는 작가가 전달하고자 하는 의미, 즉 계몽의 의도를 파악하게 된다. 독자가 의미의 빈 부분을 채워넣으면서 완성되는 이 작품의 결락된 부분은 계몽의 미지수 'X'가 된다. 미지수의 해답은 독자가 찾아낸다. 시조의 음악적 특성을 해치지 않기 위한 작가의 방법적 장치가 계몽이라는 목적과 절묘하게 화합된다.

> 불여귀 불여귀라, 두견셩을 못 듯ᄂᆞ냐. / 뎌 웬슈의 원슝이ᄂᆞᆫ, 련쇽부졀 건너온다. / 암커나, 소졔법을 급힝ᄒᆞ야, 그 길 막어. (「소졔법」, 1909.3.30)
>
> 슈젼로 슈젼로야. 돈만 알아 무엇ᄒᆞ나. / 공슈ᄅᆡ 공슈거에, 죽어지면 허ᄉᆞ로다. / 모됴록, 살아 ᄉᆡᆼ젼 공익샹에, 이ᄌᆡ발신. (「슈젼로」, 1909.1.31)

「소졔법」의 종장은 원수 같은 원숭이를 막아야 한다는 의미를 전달한다. '소제법을 급히 시행하여 원숭이가 건너오는 그 길을 막어 (원숭이를 못 오게 해야 한다)'가 종장의 전체 의미이다. 작품의 맥락 상 충분히 알 수 있는 내용이 생략되었다. 독자는 '그 길을 막는 행위'가 무엇을 목적으로 삼고 있는지 잘 알고 있다. 중동무이 끊어진 문장을 완성시키면서 독자는 화자가 전하고자 하는 의미, 즉 원수를 못 오게 해야 한다는 의도를 파악한다. 숨겨진 서술어를 파악하면서 독자는 작품 수용 과정에 능동적으로 참여하게 된다. 일방적으로 전달하지 않고 독자의 참여 부분을 남겨둠으로써 계몽의 일방적 가르침과 무조건적인 수용이라는 일반적인 소통 과정에서 볼 수 없는 다른 효과가 발생된다.

「슈젼로」의 화자는 종장 말구에서 이렇게 말한다. '(수전로야, 너는) 모쪼록 살아 생전에 공익을 위해 너의 재물을 써서 네 역할을 발휘해라.' 화자는 '이재발신하여라'고 수전로에게 명령한다. 독자는 숨겨진 서법을 작품의 전체 의미 맥락에 따라 명령형으로 읽는다. 숨겨진 명령어는 독자에게 수전로가 해야 할 일과 수전로가 지닌 못된 속성을 강력하게 환기시킨다. 화자는 수전로에게 명령하고, 독자 역시 수전로에게 명령한다. 화자의 의도가 독자에게 전달되어 수전로를 비판해야 한다는 계몽의 목적이 무리 없이 수용된다. 음악적 특성을 깨지 않기 위해 시도한 마지막 어구의 생략이 "의미 전달에 있어 장애요인으로 작용"하지 않고 오히려 계몽이라는 목적을 더욱 효과적으로 달성한다.[5)]

> 계림에 밤이 드니, 리믹망량 모혀든다. / 장야건곤 동포들아, 구가청젼다 씻기리. / 일시에, 급히 급히 잠을 씨여, 니러나셔. (「청젼가」, 1909.7.28)

화자는 동포(독자)들에게 급히 잠을 깨라고 말한다. 깊게 든 잠을 어서 빨리 깨어 '일어나서 (∅)을 하자'고 화자는 청유한다. 목적어가 생략된 이 작품의 독자들은 애국에 관련된 모든 목적어를 떠올릴 수 있다. 독자들의 상황과 수준에 따라 무엇이든 자리잡을 수 있다. 모든 사람들에게 애국할 수 있다는 가능성을 열어놓고 있는 빈 목적어의 자리가 계몽의 미지수 'X'가 된다. 경계를 설정하지 않는 계몽은 작품의 목적어와 서술어를 독자에게 맡김으로써 애국과 관련된 '그 어떤 것, 그 모든 것'이라는 무한 증식된 계몽의 대상을 획득한다.

빈 칸을 채울 가능성이 독자에게 주어져 있다. 계몽은 모든 텍스트의 공집합이 되었다. 공집합이 모든 집합의 부분집합이듯이, 계몽은 독자들이 채워넣어야 할 모든 빈 곳을 점령한다. 계몽이라는 권력은 독자 위에서 독자를 관할하고 가르치지 않는다. 독자들이 참여하기 때문에 독자들이 계몽의 권력을 양여받는다. 그러나 계몽의 권력은 독자들을

---

5) 고은지, 「애국계몽기 시조의 창작 배경과 문학적 지향」, 고려대학교 석사학위논문, 1997, 56면. 고은지는 이 시기 시조가 지니는 종장 말구의 다양한 처리 방식이 의미 전달을 방해한다고 본다. 계몽이라는 작가의 의도가 독자에게 즉각적으로 전달되어야 한다는 점에서 생략된 의미 맥락이 불완전한 형식을 산출한다는 것이다. 이러한 관점은 시 작품은 의미가 완결되어야 한다는 기존의 일반적 견해, 특히 시조라는 완성된 형식은 그 안에 완성된 의미를 담고 있어야 한다는 움직이지 않는 신념에서 비롯된 듯하다. 계몽이라는 거대 담론이 이 시기 작가들의 이념을 장악했다고 가정하는 경우, 완성된 형식으로 내용을 독자에게 전달해야 한다는 익숙한 관념들은 쉽게 포기될 수 있었을 것이다. 계몽해야 한다는 이념을 지니고 있던 시조 작가들은 형식을 중요하게 여기지 않았다.

계몽의 감옥으로 초대한다. 다른 어떤 것을 생각하지 않게 하고 오로지 계몽으로 몰아가서 또다른 계몽주의자를 만들어내는 이 교묘한 형식을 계몽의 덫이라고 불러도 좋을 것이다.

### 2) 정치의 수사학

타인에게 무엇인가를 가르쳐야 하는 화자는 일정한 문장 형태를 사용하게 된다. 근대 계몽기 시는 특정한 발화 형태를 지니고 있었다. 여기에 해당하는 발화 양상은 돈호법, 청유형 문장, 명령형, 미래형 등이다. 이러한 발화 형태는 위의 가사 작품에도 등장하는데 이를 '문형(文型)'이라는 용어로 표현할 수 있을 것이다. 이 작품에서 '~마라, 니라'는 가르침의 문형으로 작동된다고 할 수 있다. 화자는 알고 있고, 청자는 알지 못한다. 화자는 자신이 알고 있는 것들을 알지 못하는 청자에게 가르쳐야 한다. 계몽하려는 화자의 의지는 텍스트를 사이에 두고 자신과 청자 사이에 일종의 '지배-피지배 관계'와 비슷한 권위를 설정한다.[6] 계몽 의도를 담고 있는 텍스트가 화자에서 청자로 전달될 때, 화자는 깨우침과 가르침의 의도를 품고 있는 서법(敍法) '~마라, 니라'를 통해 청자 위에 위치하게 된다.[7]

---

6) 화용론은 어떤 발화의 화자를 상황이나 맥락에 근거한 입체적 특성을 지닌 존재로 파악한다. 화용론의 관점인 입체적 화자관은 맥락(context)을 입체적으로 다루면서, 발화의 실제 소통 상황(situation)을 고려한다. 화용론에서 기존 언어학의 문법은 정태적인 것으로 여겨지며, 또한 그것은 실제 발화의 내용을 반영하지 못하는 죽은 문법으로 파악된다. 화용론의 화자는 발화의 언표적 행위자(locutor)와 언표 내적 행위자(illocutor)로 구분된다. 언표적 행위자는 그 언표를 발화한 사람을 뜻하고, 언표 내적 행위자는 그 발화의 내용을 실제로 수행하는 사람을 뜻한다. 따라서 하나의 발화문을 산출한 화자가 두 종류의 행위자로 구분되어 다중성을 갖게 되고, 이것이 문학에서 작가, 서술자, 작중 인물을 동시에 오가는 효과를 갖는 것, 바흐찐의 의미로 '자유간접화법'에 의해 언어의 다성성이 확립되는 효과와 '화자-청자' 사이에 소통되는 대화가 상호 주체적인 성질을 지닌다는 상호텍스트성 개념 등은 모두 화용론의 관점과 유사하다고 할 수 있다. 오스틴과 설의 수행문과 수행 동사에 대한 언급 역시 화용론이 언어에 내재된 권력 관계를 미시적으로 분석하는 중요한 이론적 준거가 될 수 있는 가능성의 예이다.

7) '서법'은 말하는 사람의 심리적 태도를 구별하는 문법 범주이다(김인환, 『언어학과

> 상업가로 도라드니 은힝권을 환롱ᄒᆞ야 각ᄉᆡᆨ물가 고등키로 젼국직졍 탕갈ᄒᆞ나 락심들을 ᄒᆞ지 마라 쫏겨가던 군ᄉᆞ들도 도라셜 때 잇ᄂᆞ니라 (1908.4.30)

화자는 자신은 알고 있지만 타인들은 모른다는 상황을 설정하고 있다. 물가는 비등하여 재정이 바닥났으나 낙심하지 말라고 화자는 말한다. 화자는 복수 청자를 설정한다. 화자는 한 명인데 청자는 여러 사람이다. 발표 지면이 신문 매체라는 점을 고려할 경우, 화자가 다수의 청자를 설정하고 있다는 사실은 쉽게 확인될 수 있다. 한 사람이 여러 사람에게 말하는 행위는 연설과 유사하다. 화자는 청자들을 앞에 두고 연단에 올라 웅변하고 있다. 웅변의 문형, 이는 근대 계몽기 언표들, 특히 시사평론이라는 형식으로 제시된 가사와 신문 논설의 계몽적, 설교적 가르침을 특징으로 삼는 발화 형식의 적당한 지칭 용어이다. 화자 '나'는 '너희들'을 가르치려는 목적을 갖고 있다. 많이 알고 있는 '나'는 아직 알지 못하는 '너희들'을 가르쳐야 할 의무를 지니고 있다. '나'는 '너희들' 위에서 '너희들'에게 내가 알고 있는 것들을 알려야 하고, '너희들'은 그것에 복종하고 수긍하여 받아들이기만 하면 된다. 그것이 계몽이다. 그것이 계몽의 문형에 포함된 화자와 청자 사이의 관계이다.

> 대한협회 졔공들아 대한 이ᄉᆞᄌᆞ 범위 안에 별반칙임 다 잇거만 셩립ᄒᆞᆫ지 수년이나 ᄉᆞ업진취 별노 업고 월보권과 연셜귀로 목덕발달 ᄒᆞ 랴 ᄒᆞ니 각기이론 ᄒᆞ지 말고 열심히 진보ᄒᆞ야 당연권리 차져 보소 (1909.1.31)

1909년 1월 들어 대한매일신보의 「시ᄉᆞ평론」란에는 '권고(勸告)'라는 한문 제목을 단 다량의 가사가 게재된다. 이 작품에서 화자는 대한협회원들을 호출한 후, 그들이 해야 할 행동의 구체적인 방법을 제시하면서 '당연한 권리를 찾아 보라'고 '권하여 타이르고 있다'. 화자는 청자에게 그들이 해야 할 일을 권고하면서, 동시에 그들에게 이런 행동을 하라고

---

문학』, 고려대학교 출판부, 1999,. 17면 참조).

가르친다. 화자의 발화는 '~을 해보라'는 권유이지만, 발화의 소통 맥락을 고려할 때 이 작품은 대한협회원들의 행동에 대한 고발의 의미를 품고 있으면서, 또한 그들에게 이와 같은 행동을 해야 한다는 명령의 의미를 갖고 있다. 화자는 청자에게 '이렇게 해야 한다'는 행동 지침을 가르치면서 행동의 구체적 방법을 명령한다. 명령어는 화자와 청자 사이에 어떤 권력 관계가 이루어지고 있는가에 대한 좋은 지표로 작용한다.

이 작품에서 화자는 청자(수용자)에게 바람직한 행동을 권고하면서 한편으로 명령하고 있지만, 그것을 받아들이느냐 받아들이지 않느냐는 전적으로 청자의 선택에 달려 있다. 작품이라는 언표의 소통 맥락에서 볼 때, 이 작품의 명령이 현실에서 수행되리라고 예상하기는 어렵다. 작가가 비판의 대상으로 삼고 있는 대한협회 제공들은 현실적으로 권력을 틀어쥐고 있다. 작품의 주체로서 작가는 명령어를 통해 사회적 권력 관계의 전복을 시도한다. 권력의 실재 소유자인 대상과 실제 권력을 소유하지 못했지만 언어를 통해 권력을 점유한 작가의 대결은 언표의 양상에 뚜렷하게 각인된다. 수용하느냐 수용하지 않느냐는 현실 권력의 관계에 의해 결정될 것이다. 지식과 계몽이라는 두 축을 사이에 두고 문학 작품을 매개 삼아 벌어지는 권력의 집합적 배치 관계는 특정한 기간 동안 집중적으로 게재된 ≪신보≫의 '권고'형 가사를 통해 확인된다.

당대의 계몽 이데올로기는 현실 권력에 대해서는 소수자로, 계몽의 대상에 대해서는 다수자로 존재했다. 이와 같은 이중성은 계몽해야 한다는 당위의 목적과 무엇을 계몽해야 하는가라는 계몽의 대상 결정 과정에서 계몽이라는 강력한 이념에 종속된다. 계몽 이데올로기는 계몽 주체의 의지를 추동하는 동력이자, 계몽이 언어로 발현되는 전 과정을 관할하는 유일자가 된다.

> 수간초옥 야삼경에 리웃친구 몃 사름이 갈건야복 샹딕ᄒᆞ야 탁쥬 삼빅 먹은 후에 시국ᄉᆞ를 의론타가 싱애타령 ᄭᅳ러 내여 피ᄎᆞ 셔로 문답ᄒᆞᄂᆞᆫ 그 졍경이 가긍이라 귀 기우려 드러보니 츰던 눈물 졀노난다

만경창파 ᄇᆡ를 씌워 크고 적은 그믈치고 모든 ᄉᆡᆼ션 훌려가며 어부ᄉᆡᆼ애 ᄒᆞ여 보세 여보시게 그 말 마소 어업법이 실시라네 어부ᄉᆡᆼ애 ᄒᆞ량이면 인허ᄉᆞ장이 어ᄃᆡ 잇나 어리셕다 ᄌᆞ네 말도 독쟝ᄉᆞ의 구구로세 (1909.5.16)

화자는 이웃 친구 몇 사람의 문답 과정을 목격하고 그 내용을 서술한다. 두 번째 행에서 화자는 두 사람의 문답을 적는다. A는 바다에 배를 띄워 고기를 많이 잡아보자고 말한다. 이에 B는 참으로 우스운 소리라고 대답한다. B는 어업법 때문에 고기잡이에 큰 어려움이 있다고 말하면서, 사정 모르는 A를 반박한다. 두 이웃은 대화한다. 화자는 이를 텍스트로 만든다. 화자에 의해 청취되고, 작품으로 인입된 두 이웃의 대화는 단성적이다. 화자는 두 사람의 대화에 대한 보고자 역할을 맡는다. 전지적인 위치에 서 있는 화자는 타인인 두 사람의 대화 중에서 자신의 의도에 맞는 부분을 선택하여 작품으로 옮기고 있다.

화자에 의해 작품으로 끌려든 타인의 대화는 '대화적'일 수 없다. 어업이라는 주제를 서로 다르게 말하는 두 타인은 존재하지 않는다. 두 사람은 이 발화의 주체가 아니다. 두 사람의 말은 1인칭 화자 '나' — 보고자, 기록자 — 의 발화로 제시되는 순간 '나'의 말로 변해버렸다. 작품으로 표기된 언표의 언표 행위자(locutor)도 '나'이고, 언표의 내용을 수행할 자(illocutor) 역시 '나'이다. '나'는 '나'가 들은 대화에서 어업법이라는 현실의 문제를 배웠고, 배운 '나'는 '나'가 아는 것을 다른 사람에게 계몽해야 한다. 계몽이라는 이데올로기가 관할하는 한, 언표의 이중 주체는 분리될 수 없다. 언표 행위자와 언표 내용 수행자 사이의 서로 다른 의도가 거세된 이러한 언표는 서로 다른 화자의 의도를 서술자인 주체 '나'의 의도로 견인한다. 다성적 '대화'의 전제 조건인 상호주관성은 이 순간 사라진다. 타인은 존재하지 않고, 서술하는 '나'와 현실을 깨달은 '나'만이 존재한다. 타인은 언표(작품) 너머에서 주체 '나'의 언표를 수동적으로 받아들일 수 있을 뿐이다. 계몽하는 자와 계몽 받아야 하는 자의 관계는 상호 주관성에 의해 설정되지 않는다. 주체의 억압적인 의

지만 이 관계에 일방적으로 적용된다.[8)]

계몽기 가사의 문답법이 단성적일 수밖에 없는 이유, 진정한 대화가 아닌 이유는 주체의 의도 속에 포섭된 타인이 타인의 목소리로 발화하는 것이 아니라, 타인이라는 가면을 쓰고 타인으로 위장하여 발화하는 주체의 속임수에 의해 또 다른 주체 '너'가 인정되지 않기 때문이다. 계몽이라는 이데올로기는 타인과 '나'의 상호 소통에 의해 이루어지지 않는다. 그것은 주체와 '너' 사이의 '지배-피지배' 관계 하에서만 힘을 발휘할 수 있다. 계몽이 모든 언표의 목표로 작동되는 한, 계몽하는 자의 권력에 계몽 받아야 할 자는 복종해야 한다는 암묵적이고 폭력적인 관계가 전제된다. 이데올로기는 타인(청자)에게 "권력에 봉사하는 본성"을 요구한다.[9)]

계몽기 시가는 자신과 기존 권력 사이의 지배-피지배 관계를 계몽 대상과 계몽 주체 관계에 복제한다. 이러한 특성은 근대와 계몽, 국권의 상실과 회복이라는 두 극의 강력한 자장에 의해 발생한다. 거대 이념, 거대 주체가 지배하는 근대 초, 그것도 계몽이라는 시대 담론이 개인을 재단하던 그 시기에 언어는 특정한 수사를 벗어날 수 없었다.

---

8) 대화에 참여하는 발화자와 청자는 서로의 주관적 측면에 기준을 두고 상대방의 발화(문장)를 이해한다. 대화는 '나-너'의 짝으로 이루어진다. 대화의 구성원 '나-너'는 '상호주관성'(intersubjectivité)에 기초하여 각각의 의사를 상대방에게 소통시킨다. 의사 소통의 기본 조건인 상호주관성은 화자의 의사가 청자에게 의미로 전달되는 그 순간의 상황에 의존한다. 이때 의사 소통은 '나-너', '화자-청자'의 주관적 맥락에 따라 이루어진다. 주관성과 주관성의 공통 영역을 우리는 일반적으로 말하는 '객관성'이라고 부를 수 있을 것이며, 이 객관적 영역이 의사가 소통되고 발화의 의미가 획득되는 지점이 될 것이다. 상호주관성은 화용론의 기본 전제이다(Emile Benveniste, 『일반 언어학의 제문제』 제1권, 황경자 역, 민음사, 1992, 372~381면 참조).

9) Olivier Reboul, 『언어와 이데올로기』, 홍재성 · 권오룡 역, 역사비평사, 1995, 65면.

## 4. 비등하는 계몽 수사의 단성성

근대 계몽기 시가는 새로운 형식을 만들어낼 수 없었다. 계몽이라는 시대 이념을 기치로 내세웠지만, 계몽의 담론 속에 기존의 권력 관계를 넘어서는 새로운 언어를 산출해내지 못하고 계몽하는 자와 계몽 받아야 하는 자 사이에 기존의 권력 관계를 복제할 수밖에 없었기 때문에, 그것은 근대를 성취하지도 못했고 국권의 상실을 막을 수도 없었다. 계몽해야 한다는 당위는 모든 담론을 계몽이라는 한 가지 축으로 굴절시켰다. 이에 동일성에 의거한 유사한 담론들이 무한하게 증식되었다. 자신과 다른 것을 인정하지 않았기 때문에 계몽 주체들은 순수했고, 순수했기 때문에—잡종 교배가 우성 형질을 획득하는 것에 대비되어—외적인 환경 변화에 적응할 수 없었다.

제국주의라는 이념 앞에서 계몽이 속수무책이었던 이유를 이렇게 생각해 볼 수 있다. 이질적인 것을 수용하지 않는다면 혁명적 문학은 있을 수 없다. 근대 계몽기 시가의 단성성은 비등하는 계몽의 열정을 언어로 표현해낼 수는 있었다. 그러나 그것 때문에 근대의 실현과 국권 회복이라는 혁명은 이룰 수 없었다. 다음 혁명을 상정하지 않는 이념은 혁명이 성취되자마자 곧 새로운 억압 권력이 된다. 혁명 다음의 혁명, 혁명의 성공마저 부정할 수 있는 진정한 혁명을 고려하지 않는다면, 그 혁명은 지배-피지배 관계의 복제에 불과하다. 수사의 혁명이 없었던 계몽기 시가 역시 이와 비슷했다.

# 주요한 시의 이원적 양상과 계몽적 문형

## 1. 주요한 시의 이원성

개항과 근대 국가 성립, 국권 상실로 이어지는 한국 근대사의 전개 과정과 문학은 서로 긴밀한 관계를 지닌다. 이광수로 대표되는 서사문학은 계몽을 문학의 목표로 삼고 있었고, 시 역시 최남선의 신체시라는 계몽 문학의 형태를 띠고 있었다. 가사의 경우 서사에 못지 않은 길이를 확보할 수 있었지만 시도 아니고 서사도 아니라는, 장편 연속율문체라는 가사 고유의 특성 때문에, 가사는 시도 될 수 없고 서사도 될 수 없는 장르였다. 즉 시도 아니고 서사문학도 아니었기 때문에 계몽이라는 시대적 임무가 요구하는 문학의 의미 작용에는 충실할 수 있었지만, 동시에 문학이 담보해야 할 미적 질서를 구축할 수 없었기에 가사는 서사문학에 자리를 빼앗길 수밖에 없었다. 가사의 실패와 더불어 최남선의 신체시가 열어놓은 근대적 형식 실험과 근대 문물의 시화(詩化)가 불러온 충격 효과 역시 최초의 지점 거기서 끝날 수밖에 없었다. 일본 유학생들로 대표되는 근대 계몽적 지식인들은 여전히 한시를 쓰고 있었다.[1] 논설을 통해 근대의 지식을 전파하던 지식인들은 계몽이라는 뚜렷한 목적의식을 지닌 산문 장르에서는 한글을 사용했지만, 개인의 정서를 노래하는 시를 지을 때에는 한자를 썼다. 문자가 권력과 사회적 지위를, 작가가 속한 사회의 계층적 성향을 나타낸다고 할 때 그들은 분명 이원적이었다. 두 개의 표기 체계를 소유하고서 두 개의 장르를 자유롭게 오가며, 계몽과 자아의 탐색이라는 서로 다른 두 주제를 창작하고 있었던 것이다.

주요한의 시 역시 산문시와 민요시·시조라는 이원적 경향을 띤다.[2] 주요한의 시에는 ① 우리 근대시의 지평을 열었다고 평가되는 산문시 「불노리」의 계열과, ② 「가신 누님」으로 대표되는 민요시 계열, 그리고 ③ 시조집 『봉선화』로 대표되는 시조 계열이 시작(詩作) 초기부터 말기까지 동시에 존재하고 있었다.[3] 서로 다른 두 경향은 어느 하나가 다른 하나를 포섭하여 발전되는 면모를 보여주지 못했다. 이러한 이원적 경향은 근대시의 개척자라는 주요한의 문학사적 의의를 논하는 과정에서 중요하게 평가되지 않는 경우가 많다. 주요한의 시가 구축하고 있는 이원성을 통해 우리는 주요한 시의 또다른 면모를, 또한 식민지 시대 문학인들의 보편적 특징을 확인할 수 있다.

## 2. 화용론과 시적 발화

근대 계몽기 시는 어떤 특정한 발화 형태를 지니고 있었다. 여기에 해당하는 발화 양상은 돈호법, 청유형 문장, 명령형, 미래형 등이다. 이러한 발화 형태는 주요한의 시에도 자주 등장하는데 우리는 이를 '문

---

1) 일본 유학생 잡지 『學之光』에 한시는 꾸준히 게재되고 있었다. 이러한 경우에는 시조의 한시 번역물도 포함된다.

2) 주요한의 삶과 시가 보여주는 이원적 경향이 서로 밀접한 관계가 있다고 보는 글로는 김은철의 「한국근대관념주의시 연구」(영남대학교 박사학위논문, 1992, 80~94면)가 있다.

3) 김윤식, 「주요한 재론」, ≪심상≫, 1981.12, 40면 참조.

형'[4]이라는 용어로 표현할 수 있을 것이다. 주요한의 작품에서 반복되는 특정한 문형을 통해 근대 계몽기의 사회・역사적인 맥락에서 문학이 차지하는 역할을 확인할 수 있다. 계몽이라는 시의 내용 층위가 특정한 표현 층위와 필연적으로 연결된다는 점에서 문학의 형식과 내용, 언어의 기표와 기의 사이에는 필연적 관계가 설정되는 것이다.[5] 문학 작품의 언어적 특성은 문학의 형식과 내용이 사회・역사 상황과도 밀접한 관계를 맺고 있다는 점을 시사한다.

우리가 일상 생활에서 사용하고 있는 언어는 대부분 부정확한 표현으로 제시된다. 의미가 애매모호한 일상 생활의 언어들은 전통적 언어학자들에게는 틀린 용법으로 지적받는다. 그러나 화용론의 관점으로 일상의 언어를 볼 때, 일상의 언어들은 어느 것 하나도 애매모호한 의미를 표현하는 것으로 여겨지지 않는다.

> 화용적 행위는 통사적 규칙이나 의미적 선택 제약 또는 개념 제약에 의해서만 정의된 언어의 사용에 근거를 두지 않고 근본적으로 실제 언어 사용자의 언어에 근거를 두고 있기 때문에 화용적이라고 불린다. 모든 화용적 행위는 그 맥락에 의해 심각하게 그 모습이 결정되며 맥락-파생적이

---

4) 이 단어는 Roland Barthes의 『사랑의 단상』(김희영 역, 문학과지성사, 1991)에 나오는 용어이다. 원어는 'figure'이다. 바르뜨는 '움직이는 상태에서 포착된 언어'라는 의미에서 환유나 은유를 지칭하는 수사법 용어인 'figure'를 쓰고 있는데, 이 말이 번역자의 번역 과정에서 '문형(文型)'으로 번역되었다. 번역자는 'figure'의 그리스어 어원이 '도형'이라는 점, 일반적으로 사랑하는 사람에게 사랑한다는 사실이 말과 행동에 어떤 억압적인 기제로 작용하여 모든 언어가 사랑하는 사람을 대상으로 수렴되는 현상이 있다는 의미에서 일정한 형태를 지닌다는 뜻인 '문형'이라는 단어를 선택했다고 말한다(12면). 이 글에서는 '문형'이 사회적인 이데올로기, 발화자의 외부 요소로 작용하는 이념적 표현이 특별한 문장 형태를 띤다는 가정 하에서 이 용어를 채택한다.

5) 소쉬르는 기표와 기의의 자의성에 대해 언급했지만 이를 벤브니스트는 기표와 기의의 자의성이 아니라 기표와 기표가 지시하는 지시 대상의 자의성으로 수정했다. 벤브니스트에 의하면, 소쉬르의 자의성은 기표가 지시하는 대상과 기표 사이의 관계에 일정한 규칙성이 없다는 뜻으로 이해해야 한다. 따라서 어떤 기표는 반드시 그에 해당하는 기의를 지니고 있다는 뜻에서 기표와 기의의 필연성은 설명된다(Ferdinand De Saussure, 『일반 언어학 강의』, 최승언 역, 민음사, 1990, 29~31・89~97면. Emile Benveniste, 앞의 책, 75~83면 참조).

> 면서 동시에 맥락-제한적이다. 그 말은 화용적 행위가 발생하는 광범위한 사회적 맥락에 의해 화용적 행위가 결정되고, 그 맥락에 의해 인간의 행동에 가해진 조건 속에서 그 행위의 목적을 달성한다는 것이다.[6)]

화자 '갑'이 대화 상대자 '을'에게 묻는다. "너 점심 했니?" 그러자 '을'이 대답한다. "사줄래?" '갑'은 아직 점심을 먹지 않았기 때문에 '을'과 점심을 함께 먹기 위해 그렇게 질문했을 것이다. '갑'의 질문이 점심을 먹었는지 안먹었는지에 대한 확인이라는 의미를 지니고 있기 때문에 '을'은 "아직 안 먹었어" 혹은 "벌써 먹었어"라고 대답해야 한다. 그런데 '을'은 질문에 대한 대답으로는 다소 엉뚱한 "사줄래"라고 되묻는다. 자신도 역시 아직 점심을 먹지 않았다는 상황 하에서 '을'은 같이 먹을테니 점심값은 '갑'이 내줄 것을 바라는 의도로 이런 대답을 한 것이다. '을'의 대답에 '갑'이 "그래"라는 말로 긍정적 의사를 표현했거나, "갑자기 시장기가 사라졌는데"라는 말로 '을'의 제안을 부정했다면, 이 대화는 화용론적 대화의 완결된 의미 소통 과정을 보여주는 적절한 예가 된다.

일상 대화에서 화자의 발화는 어떤 '문장'[7)]에 속해 있는 단어들의 의미와 그 단어들의 구문론적 배열에 의해 결정된다. 하지만 화자의 발화가 무엇을 의미하는가는 일정한 한도 내에서는 전적으로 화자의 의도에 좌우된다. 표현된 언표 자체가 화자의 의도를 충분히 청자에게 전달할 수 없다는 뜻이다. 대화의 맥락은 앞의 예처럼 상황에 따라 가변적이다.

---

6) Jacob L. Mey, 『화용론』, 이성범 역, 한신문화사, 1996, 269면.

7) 여기서 문장은 주어, 목적어, 서술어 등 문장 구성에 필수적인 문장 성분의 완결성에 따르지 않고 최초 의미 단위로서 완결된 의미 단위를 지칭한다. 즉, 마침표로 구획되어 의미의 완결이 이루어지는 단위를 문장이라고 말할 수 있다. 이는 일반적인 언어학에서 사용하는 문법에는 해당되지 않는 개념으로, 화용론적인 개념이다. 의사의 소통이라는 개념으로 볼 때, 문장은 한 단어가 될 수도 있고, 더 폭을 넓혀서 손짓이나 눈빛도 문장에 해당될 수 있다. 그러나 화용론의 대상이 언어이므로 언어로 표현된 최소의 의미 소통 단위에 손짓이나 눈빛, 혹은 시각 상징 기호 등은 포함될 수 없다. "무한히 창조되고, 끝없이 다양한 문장은 활동중인 언어의 삶 자체이다. 이로부터 우리는, 문장과 함께 기호체계로서의 언어 langue의 영역을 떠나게 되며, 다른 세계, 담화로 표현되는 의사 소통의 도구로서의 언어의 세계"(Emile Benveniste, 앞의 책, 183면) 즉, 화용론의 세계로 들어간다.

별도의 '무대 장치' 없이는 점심을 같이 먹자는 앞 대화자들의 의사는 소통될 수 없다. 문장의 의미는 전적으로 언어의 관행에 결부된 문제인 것이다.[8] 이처럼 대화에 참여하는 발화자와 청자는 서로의 주관적 측면에 기준을 두고 상대방의 발화(문장)를 이해한다. 대화는 '나-너'의 짝으로 이루어진다. 대화의 구성원 '나-너'는 '상호주관성'(intersubjectivité)에 기초하여 각각의 의사를 상대방에게 소통시킨다. 의사 소통의 기본 조건인 상호주관성은 화자의 의사가 청자에게 의미로 전달되는 그 순간의 상황에 의존한다. 이때 의사 소통은 '나-너', '화자-청자'의 주관적 맥락에 따라 이루어진다. 주관성과 주관성의 공통 영역을 우리는 일반적으로 말하는 '객관성'이라고 부를 수 있을 것이며, 이 객관적 영역이 의사가 소통되고 발화의 의미가 획득되는 지점이 될 것이다. 상호주관성은 화용론의 기본 전제이다.[9]

일상의 대화는 화용론이 다루는 언어 소통의 본질적 상황을 적절하게 제시해준다. 이러한 "대화의 동적인 전개(dynamic development)"는 전적으로 화자가 처한 대화의 상황과 이 상황에서 화자가 선택하는 것에 달려 있기 때문에 예측할 수 없다. 의사 소통의 맥락은 항상 변화하는 환경으로 제시된다. 특정한 맥락에 놓인 개인은 언어 사용자로서 대화 맥락의 연속적인 변화에 따라 의사 소통의 특정한 국면에서 적절한 의미를 파악해낸다. 화자가 의사를 소통시키기 위해 전적으로 기대는 배경인 '맥락'은 화자의 발화가 차지하는 소통 단위의 관점을 단순히 넓혀 놓은 것이 아니라, 화자의 발화라는 언어 사건이 발생된 전체적인 사회 환경을 뜻한다.[10] 화용론은 언어에 작용하는 사회적 권력 관계의 배치를 내포한다. 시의 표현 층위를 구성하는 '언어'에 대한 접근은 시가 다루고 있는 사회의 권력 배치도를 그려볼 수 있는 가능성을 제공한다.

주요한 시의 이원적 경향과 계몽적 문형이 지니는 사회·역사적인 의

8) John R. Searle, 『정신, 언어, 사회』, 심철호 역, 해냄, 2000, 186~188면 참조.

9) Emile Benveniste, 앞의 책, 372~381면 참조.

10) Jacob L. Mey, 앞의 책, 3~36면 참조.

의는 발화자인 '나'와 청자인 '너' 사이의 관계 설정, 즉 의사 소통의 장이 차지하는 맥락의 가치 평가에 의해 결정될 수 있다. '산문시 / 민요·시조'는 '나—너'의 관계에서 발화자인 '나'를 중심으로, 상해 임시정부의 ≪독립신문≫에 실려 있는 계몽시[11]는 '나—너' 관계에서 청자인 '너'를 중심으로 삼는다. 이러한 가정을 토대로 주요한의 시와 사회·역사 상황과의 관계, 나아가 시인과 당대 대중들의 사회적 권력 관계를 검토하여 주요한이 시조를 창작하게 되는 이유를 알아본다.

## 3. 이원성과 화자 '나'의 관계

주요한의 대표시 「불노리」는 산문시이다.[12] 주요한이 상해의 임시정부에서 활동하면서 국내에서 발표한 시 「불란서 공원」 역시 산문적인 리듬을 지닌 시이다. ≪公園≫(1919)에 발표된 이 시[13]는 국내에서 발표된 시와 상해에서 발표된 시의 이원성을 설명해준다. 상해의 근대 문물을 표현하는 시는 산문적 리듬의 연작시 형식을, 고향의 정경을 회상할 때에는 민요조의 짧은 형식을 주요한은 채택했다. 긴 시와 짧은 시, 산문적 리듬과 민요적 리듬, 자유시와 시조, 도시 문물 묘사와 고향 회상으로 요약되는 주요한 시의 이원성은 상해에서 창작된 시가 어떤 지면을 통해 발표되느냐에 따라 또다른 이중성을 보이기도 한다. 이는 앞의 이원적 성향보다 더욱 중요하다. 상해 독립신문에 발표된 시는 애국애족을 내용으로 하고 계몽을 목표로 삼은 정치적인 시였고, 같은 시기에 국내에서 발표된 시들은 개인의 서정을 담고 있는 비정치적인 시였다.

---

11) 상해 독립신문에 필명 '송아지, 牧神, 耀'로 표기된 작품은 주요한의 것으로 판정되었다. 김윤식, 앞의 글을 참조.

12) 「불노리」에 대한 산문시, 자유시 논쟁과 그 결과에 따라 산문시로 봐야 한다는 논의는 오세영, 『한국낭만주의시연구』, 일지사, 1997, 168~172면 참조.

13) 1925년 1월 ≪朝鮮文壇≫에 개작 발표.

**저녁**

바람이불기시작하도다
ᄯᅥ러지는물에夕陽이번득이고
그늘진亭子밋헤는水兵하나, 갓을젝켜쓰고
그의愛人인金髮의소녀와니애기한다
花壇우에ᄭᅩᆺ줄기의던지는기름자기러지고
뒷문각가온좁은길을거르면
聖母院의鍾소리멀니울녀오도다
검은幕친테니쓰코-트에
遊戲하는男女는잠잠히움즈기는그림가트며
락켓트쥔팔을놉히드러공을밧는少女의
自然한아름다운姿勢는夕陽에ᄯᅥ오른彫刻인가하도다

**밤**

ᄯᅳ란쓰클럽의일류미네순은밝고
「R, F」共和國의첫글字는퍼런빗을吐하도다
쿠카자無線電信柱에는
地球저쪽으로가는소식이
니엇다ᄭᅳ넛다불ᄭᅩᆺ이되며ᄯᅱ도다
피아노소리, 흰옷을닙은婦人의ᄭᅦ,
오너라, 새로판못가, 풀언덕에안저
갈대나무밋에波紋을지어반ᄶᅡᆨ이는물面을보고
지나간해와오는날의쑴을생각하고
「사랑하는자여! 각가히나아와
나의ᄯᅳ거운키쓰와ᄭᅧ안음을바드라」할ᄯᅢ
로만틱한녀름밤이온몸을피곤케하도다.14)

—「불란서 공원」 부분

「불란서 공원」의 하루를 아침부터 밤까지 소제목을 달아 표현한 작품이다. '저녁'의 경우 11행, 네 문장으로 구성되어 있다. 첫 문장은 1행

14) 이 작품은 시집 『아름다운 새벽』, 조선문단사, 1924, 148~150면에서 인용함. 이하 인용시 이 책의 면수만 표기.

으로, 두 번째 문장은 3행으로, 세 번째 문장 역시 3행으로, 네 번째 문장은 5행으로 구성되어 있는 불규칙한 문장 배열을 통해 이 시가 산문적인 리듬에 의존하고 있음을 알 수 있게 된다. '밤' 역시 12행 세 문장이 각각 2, 3, 7행으로 구성된다. 각 행을 구성하는 음절 수 역시 불규칙하다.[15] 우리말의 음악성이 음보에 주로 의존하므로 음절 수의 배분에 일정한 규칙이 없는 경우 행 구분을 했다고 해도 산문시 경향이라고 할 수 있을 것이다. 이는 주요한이 고향을 제재로 하는 시들이 도시를 제재로 삼는 시에 비해 현저히 길이가 짧고 민요의 3음보로 정형화되는 경향이 우세하다는 점을 통해서도 확인할 수 있다. 이 시는 정형적인 리듬에서 벗어나 산문의 긴 호흡을 섞어 상해의 이국 문물에 대한 화자의 감상을 표현하고 있다.

화자는 '불란서 공원'의 이국 풍경을 바라본다. 바람이 불고 석양이 밀려온다. 수병과 금발의 소녀, 성모원의 종, 테니스 코트의 소녀로 화자의 시선은 이동한다. 화자는 라켓을 쥔 소녀의 자세가 아름답다고 말한다. 공원에 찾아온 밤을 비추는 "일류미네순은 밝"다. 무선 전신주의 '불꽃'으로 시선을 옮겼다가 화자는 연못의 수면을 쳐다본다. 화자는 풀언덕에 앉아서 수면을 쳐다보며 미래를 생각한다. 화자는 사랑하는 사람을 호출한다. 호명은 '나의 키스를 받으라'는 명령형과 호응한다. 화자의 염원을 담은 이러한 명령형 문장에는 감정이 짙게 투영되어 있다. 이국의 망명객, 정주할 곳 없는 자의 심정이 드러난 마지막 행에서 화자는 "로만틱한 녀름밤"이라고 표현하면서도 '온몸의 피곤함'에서 벗어나지 못하는 이중의 감정을 내보인다. 근대 문물을 목격하는 자의 피곤함이 배어 있는 이 작품에서 주요한의 돈호법과 명령법이라는 격앙된 감정의 문형을 살펴볼 수 있다. 이와 같은 문형은 고향을 생각하는 민

15) 한 연을 구성하는 문장의 수와 한 문장이 차지하는 행 수의 대비를 통해 불규칙한 자수 배열이 산문적인 특징이라는 점은 주요한의 산문시 「눈」이 구두점으로 구별되는 문장의 글자수를 통해 불규칙하지만 일정한 리듬을 지니고 있다고 밝힌 Patrick Maurus의 논문(「언어학적 리듬과 시적 리듬」, 『대동문화연구』 제29집, 1994) 참조.

요조의 짧은 시에도 나타난다.

> 뜰 아페 앵두나무 꽃이 피어
> 앵두가 빨갓케 닉을 때면
> 얄미운 검이쩨가 모혀 들지요.
>
> —「앵두」 1연(49~50)

> 내 마음은 근심 가득하매
> 하늘을 우러러 탄식하다.
> 청춘의 슬픔과 외롬이
> 지금, 내 가슴에 온다.
>
> 고향이 어린 누이게서
> 열정의 편지 반갑고나,
> 굿세게 세서 나아가라,
> 나의, 어린 용사여.
>
> 그러나 우리 어늬 곳에서
> 우리의 령혼의 숨참을,
> 애타고 쏘 목마름을,
> 태울거나…….
>
> —「내 마음 근심 가득하매」 전문(127~128)

화자가 고향집 마당의 앵두나무를 회상하고 있는 「앵두」는 3음보 단형 서정시 형식을 취한다. 이 작품과 고향의 어린 누이가 보내온 편지를 읽고 난 후의 감정을 짧게 표현한 「내 마음 근심 가득하매」는 「불란서 공원」과 시의 형태 면에서 확실하게 대조되는 면모를 보인다. 고향의 누이라는 직접적인 시의 대상을 떠올린 화자는 도시 문물을 제재로 삼았던 경우와는 반대로 3음보의 일정한 리듬으로 짧은 분량 속에 자신의 감정을 표출한다. 화자의 마음은 "근심 가득하"다. 근심 때문에 화자는 "하늘을 우러러 탄식하"고 '청춘의 외로움과 슬픔을' 아파한다. 고향의 어린 누이가 보내온 편지를 읽고 삶의 의지를 다져보지만 화자의 영혼은 '숨차고, 애타고, 또 목마르다.' 화자는 고향의 누이를 "나의, 어린 용사여"라고 호명한 후 '굳세게 나아가라'고 명령한다. '나 — 너' 관계에서 화자 '나'의 의도와 감정이 시에 직접 노출되는 이 시를 통해 우리는 시의 이원적 양상에도 불구하고 주요한이 일정한 문형으로 발화하고 있음을 알 수 있다.

## 4. 계몽의 문형들

### 1) 산문시에 드러나는 '나'와 '너'의 관계와 계몽적 문형

타인을 인정하고 타인과의 관계 속에서 의미를 찾고자 하는 시도는 '대화'의 기본 태도에서 벗어나지 않는다. "내가 나의 '너'에게 영향을 주듯이 나의 '너'는 나에게 영향을 미친다."[16] 일상의 대화와 시의 담화에서 '나'는 '너'와 쌍을 이루는 상호관계를 형성한다. '나 — 너'라는 짝에서 일상의 언어와 시의 언어는 결코 자유로울 수 없다. '나 — 너' 관계에서 주체 '나'와 타인 '너' 사이의 줄표는 '나'와 '너'가 끊어질 수 없는 관계의 연쇄에 묶여 있음을 의미하는 것으로 보인다. '나'는 언제나 '너'와 짝을 이룬다. '나'는 '너'를 지향하고 '너'는 '나'를 지향한다. 내 안에는 네가 스며 있다. '나'라는 주체는 '너'로 인해 규정된다. '나'라는 주체는 '나'와 '너' 사이에 존재할 수도 있는 것이다. 이러한 맞짝 개념을 '나'는 '너'의 주체이기도 하고, '너'는 '나'의 주체이기도 하다는 상호주체의 개념으로 볼 수 있다. "발화자들 간의 의사소통을 주된 목표로 하는 일상적 차원에서의 언표 행위는 일차적으로는 개인과 개인 사

16) Martin Buber, 『나와 너』, 표재명 역, 문예출판사, 1998, 25면.

이의 상호 이해라는 간주체성의 기반 위에서 그 의미를 획득하게 된다."[17] 주체인 '나'의 시각 속에는 '너'의 시각이 내재되어 있다. 대화의 상대를 이루는 '너'에 의해 대화의 의미가 생성된다고 할 때, 주체인 '나'가 형성하는 사회적 관계가 대화의 의미 형성에 중요한 역할을 담당한다. 언어 소통 또한 '나'와 '너'의 사회적 관계에 의해 지배된다.

주요한의 시에서 발화자 '나'와 청자 '너'의 관계는 일방적이다. 화자의 일방적인 발화만이 시의 전면에 가득차 있다.

> 아아 강물이웃는다, 웃는다, 怪샹한, 우슴이다, 차듸찬강물이 썸썸한하늘을 보고 웃는우슴이다. 아아배가올나온다, 배가오른다, 바람이불젹마다슬프게슬프게 삐걱거리는배가오른다…….
>
> 저어라, 배를 머리서잠자는 綾羅島까지, 물살싸른大洞江을 저어오르라. 거긔 너의愛人이 맨발로서서기다리는언덕으로 곳추 너의뱃머리를돌니라 물결ㅅ테서 니러나는 추운바람도 무어시리 오怪異한우슴소리도 무어시리요, 사랑일흔青年의 어두운가슴속도 너의게야무어시리오, 기름자업시는「발금」도이슬수업는거슬—.
>
> 오오다만 네確實한오늘을 노치지말라.
>
> 오오사로라, 사로라! 오늘밤! 너의발간횃불을, 발간입셜을, 눈동자를, 쏘한너의발간눈물을…….
>
> —「불노리」 4, 5연(156~157)

화자의 고양된 감정은 '아아'라는 감탄사로 집약된다.[18] 화자는 대동강의 캄캄한 강물 위를 거슬러오르는 배를 본다. 감정을 절제없이 쏟아내는 4연은 5연으로 이어지면서 청자에게 화자가 바라보는 환상을 현실로 인식하게끔 강요한다. 5연의 도입부에서 청자에게 제시되는 명령

---

17) 권오룡, 「소설의 대화주의와 그 문화사적 의미-바흐찐의 소설이론」, ≪세계의문학≫, 1985 가을, 123면.

18) 김홍규가 『문학과 역사적 인간』(창작과비평사, 1980, 201~202면)에서 제시했듯이 이 시에는 무려 10개의 감탄사와 8회의 말줄임표를 사용하여 감정의 범람을 보여주고 있다.

형 '저어라'는 4연에 제시된 상황을 화자가 현실로 인식하고 있다는 사실을 가정한다. 화자는 대동강물을 거슬러오르는 배에 올라탄 상태이다. 화자는 첫 머리에서 청자에게 명령하면서 자신이 배에 올라타고는 배를 능라도까지 저어가야 한다고 말하고 있다는 사실을 은폐한다. 5연 두 번째 문장에서 화자는 갑자기 '너'를 등장시킨다. 화자가 호명한 '너'는 청자가 아니다. 청자는 갑자기 제시된 '너'가 누구인지를 알 수 없다. 화자는 배에 올라탄 자신을 '너'라고 호칭하면서, 발화하는 주체인 '나'와 발화의 수행 대상인 '너'를 타인이 아닌 자신으로 동일화시킨다. 발화하는 '나'와 행동하는 '나'가 시의 맥락에 동시에 등장해 대화의 소통 단위인 '나—너' 관계는 깨지고 만다.

'나—너'의 관계가 깨졌기 때문에 주체 '나'와 타인인 '너' 사이의 상호 주관성에 의해 소통되는 대화의 상황이 설정되지 않는다. 따라서 이 시는 타인이 배제된 상태에서 주체 '나'의 과장된 감정이 어떻게 파탄되는가를 보여준다. 감정이 고양된 화자는 시의 상황과 배경을 일거에 부정하는 물음을 자신에게 던진다. 화자는 5연의 후반부에서 답을 미리 상정한 상태의 자신에게 질문한다. 답은 현실의 부정적 현상에 대한 감정적 부정으로 제시된다. 자문자답의 문형 속에서 화자 '나'와 대답하는 '너'는 동일한 인물이다. '나'는 '너'에게 묻고, '너'는 '나'에게 대답한다. 주요한의 '너'는 '나'의 또다른 분신이다. 분열된 화자의 의식은 5연의 마지막 부분에서 다시 한번 고양된 감정을 분출한다. 자신의 존재마저도 불사르라는 부정적 인식이 자연스럽게 표현되는 이유가 여기에 있다.

타인이 없기 때문에 주요한의 시에는 주체인 '나'의 과잉된 감정이 충만하다. 이러한 '나'의 등장은 계몽이라는 시대 이데올로기의 압력 하에서 주체 '나'가 느끼는 억압의 강도를 설명해준다. 주체 '나'의 혼란과 분열을 수습할 수 없었기 때문에, 주요한은 명령과 의문이라는 문형을 통해 타인이 존재하지 않는 닫힌 시를 쓸 수밖에 없었다.

핑, 핑, 핑. 지구의 근육을 뚜르는 강철의소리 여름날 쓰거운 벼치 쓰거운 바위에 부어나릴째 푸른숩과 흰들의 중간에서 인생의합창소리는 니러난다.

「노래하자 태양아, 나무숩아, 흐르는 시내야 올라가자 선구자야 깨트려라 새길을,

우리에게 주라, 위대한 힘을 마글자업는 힘을」

◇

핑, 핑, 핑 쑤준이 쉬지안코, 거긔 기우려라 너의 전부를, 바위를 깨무는 의지를 신념을, 강철의 심장을, 그날에 산은 평지가되고 바다와 바다가 서로 통하리니

「노래하자 바람아, 소낙비야. 무성한 숩들아, 올라가자 선구자야 깨트려라 새길을,

우리에게 주라, 위대한 힘을 마글자업는 힘을」

—「채석장」 1, 2연, 『詩歌集』(삼천리사, 1929), 102면.

주요한 최후의 산문시인 이 작품에서 주요한은 채석장의 돌 캐는 장면을 남성적이고 의지적인 어조로 표현한다. 기호 '◇'로 분절되어 있는 각 연마다 '노래하자'로 시작되는 후렴구가 반복된다. 1연에서 화자는 타인의 목소리를 시각적 기호를 통해 시의 문맥에서 돌출시킨다. 화자는 태양과 숲을 호명하고, 그들에게 "올라가자"고 하고, '새 길을 깨뜨리라'고 한다. 화자는 자연의 태양과 나무와 시냇물을 돈호형, 청유형, 명령형 문장을 사용하여 의인화한다. 건강한 민중성을 드러내는 장치로 평가받는 이러한 문형은 청자에게 일방적으로 전달된다.[19] 화자는 어떤 시적인 형상적 장치 없이 청자에게 전하고자 하는 의미를 고조된 감정에 실어 쏟아낸다.

2연에 제시된 '너'는 화자가 일방적으로 상정한 청자 '너'이다. 화자는 구체적이지 않은 청자 '너'에게 '너의 전부를' 기울이라고 명령한다.

---

19) 정한모 역시 "민중이나 社會에 直接的인 영향을 주는 垂範者로서의 '나', 施惠者로서의 '나'라는 意識에서 出發하고 있는 詩人의 詩가 病들거나 그늘지거나 感傷할 수는 없다"(『한국현대시문학사』, 일지사, 1974, 301면)고 하면서 주요한 시의 건강성이 계몽의 문형이 지니는 시혜자의 위치에서 발생한다고 본다.

'너'는 화자 '나'에 종속되어 있다. '너'는 화자 '나'의 일방적인 명령과 권유를 받아들여야 하는 수동적인 존재다. 여기에서도 대화의 상대자 '너'는 존재하지 않는다. 대화의 상대자 '너'라는 주체가 만들어내는 대화 소통의 새로운 맥락은 거세된 상태이고, 전단적인 주체 '나'는 타인인 '너'를 일방적으로 견인한다. 화자 '나'는 청자 '너'의 위에서 권고하고, 명령한다. 화자가 청자에게 전달하고자 하는 '바위를 깨무는 신념과 의지'라는 '계몽'의 주제에 대해 화자는 청자의 동의를 구하지 않는다. 일방적으로 전달하면 당연히 수용되는 것이다. 화자가 생각하는 계몽의 주제는 옳은 것이기 때문에 청자는 그것을 수용해야 한다. '나'는 우월하고, '너'는 열등하므로 '너'는 '나'의 계몽 대상일 수밖에 없다. '나'는 계몽이라는 이데올로기를 '너'에게 강요할 수 있는 권능을 부여받은 상태이다.

돈호형, 청유형, 명령형은 청자를 계몽시키기 위해 화자가 선택하는 목적적인 문형이다. 계몽해야 할 상대를 불러서 먼저 주의를 환기하고, 다음에는 같이 '~을 하자'고 제시하며, 마지막으로 가장 중요한 이념적 당위인 계몽의 실제 행위를 명령한다.

화자의 발화는 의미를 전달하기 위해 자신의 주관에 따라 적당한 문장의 형태를 만들어낸다. 이런 의미에서 화자는 청자와 공유하는 선택된 상황과 대화의 맥락에 따라 그 문장의 형태를 결정한다고 할 수 있다. 그러나 주요한의 시에서 화자 외부에 존재하는 계몽이라는 사회적 이데올로기를 담고 있는 말들은 청자의 주관성과는 연결되지 않는다. 사회적인 이데올로기는 청자의 상황과는 관계없는 문장의 형태로 사회라는 외부에서 시혜적인 화자를 거쳐 청자에게 강요된다.

### 2) 상해 ≪독립신문≫에 실린 시의 계몽적 문형

주요한은 ≪독립신문≫에 실린 시에 자신의 애국애족 의지를 더욱 직접적으로 표출한다. 강한 목적성을 띤 주요한의 시는 조국의 미래에 대한 전망과 현재의 고통을 극복하고자 하는 의지로 가득차 있다.

동무들아
이날을記憶하느냐
피와꽃과눈물로서
너의祖國이다시산날
이날에
二千萬의소리가
물결같이움즉엿다
이날에
三千里山과벌이
기쁨으로떠렷다
오오이날에
이크고거룩한날에
너의가슴은쓰러오르고
불근두빼ㅁ은눈물로빗낫다

—「즐김노래」 1연(≪독립신문≫, 1920.3.1, 제49호)

3 · 1운동 1주년을 기념하기 위하여 필명 '송아지'로 주요한이 발표한 시이다. 시의 화자는 고양된 어조로 청자를 호명한다. 화자는 '동무들'을 호명하고서는 "이 날을 기억하느냐"고 묻는다. 호명한 후에는 청자를 인칭대명사 '너'로 직접 지칭한다. 감탄사 '오오'를 통해 화자는 자신이 느끼고 있는 '이 날'의 감동을 청자에게 강요한다. 화자는 '너'의 행동을 단정적으로 서술한다.

화자는 1주년을 맞이한 3 · 1운동을 "이 크고 거룩한 날"이라고 말한다. 지시어 '이'를 사용하여 화자는 발화의 대상을 근거리로 설정한다. 벤브니스트에 의하면, 화자들 각자가 자신을 '주체'로 자처하게 되는 이유는 인칭대명사 '나'를 발화 순간인 현재의 유일한 인물로 확인하기 때문이다. 발화자는 자신을 '나'로 설정하면서 '나'와 세계를 지시 관계로 설정한다. '나'는 발화의 상대자 '너'를 상정하게 되고, 발화의 순간에 존재하지 않는 '그'는 제3의 항목으로 '나—너'의 밖에 존재한다. 명사 '나', '너', '그'가 지니는 지시 관계는 개인이 화자가 되어 자기 생각을 진술할 때 사용하는 특수한 언어적 구성을 만들어낸다. '나', '너', '그'는 잠재적인 기호로 구별되는 것이 아니라, 발화에 사용될 때 그 실체적 작동 방식이 드러나는데, 이를 "화자에 의한 랑그의 사유(私有) 과정"이라고 한다. 불어에서 '나 je', '너 tu', '그 il'가 주어로 사용되는 경우 각 시제마다 동사는 일정한 패턴에 의해 고유한 형태를 지닌다. 우리말에는 인칭과 시제에 상응하는 동사 형태가 구별되지 않기 때문에 화자가 취하는 랑그가 인칭에 따라 다르게 적용되는 적당한 사례를 발견하기 힘들다. 그러나 인칭대명사에는 동사의 형태와 동일한 지위를 공유하고 있는 다른 부류들이 의존하고 있다. 기준점으로 제시된 주체 '나', '너'의 주위에 공간과 시간의 관계를 조직하는 "직시의 지시소들"인 지시대명사(부사)가 있다. '이', '저', '여기', '저기', '지금', '그것', '어제', '내일' 등이 예가 된다. 이러한 지시대명사들은 발화 주체 '나'에 전적으로 의존하고, '나'의 생각을 진술하기 위해서 '나'와 대상의 관계를 나타내는 데 사용된다.[20]

주요한의 시적 발화는 발화 주체 '나'를 중심으로 삼고 있다. 주요한의 시는 애국애족이라는 이념적 목표 하에 청자(타인, 독자)를 자신의 발화를 전적으로 받아들여야 하는 일방적인 대상으로 여긴다. 발화의 주체 '나'를 전적인 중심으로 삼기 위해 '직시의 지시소'인 지시어 '이'를 사용하여 주관적으로 대상과의 거리를 끌어당기는 주요한 시의 이러한 방법은 계몽이라는 시대적 이념을 시로 만들어내는 장치로 작동된다.

> 눈물석긴愛國歌, 목매인祈禱소리, 거츠른콩슈수밥, 세멘트바닥우헤굽힌 어른무릅, 이모든거시들니는듯하고, 보히는듯하오이다. 數업는敵들도, 또한이날을, 총과칼과殺人과, 威脅과, 속임과, 땀으로記念하야 줍니다. 또한, 國境近處에서는지금, 우리勇士들이 적의 가슴을 욱어내고 바든 생피한줌

20) Emile Benveniste, 앞의 책, 366~376면 참조.

입에물고 눈물에 저즌 紀念祭壇우헤뿜어 이날을 紀念하겟지요. (…) 우리 속애가득한 陰謀, 猜忌, 거즛, 狡詐, 空論, 食肉鬼, 吸血蟲, 망녕, 慾望, 이 모-든더럽고, 내음새나고, 썩어진거슬, 말슴쓰러모아다가, 오늘,이시간에 紀念祭壇우헤올녀놋코, 우리가슴속, 쓰거운, 불근피한줌그우헤쑤려, 猛烈한불노, 다, 태워버리고, 우리의 새롭고, 깨끗한가슴속에, 貴하고, 淨하고, 사랑홉은 미듬, 사랑, 公正, 熱心, 實行, 修練, 希望, 慰勞의 보배로채우고 장식합시다.

—「물이 흐르고 바람이 부러서」 일부(≪독립신문≫, 1922.3.1, 제121호)

필명 '牧神'으로 게재된 이 작품에서도 화자는 3·1운동 후 우리 민족이 처해 있던 상황을 이념적 발언으로 교설한다. 우리 민족이 처해 있는 고통스런 현실과 적을 대비시키고, 만주 등지에서 무장 독립 투쟁을 벌이는 독립운동가들을 적과 대비시킨다. 화자는 우리 민족이 지니고 있는 나쁜 관념을 일소하고, 대신 새롭게 배우고 간직해야 할 바람직한 가치들을 열거한다. 적과 '나'의 선명한 대비를 중심으로 하는 이 시에서 화자는 상황을 추측하는 문형과 청유형을 사용한다. 화자의 역사에 대한 강력한 믿음을 그대로 드러내는 '기념하겠지요'는 단순한 추측이 아니다. 화자는 청자에게 '틀림없이 기념할 것이다'라는 의미를 제공한다. 이는 화자의 주관적인 의지에 해당된다. 화자의 강렬한 원망(願望)이 추측의 문형으로 제시된 것이다. 청유형은 화자의 계몽적 의도를 그대로 노출시킨다. 화자가 말한 "지금無形한 피와희생이잇기를" 위해서는 "우리속애가득한" 나쁜 정신과 습관을 일소해야 한다는 가르침의 의도가 청유형에는 숨겨져 있다. 같이 하자는 청유가 아니라 이렇게 해야만 한다는 강요라고 할 수 있다. "장식합시다" 다음 구절인 '그리하여 이 다음번에 ~하도록'이라는 표현을 통해 화자는 '~합시다'의 의미가 청유가 아니라 목표나 방도를 제시하는 고압적인 자세의 계몽과 시혜임을 드러낸다.

"여러분의눈압헤"서 화자는 지금 청중들에게 이러이러해야 민족의 실력을 쌓을 수 있다, 이러이러해야 독립에 가깝게 다가설 수 있다고 웅변하고 있다. 웅변의 텍스트 같은 이 시에서 독자는 뜨거운 어조로 고양된 화자의 열정어린 음성을 들을 수 있다.[21] 하지만 시 작품으로 읽을 경우 목적적인 이념으로 가득찬 교설의 의지만을 읽게 된다.

계몽의 대상이 계몽되어 계몽하려는 자의 수준에 도달했을 때, 또는 사회적 상황에 의해 계몽의 가능성이 제거되었을 때, 계몽 문학은 존재 의의를 잃어버리게 된다. 그때 시인은 계몽 이념이 지니는 열정적 발화에서 벗어나 자신의 감정을 달래기 위해 다른 시적 방법을 모색한다. 주요한이 지니고 있던 산문시 대 민요·시조라는 이원성의 두 극 사이에는 접합점 또는 공유지대가 없었다. 때문에 어느 한 극의 필요성이 사라지면 균형이 깨지게 되고, 시를 포기하는 상황이 벌어지게 되는 것이다. 주요한의 이원성은 이렇게 요약된다. 산문시는 계몽이라는 이념적 목표로 작동되고 있었고, 민요·시조는 개인 정서의 표현이 목적이었다. 이 두 극 사이에 주요한의 계몽 문형이 위치한다.

### 3) 민요 율격의 시에 드러나는 계몽적 문형

주요한의 시력 초기부터 산문시와 민요·시조라는 이원적 경향은 공존한다. 「채석장」 이후 주요한은 시조만을 창작한다. 주요한 초기 시의 민요적 성향은 다음 시에서 알아볼 수 있다.

샘물이 혼자서
춤추며 간다

21) "웅변은 시적 주체의 담론이 청자를 주체로 구성하여 동일한 의미를 생산하는 담론 과정이다. 이것은 담론 구성체가 다른 담론을 억압하거나 배제함으로써 가능하다. 주요한의 웅변시는, 교육을 통하여 민족의 힘을 길러야 한다는 점진론의 담론 내용과 상해 임시정부의 정치적 공간이 호출하여 생산한 시적 형식"이라고 조두섭은 언급한다(『한국근대시의 이념과 형식』, 다운샘, 1999, 39면). 이러한 지적은 웅변이라는 목적 하에 씌어진 텍스트들이 이 시기 문학의 주요 양상이었음을 확인하게 하면서, 동시에 주요한 시의 웅변 형식이 지니는 화용론적 의미에 대한 연구의 시발이라는 점에서 의의가 있다.

산골작이 돌틈으로.

샘물이 혼자서
우스며 간다
험한산길 꼿사이로.

하늘은 말근데
즐거운 그소래
산과들에 울니운다.

—「샘물이 혼자서」 전문. 『아름다운 새벽』, 13~14면.

「불노리」와 같은 해(1919)에 씌어진 이 시는 산문시의 반대 극에 놓인다. 이 시의 "첫 연과 둘째 연은 우리의 전통적 시가인 시조의 초·중장에 해당하는 율격적 질서를 보이고 있고, 다시 셋째 연은 종장의 기법적 특징을 보여"[22]준다. 고향의 자연 풍경을 짧은 시조 형식으로 묘사하면서 화자는 자신의 과거를 회상한다. 화자가 기억하는 고향은 '샘물이 춤을 추고, 하늘은 맑고, 흐르는 물소리도 즐'거운 곳이다. 아름다운 과거를 회상하면서 주요한은 유학 생활의 외로움을 달랬을 것이다. 「불노리」의 분열된 감정과 격앙된 어조 이면에는 이 시처럼 과거를 회상하면서 자신의 본원적 감정을 달래는 민요의 율격이 놓여 있다. 특정한 청자를 상정하지 않았기 때문에 시에는 작가 개인의 서정적 정서가 스며들어 있다.

아기야, 피어가던 국화꼿이 줄기채로
바람에 쓰러젓다고 울지 마러라!
(…)
아기야, 아기야, 네 눈물을 갑기 위하야
햇빗에 빗나는 황금의 꼿닙을 보아라.

22) 윤병로, 「한국근대 자유시의 성격과 특징」, 성균관대학교 『인문과학』 제21집, 1991, 12면.

아기야, 아기야, 생명의 싸홈을
싸화 이긘이의 영광을 보아라.
사오나운 겨울이 달려 오지마는
도리혀, 아기야, 그것이 네 긔운을
도드지 안느냐, 피를 끄리지 안느냐.

—「아기는 사럿다 1」 일부(74~75면)

1920년에 씌어진 이 시의 화자는 청자를 '아기'로 상정한다. 화자는 아기를 부르면서 자신의 발화를 시작한다. 화자는 아기에게 '울지 말라'고 명령한다. 화자가 부르는 아기는 당대의 민중들일 수도 있지만 이 시에서는 계몽되어야 하는 연약한 자기 자신일 가능성이 많다. 계몽하는 강한 '나'와 계몽받아야 하는 약한 '나'가 공존한다. '나'는 더욱 강해져야 하기 때문에 '나' 속의 나약한 면모, 현실에 절망하는 유약한 다른 '나'를 이겨내야 한다. 그렇기 때문에 이상적인 '나'는 현실의 '나'를 계몽한다. 화자가 부르는 '아기'는 화자 속의 다른 화자, 즉 약하기 때문에 계몽되어야 하는 다른 '나'인 것이다. '나'는 당대 민중의 다른 이름이기도 하다. 유학가서 선진 문화를 배운 자신과 조국의 민중 사이에는 계몽이라는 시대적 이념을 중심에 두고 가르쳐야 하는 자와 가르침을 받아야 하는 자라는 주종관계가 설정된다. 이 시에는 돈호법, 명령법, 의문문이 쓰이고 있다. 시의 마지막 부분에서 화자는 '너'를 상정해서, 주체 '나' 안의 약한 '나'를 '너'로 확장시킨다. 화자는 2인칭 '너'를 통해 '우리'라는 "집단적 자아"[23]를 시의 배면에 깐다. '우리'는 기운을 돋구어야 하고, 피를 끓여야 한다. '않느냐'라는 물음에는 당위적 대답이 전제되어 있다. '싸워 이긴 이의 영광을 보'기 위하여 발화 주체 '나'와 '나' 속의 약한 '나'로 대표되는 민중들이 포함된 '우리'는 전제된 답에 따라 물어보아야 한다. 스스로 묻고 스스로 대답한다. 하지만 해야 한다는 당위에 따라 목표만 설정되어 있을 뿐이고, 어떻게 해야 하는가와

23) 양왕용, 『한국근대시연구』, 삼영사, 1982, 161면.

무엇을 해야 하는가 같은 방법을 주요한은 제시할 수 없었다.

근대와 제국주의라는 거대한 두 힘 앞에서 주요한은 계몽을 해야 하면서 동시에 근대적 주체가 되기 위해 자아 각성을 해야 했다. 독립신문의 애국적 계몽시가 한 편에 있었고, 민요의 율격으로 표현되는 자기 감정의 세계가 다른 한 편에 있었다. 그 다른 한 편 너머에는 '산문시 · 자유시 대 민요'라는 이원성마저도 거세된 시조의 세계가 있었다.

## 5. 왜 주요한인가

산문시로 대표되는 자유시 계열과 민요로 대표되는 전통시 계열이 혼재하고 있었던 주요한의 시 세계는 시력(詩歷) 말기에 이르러 시조만이 남게 된다. 시조라는 전통 시가의 장르적 가치에 대한 논의는 이 글의 범위를 넘어선다. 주요한의 이원적인 시작에서 시조만이 남게 되는 퇴행과 시조마저도 포기하게 되는 과정은 많은 점을 시사한다.

식민지 조국을 위해서 지식인인 '나'가 해야 할 일은 민중들을 '계몽'하는 일이었다. 주요한이 계몽을 위해 선택한 문형에는 시혜하는 자와 시혜를 받아들여야 하는 자의 당위적인 상하 지배논리가 숨어 있다. 명령하는 자와 명령받는 자, 지도하는 자와 지도받는 자라는 권력의 배치가 숨어 있는 계몽의 문형은 사회적인 권력 관계가 문형에 그대로 반영된다는 사실의 증거가 된다. 일본과 조선의 권력 배치는 지식인과 당대 민중 사이에 이루어진 계몽의 이데올로기에도 그대로 적용된다. 바르뜨는 사회를 구성하고 있는 모든 것들은 권력의 배치에서 자유로울 수 없다고 한다. "권력은 비록 그것이 탈권력의 장소에서 행해진다 할지라도, 모든 담론 속에 도사리고 있"다는 것이다. 사회의 가장 미세한 매커니즘 속에도 권력은 현존하는데, "다시 말해 국가나 계급 · 단체뿐만 아니라 유행 · 여론 · 구경거리 · 놀이 · 스포츠 · 정보 · 가족이나 사적인 관계, 그리고 권력에 대항하는 모든 해방적 움직임"[24]에도 권력은 보이지 않게 작용되고 있다. 언어 역시 이러한 권력의 작용에서 자유로울 수 없다. 화용론은 발화의 맥락을 통해 씌어진 언어 너머의 의미를 추출해낸다.

주요한의 계몽적 문형에는 사회적 권력 체계가 반영되어 있다. 소통되지 않는 불평등한 관계로 설정된 '나—너'의 맥락에서 '너'라는 '나'의 대상이 없어질 때, 주체 '나'의 이원성 역시 소거되고 만다. 계몽이라는 절대 '이데아'[25])가 와해된 후 주요한은 시조에 정착했다. '나-너'라는 주체와 타자 관계를 설정하지 못했던 주요한의 한계는 주요한 자신의 한계이자 근대 계몽기 지식인들의 한계이기도 했다. 계몽이라는 시대적 이데올로기의 압력에서 벗어나 진정한 개인을 발견하고 근대적인 '나'를 통해 시대에 대응하는 일은 주요한의 후배 세대들이 담당할 수 있었다. 20세기가 시작되던 1900년에 태어나서 국권을 강탈당한 식민지 시대에 시를 썼던 주요한에게 산문시와 민요·시조라는 이원성은 피할 수 없는 운명이었는지도 모른다. 양 극단에 해당하는 두 가지 형식이 서로 길항하거나 소통되지 않고 완전하게 분열적인 양태로 존재했던 것은 식민지라는 왜곡된 근대를 외세에 의해 강제로 수용해야 했던 우리의 역사적 한계와 상통한다.

근대시의 개척자로 평가되는 주요한의 문학사적 의의를 논하기에 앞서 우리는 '왜 주요한인가'라는 질문 하나를 추가해야 한다. 근대적 형식인 산문시와 전통적 형식인 민요·시조를 동시에 창작했던 주요한의 이원성은 근대가 전통과 어떻게 대결하고 어떻게 통일되어야 하는가를 보여주는 귀중한 문학사의 사례이다. 주요한의 문학사적 의의는 계몽의 문형이 어떻게 작동하는가에 대한 실례와 이원적 시작(詩作)의 경과가 드러내는 근대적 양식의 추구 및 실패라는 귀중한 경험을 우리에게 제공해주는 데 있다.

---

24) Roland Barthes, 『텍스트의 즐거움』, 김희영 역, 동문선, 1999, 118, 119면.

25) 정한모(앞의 책, 332면)는 주요한이 "자기가 지향해 갈 이데아를 바라보고 있었다"고 했다. 주요한이 이데아를 지향할 때, 그의 발화는 의지적인 양상으로 표출되는 것이다.

# 북미 유학생의 내면과 미국이라는 거울

북미 유학생 잡지 ≪우라키≫

## 1. '우라키'와 지식인

북미 유학생 잡지 ≪우라키≫(The Rocky)[1]는 1925년 창간호를 시작으로 1936년 7호까지 발행되었다. 미국으로 유학갔던 조선 학생들의 조직인 '북미조선학생총회'(The Korean Student Federation Of North America)가 발행 주체이다. 북미조선학생총회는 1919년 1월 1일에 출범하였고, 1923년 6월에 미주유학생대회에서 '학생보'의 발간을 결의했는데, 그 결과물이 바로 ≪우라키≫이다.[2]

1) '우라키'의 현대어 표기는 '락키'가 된다. 이 당시 영어 'R'의 발음을 실제와 비슷하게 표기하기 위해 'ㄹ' 앞에 '우'나 '으' 등을 덧붙여서 표기했다. '러시아'는 '으러시아'로, 인명 '로버트'는 '으로버트'로 표기했다. 유학생들이 잡지의 이름을 '우라키'로 붙인 이유가 2호에 세 가지로 제시되어 있다. 첫째, 로키산맥이 북미 대륙의 등뼈 같은 큰 줄기를 이루는 산맥이므로 유학생들의 기상을 잘 표상하기 때문이다. 둘째, 로키산맥은 매우 험준한데, 유학생들의 나아갈 길의 험난함이 로키산맥의 지세와 비슷하기 때문이다. 셋째, 준령 로키산맥의 기세처럼 유학생들은 '순결, 장엄, 인내' 등의 정신 태도를 흠모하기 때문이다.

2) 이 글에서는 ≪우라키≫의 서지 사항에 대해서 자세히 기술하지 않는다. ≪우라키≫의 서지 사항에 대한 자세한 내용은 한림대학교 아시아문화연구소에서 발행한 자료총서 27권 ≪우라키≫의 해제 「북미유학생잡지 「우라키」」(김희곤)를 볼 것. 인용할 경우 ≪우라키≫의 호수와 면수만을 밝힌다.

≪우라키≫는 1920~30년대 일본과 중국에 집중되었던 조선인 유학생들의 경향과는 다르게 세계 정세를 주도하고, 자본주의 생산 체제의 비약적 발전을 통해 세계 최강국으로 부상하고 있던 미국에서 유학했던 조선 청년 학생들의 사상적 경향을 보여준다는 점에서 큰 의의를 지닌다. '미국' 유학생들의 글로 이루어진 잡지, 이 말로 잡지 ≪우라키≫를 정의할 수 있다. 미국에서 공부하고, 미국 문화를 직접 경험하고, 미국의 사고와 사상을 온몸으로 흡수하여 배운 바를 조선에 전파하려고 했던 북미 유학생들을 '미국'이라는 고유명사 바깥에서는 생각할 수 없다.

≪우라키≫에 나타나는 미국과 미국의 문명에 대한 당대 지식인들의 태도는 미국이 우리의 역사에 어떤 역할을 맡게 되는가에 대한 좋은 자료를 제공한다고 말할 수 있다. 당대의 지식인들에게 미국은 본받아야 할 모델이었다. 가난한 조선의 현실과 비교할 때, 미국은 물질 문명의 꽃을 피운 20세기 최고의 나라로 인식되었다. 미국과 조선이라는 수직적 고저 관계는 부와 빈, 선과 악, 아름다움과 추함 같은 이분법적 인식으로 전이되고 있으며, 이는 식민지 조선의 물질적 발전을 이룩하기 위해 지식인이 해야 할 일이라는 당면의 임무에 대한 성찰로 이어진다. 조선을 위해 지식인은 무엇을 해야 하는가. 지식인들은 조선과 조선의 민중을 계몽시켜야 했다. 어둠에 쌓인 조선에 문명의 휘황한 빛을 세례하여 발전시켜야 한다는 지식인들의 의지는 계몽 담론에서 크게 벗어나지 않는다. 1900~20년대에 걸쳐 조선에서 활발히 거론되었던 계몽의 담론들이 20~30년대 ≪우라키≫에서도 논의되고 있다는 사실은 조선의 현실에서 벗어나 미국에서 공부했던 유학생들의 특성에 기인한다고 볼 수 있다. 미국이라는 준거 모델 안에서 살고 있었기 때문에 그들의 계몽 담론은 구체적인 시행 방법과 사례들이 풍부하다는 점에서 계몽의 담론들이 삶의 세목에 어떻게 접속되는가를 살필 수 있는 좋은 예가 된다.

## 2. 과학만이 살 길이다

과학은 ≪우라키≫의 창간호부터 종간호까지 수미일관되었던 중요 테마이다. 물리학이나 화학, 천문학 같은 순수 과학 이론부터 텔레비전의 작동 원리에 대한 소개에 이르기까지 과학에 대한 관심과 열정은 이 잡지의 핵심 특징이라고 부를 만하다. 과학 기술의 소개뿐만 아니라 과학과 종교, 과학과 철학의 상관 관계 같은 보다 추상적이고 형이상학적인 논의도 빠지지 않는다. 과학과 관련된 글의 목록은 아래와 같다.

1호 : 「科學의 價値」, 「化學旅行談」, 「科學의 一隅에서 察悟한 宗教의 一面」, 「產業의 科學的 經營에 對한 考察」
2호 : 「進化論을 是認하여야 할가」, 「科學과 理想界」, 「水銀을 金으로 變質케홈이 可能한가」, 「大女流數學學者 카발네브스키傳」
3호 : 「數理學의 基礎的 概念의 革命」, 「生產事業上 比準 報酬二法則의 連鎖作用」, 「科學的 硏究의 基礎」, 「고무工業과 人造고무의 發達」
4호 : 「無電線의 原理」
5호 : 「物質을 構成한 原子에 對한 이야기」, 「人生과 電氣科學」
6호 : 「電視」, 「數學의 將來와 그 任務에 對한 一考」, 「COSMIC RAYS의 新學說」
7호 : 「빽테리오페-지의 性狀」

북미 유학생들의 과학에 대한 지대한 관심을 확인할 수 있다. 북미 유학생들은 과학 기술이 산업에 구체적으로 어떻게 이용되는가에 대한 관심 또한 상당했다. 이론이 실제 산업에 어떻게 적용되는가, 배운 지식을 조선을 위해 어떻게 써야 하는가에 대한 현실적인 당면 과제가 그들에게 과학을 이론이 아니라 기술로 접근하게 한 원인이 되었다. 조선의 낙후한 현실을 발전시킬 수 있는 실제적인 산업 발달의 핵심 기술로 미국의 선진 지식을 이용하려고 했었기에, 과학만이 잘살 수 있는 유일한 방편이 된다는 인식과 모든 것은 과학에 의해 결정된다는 과학 만능

주의는 자연스러운 사고가 된다.

> 科學的 經營方法은 精力과 原料와 時間을 될 수 잇는데까지, 經濟하야 만흔 效果를 엇는 것이다. 換言하여 말하면, 濫費를 除去하고 人力과 機械力으로써, 生產을 더욱 만히 하여 世界에 富를 增殖하는 것이다. 이 方法을 應用하야 모든 것을 科學的으로 硏究하고, 分解하여 傳來하여오던 不明確한 不合理한 規律을 버리고 새 方法을 採用함으로 科學의 美를 發揮하여 產業界의 成就를 企圖하는 것이다.3)
>
> —김도연, 「產業의 科學的 經營에 對한 考察」, 1호 98면

가난한 조선이 잘 살기 위해 어떻게 해야 하는가를 설명하고 있는 이 글에서 '과학'이란 말은 구체적인 경영 방법을 의미한다. 그것은 '정력과 원료와 시간을 될 수 있는 대로 경제적으로 활용하여 많은 효과를 얻는' 방법이다. 공장을 경영하는 과학적 방법을 잘 응용하고 모든 것을 과학적으로 연구하여 조선이 지니고 있던 전통적인 방법들, 즉 불명확하고 불합리한 규율을 버리고 선진적이고 과학적인 방법을 채용해야만 잘 살 수 있다. 전체를 부분으로 분해하여 그것이 전체와 어떤 관계를 맺고 있는가를 찾아내야 과학적인 사고가 된다. 그렇게 따져보니 조선이 지니고 있던 것은 불명확할 뿐만 아니라 불합리하므로 한시의 지체도 없이 폐기해야 한다. 조선이 지녔던 것은 과학의 이름으로 낱낱이 분해되어 쓸모없는 것으로 판명된다. 버릴 것과 남길 것과 새로 들여올 것을 구분하여 지체없이 실행에 옮기는 일이 '과학의 미'를 발휘하는 행동으로 평가된다. 과학은 나쁜 것과 좋은 것을 구분하는 절대적 기준이 된다. 과학적인가 아닌가는 잘살 수 있는가 그렇지 못한가를 가르는 핵심 기준이다. 좋은 것, 옳은 것을 택해 잘살 수 있다면 그것은 아름다운 것이 된다는 사고에서 과학이 '美'와 결합하는 과정을 보게 된다.

아름다운 것과 추한 것의 이분법적인 대비는 서양과 조선 또는 서양

---

3) 당시 표기법을 그대로 따르되, 띄어쓰기만 필자가 수정함.

의 것과 동양의 것으로 확대되며, 이 과정에 가치의 고저가 존재한다. 서양은 과학적이고, 동양은 비과학적이다. 미국은 과학적이고, 조선은 비과학적이다. 과학적이기 때문에 명확하고 합리적이다. 과학적이기 때문에 아름답다. 과학은 잘살 수 있는 유일한 방법이자 원리이다. 과학은 전대의 모든 미개와 악을 일소하는 전지전능한 도구이자 사상이다. 그렇기 때문에 과학은 '미'와 결합하여 근대와 전근대, 밝음과 어둠, 아름다움과 추함을 가름하는 기준이 된다. 과학은 선한 것과 악한 것을 판단하는 도덕적 기준이기도 하다. 과학적인 것은 선한 것이고, 선하기 때문에 아름답다. 새로운 시대의 새로운 도덕에 새로운 의미를 부여할 수 있는 것 역시 과학이다. 과학이 조선인의 삶과 정신의 가치를 판단하는 절대의 기준이 된 것이다. ≪우라키≫ 편집진은 1936년 7호에서 조선의 저명인사에게 "내가 萬一 米國留學을 한다면"이라는 설문 조사를 실시했다.

> 내가 만일 米國留學을 한다면 나는 自然科學의 어느 한 部分을 배와가지고 오겠습니다. 그 理由는 여러말 쓸 것 없이 自明한 일이 아닙니까? 朝鮮에 와서 應用할 수 있는 工業이나 化學, 朝鮮이 時急히 要求하는 科學的 技術을 배우겠습니다.
>
> — 송진우, 「自然科學을 學得」, 7호 49면
>
> 自然科學의 發達과 商業 - 所謂 비지네쓰에 있어서 그 組織과 統制와 科學的 經營 方法 등은 米國文明이 世界에 對한 獨特한 貢獻이라고 생각됩니다.
>
> — 박흥식, 「내가 萬一 米國留學을 한다면」, 7호 50면

동아일보 사장 송진우, 화신백화점 사장 박흥식 두 사람 다 과학에 대해 말한다. 과학 또는 과학적이라는 말이 상업, 경영(비지네쓰)과 함께 쓰인다. 자연과학이 공업이나 화학과 결합하여 응용과학으로만 이해된다. 과학은 공업 기술로 치환되고, 효율 높은 경영 방법으로 바뀐다. 잘살기 위해서는, 보다 나은 국가로 발전하기 위해서는 과학이 필

요하고, 과학적인 사고가 필요하다. 과학이 없으면 아무것도 할 수 없다. 과학적 방법은 조직과 통제와 경영과 맞물리고, 명확과 합리와 결합하여 미국적인 것의 상징이 되는 것이다. 모든 일에 과학적이어야 한다는 말은 미국적인 것, 미국적으로 사고하고 행동하는 것을 의미한다. 그 이유는 송진우의 말대로 여러 말 쓸 것 없이 자명하다. 과학만이 미개한 조선의 현실을 타개해나갈 유일한 방법이기 때문이다. 미국은 과학면에서 세계 최고의 나라라는 생각은 당대인들에게 자명한 사실이었다. 과학은 미국에만 있지 않고 조선에도 있어야 한다. 과학은 조선의 모든 곳에 속속들이 뿌리내려야 한다. 과학의 필요성에 대한 인상적인 아래의 인용문을 보자. 과학이 세계를, 아니 조선을 구할 유일한 방법임을 확인하게 된다.

> 모든 平常 生活에 科學을 석거야 할 것이다. 教師는 教授에 學生은 工夫에 實業家는 實業에 運動家는 運動에 社會事業家는 社會에 政治家는 政治에 어머니는 子息에게 — 모든 勞動과 職業에 科學을 석거야 할 것이다. 이러하기 전에는 우리의 運命을 理性的으로 支配할 수 업고 ᄯᅡ라 우리는 將來의 安全을 確保할 수 업는 것이다. '주먹九九'와 離婚하고 科學과 結婚하자.
>
> —「우라키 主張」, 3호, 54면

## 3. 건강한 신체에 건전한 정신이 있다

과학과 맞물려 유학생들에게 큰 영향을 미쳤던 진화론은 인종의 유전적 특징에 대한 관심과 함께 몸의 중요성을 부각시켰다. 이에 맞추어 음식과 질병과 건강의 관계를 다룬 글[4]에서는 건강해지기 위해서 운동을 해야 한다는 점이 강조되었다. 올림픽을 취재한 글[5]이라든가, 미국

4) 윤치형, 「結核病」, 2호. 이용설, 「醫學과 民衆」, 2호. 송복신, 「兒童 營養不足과 그 原因」, 3호. 최선행, 「飮食과 健康」, 5호.

학생들의 체육 수업과 미국의 스포츠를 소개한 글[6] 등이 모두 몸의 중요성을 말하고 있다.

건강한 청년의 몸은 이렇게 표상된다. "우리는 불근 피가 쩔쩔 끌는 健壯한 몸을 길너 優越한 民族의 터를 닥자."[7] 건강한 몸은 민족의 우열을 판가름하는 기준이 된다. 민족이 강해지기 위해서는 우선 민족 성원 각자가 건강한 몸을 갖추어야 한다.

> 美國은 (…) 歐洲大戰 뒤로 世界를 壓倒하는 第一 富强國이 되엿다. 그 原因은 勿論 여러 方面에 잇다고 할 수 잇스나 나는 그 原因이 體育에 잇다고 敢言한다. (…) 其中에도 體力이 第一 重要하다. 靈敏한 腦力과 豊富한 財力을 가젓드래도 그것을 實際에 活用할 身體가 强健하지 못하면 畵中의 餠과 恰似하야 實用이 되지 못한다. 그럼으로 '健全한 精神은 健全한 身體에 寓한다'는 西諺은 一街談이 안이라 當然한 眞理다.
>
> —신기준, 「美國의 體育界」, 2호, 120면

미국이 세계 대전 이후 최강국이 될 수 있었던 원인이 국민의 체력을 세계 최강으로 만든 체육에 있기 때문에 조선도 힘있는 나라가 되기 위해서는 미국처럼 국민 개개인의 체력을 증진시켜야 한다는 주장이다.[8] 아무리 부를 소유하고 좋은 재능을 갖췄다 한들 몸이 건강하지 못하면

5) 이한식, 「올림픽 大會 餘憾」, 6호. 문장욱, 「올림픽 大會」, 6호.

6) 오영한, 「美國의 運動系」, 1호.

7) 4호, 104면.

8) 건강한 육체의 표상은 다음 예에서도 확인할 수 있다. "그 불근 피가 씽씽 도는, 튼튼한 허대좋은 몸"을 지닌 "美國 女學生들은 社會的으로나 學文的으로도 東洋 女子들에게 優勝하거니와, 身體的으로도 그 比較할 바"(손진실, 「美國 女學生의 生活」, 1호, 110면) 아니다. 건강한 몸을 지닌 미국 여성들은 동양 여성보다 월등하다. 몸과 마음이 월등한 미국 여성들의 "健全한 몸에 健全한 精神이 머믈어 잇슬 것은 勿論"일 것이다. 건강한 육체의 표상에는 붉은 피가 생명력의 이미지로 따라온다. 흰 피부에 붉은 혈색 도는 젊은 남녀가 지니는 이미지에는 성적인 매력은 존재하지 않는다. 그들의 몸은 국가를 위해, 미래를 위해 헌신하도록 예정된 훌륭한 재목일 뿐이다. 건강한 미국 여성들의 몸을 보면서 "그들의 몸에 길니울 第二世國民에게 줄 影響"을 생각하는 것은 당연한 귀결이다.

그림의 떡과 다름없다. 몸이 건전해야 건전한 정신이 깃들 수 있다. 강인한 몸에 강인한 정신이 깃든다. 몸과 정신의 상관 관계는 당연한 '진리'가 된다.

나라의 힘이 국민 각자의 힘에서 비롯된다는 사고, 국가 성원 각자의 힘은 육체의 건강에서 비롯된다는 사고는 개개인의 힘을 합치면 전체의 힘이 된다는 근대의 계량적 사고 양상을 보여준다. 전체를 위해서 전체의 성원인 나부터 잘 해야 한다.[9] 나부터 튼튼해져야 한다. 내가 건강해야 나라도 건강해진다. 우선 중요한 것은 나의 신체적 건강이다. 이러한 사고 과정은 개인의 실력, 개인의 힘을 중요시하는 실력 양성론 또는 준비론과 은연중에 맥이 닿게 된다. 몸과 마음을 분리하여 어느 것이 더 중요한가, 무엇이 먼저 이루어져야 하는가를 따지는 사고는 어느 경우에는 몸을 우선하고, 다른 경우에는 마음(정신)이 더 중요하다는 모순을 피할 수 없다. 인간을 구성하는 육체와 정신이라는 두 요소를 통합적으로 인식하지 않고 절단된 두 부분으로 파악하기 때문에 정신을 담는 그릇으로 몸을 인식하게 된다. 정신의 용기인 몸을 튼튼하게 하기 위해서 체육과 위생은 필수적이다.

---

9) 이러한 사고를 보여주는 다음 구절을 보자. "각인이 궁구하며, 노력하야 신활로를 개척하며 신운명을 조성하는 것이 우리의 맛당히 할 의무인 줄 안다."(김도연, 「産業의 科學的 經營에 對한 考察」, 1호, 112면) '나'가 잘되면 집단도 잘 된다는 사고 속에 '운명'이라는 말이 슬쩍 끼어든다. 조선의 식민지 상황은 운명일 수밖에 없다는 생각이 숨어 있다. 조선이 실력이 없으므로 우리의 현재는 어쩌면 피할 수 없는 운명이라는 사고는 단계를 설정하고 실력을 양성하여 다음을 준비하자는 주장으로 연결된다. 여기서 '개인', '나'는 단자 혹은 세포와 비슷한 의미를 지닌다. 하나와 하나를 더하면 둘이 되고, 이 둘과 다른 둘을 합치면 넷이 된다는 계량적 사고의 이면에는 개인은 전체의 부분에 불과하다는 의미가 내포되어 있다. 개인은 집단에 구속되어 소거된다. 애초에 개인은 없고 '부속품'과 '소모'와 '대체'만이 있을 뿐이다. 건전한 정신을 담는 건전한 육체라는 관념에는 부속과 소모와 대체라는 개념이 투사된 기계 인간의 이미지가 숨겨져 있다. 이 시대의 여러 글에서 체조가 운동의 핵심 개념으로 자리잡은 데에는 규정에 맞춰 조직적으로 움직이는 육체에 대한 찬탄, 인간의 몸에 기계의 이미지가 접합되는 과정이 숨어 있다고 볼 수도 있을 것이다.

> 醫學의 第一使命은 卽 健全한 思想을 너흘 그릇을 만드는 重任이다. 萬一 國家의 興亡이 個人의 身體와 思想 健全 如何에 달녓다 하면 醫學의 使命이 얼마나 重하고 大한가. 此를 實現키 爲하야
>
> 一, 疾病 豫防 (우에 말한 豫防注射, 傳染病者 隔離)
>
> 二, 公衆衛生, 水道, 下水道(ㄱ천), 便所法, 汚穢物 處置法, 公衆集會室 及 工廠에 換氣暖爐裝置 (…)
>
> 三, 個人衛生에 對하야는 身體淸潔法, 運動衣食住에 對한 硏究 等이다.
>
> —이용설, 「醫學과 民衆」, 2호, 83면

국민을 건강하게 하기 위해 의사가 해야 할 일이 열거되었다. '신체'와 '청결' 개념이 쌍을 이룬다. 여기에 '법'이 가세한다. 신체를 청결하게 하고, 변소를 설치해야 하는 법이 필요하다. 근대가 신체와 청결과 운동이라는 규율을 개인에게 강요한다. 건강한 개인으로 구성된 건강한 나라, 강한 국가를 만들기 위해 국가는 국민의 청결과 건강을 강제할 수 있는 법을 만들어야 한다는 논리가 당연시된다. 국가를 강성하게 하기 위해서 변소법과 오예물 처치법과 신체 청결법을 만들어 개인을 통제해야 한다. "죠흔 種族은 繁殖케 하고 不完全한 人類는 繁殖치 못하게" 하는 '인종개량'도 필요하다는 논리가 자연스럽게 따라온다. 열등한 자는 도태시켜야 한다는 폭력이 내재된 논리 앞에서 정신을 담는 그릇에 불과한 몸의 욕망이 들어설 곳은 존재하지 않는다.

> 우리가 지금까지도 原始人이 가지고 잇든 性格을 만히 保存한 듯하다. 곳 食慾과 탐色 等은 分明한 禽獸의 性格이다.
>
> —한치관, 「科學으로 엇은 今日의 人生觀」, 1호, 72면

성욕은 동물이나 지니는 욕망이다. 인간에게 성은 다음 세대를 이끌어갈 후세를 낳기 위한 어쩔 수 없는 과정이다. 솔직한 몸의 욕망은 도덕과 윤리로 재판받는다. 자유로이 연애하되, 그 연애는 부모의 간섭에서 벗어나 서로의 정신적 매력을 확인하는 과정이다. 자유로운 욕망의

발현은 부도덕한 죄목이다. 육체는 건전한 정신을 담는 그릇이라는 이념은 성욕을 원시인의 성격, 금수의 성격으로 만들어버린다.

## 4. 계몽의 수사법

≪우라키≫ 6호에 편집진의 주장이 「自盟과 英斷」이라는 제목으로 실려 있다. 미국 유학생들인 '우리'의 현실을 돌아보고 이에 '우리'의 임무를 살피고 의지를 새롭게 다지자는 선언이 이 글의 내용이자 목적이라고 할 수 있다.

> 自力은 宇宙의 힘이요 團結은 生存의 公約이다. 그러므로 우리는 悲觀陰鬱 然嗟 隱遁의 온갖 消極的 氣質과 態度를 버리고 빛나는 將來를 믿는 自覺 決心 歡喜 勇敢力을 가지고 積極的 總結努力과 進出을 꾀하자. 安價의 悲憤과 感傷이 아모 意義와 價值가 없음을 意識하면서 우리는 自覺한 壯志를 가다듬고 永遠한 人類鬪爭의 對陣으로 一念 猛進하자는 말이다. 그리하여 分散生活에서 團結生活에 摸索에서 計劃에 悲壯에서 歡喜의 世界를 건설하기까지 努力하고 奮鬪하자!
>
> 그렇다! 네 이름은 挫折되지 않기를 自盟한 조선 젊은 勇士들이 아니냐! 沮傷한 士氣를 振作하여 英雄的 丈夫的 意氣로써 初志를 英斷하고 突行하라!
>
> —6호, 30면

세계 공황과 식민지라는 시대적 상황을 뚫고 나가기 위해서 조선의 청년 학생들은 더욱 힘차게 전진해야 한다는 의지를 고양시키는 이 글에서 편집진은 자신들의 의도를 효과적으로 달성하기 위해서 연설문의 어조를 사용했다. 선언과 선동에 동원된 언어들은 강력하고 뜨거운 어조에 실려 글쓴이의 의지를 백열시킨다. 명확한 목적에 의해 소환된 언어들은 선과 악, 새것과 옛것이라는 선명한 이분법에 의해 대립된다.

소극적 기질에 묶이는 부정적 대상과 적극적 기질에 속하는 긍정적 대상이 분명하게 나뉜다. 버려야 할 것과 그렇지 않은 것으로 대상들은 분류되고, 선택된 긍정적 가치들은 전심전력으로 실행에 옮겨야 할 가치들이 된다. 청년 학생들은 모두 힘써 실행해야 한다. 청유하고 감탄하고 명령하는 연설자는 자신의 의지와 목적을 논리가 아닌 감정에 실어 청중에게 전달하고자 한다. 독자들은 연설장에 와 있는 것이 아니지만, 화자는 독자를 청자로 상정하고 일장 연설을 시도한다. 가르치고 깨우쳐서 어서 빨리 '조선의 安寧과 國際平和'에 기여해야 한다는 조급함이 글에서 배어난다. 계몽시켜야 한다는 북미 유학생의 집단 심리는 '우리의 주장'에 그대로 반영되어 비등하는 수사의 양상으로 표출된다.

> ① 그 뒤로는 하로 걸너큼식, 혹은 날마다, 기차로, 자동차로 낫선 동리에 가서 짐을 풀엇다, 묵것다, 새 사람을 맛낫다 써낫다, 나의 생활이 맛치 쩹시와 갓고 물 우에 뜬 부평초갓치 바람에 밀니는 물결 싸라 이 언덕 저 해안에 닷게 되엿다.
>
> —박인덕, 「北美大陸 放浪의 一年」, 4호, 124면
>
> ② 諸君 學生들은 씨를 심으는 時代에 處하엿다 十年 後에는 今年에 比하야 十倍 나흔 成績을 거두기 爲하야 協力의 씨. 사랑의 씨. 感謝의 씨. 熱心의 씨. 勤勉의 씨를 自身과 團體를 위하야 심으고 恒常的으로 養成하자
>
> —이병두, 「北美留學生會 十年間 成功과 將來 希望」, 4호, 10면

고단한 유학 생활을 돌아보는 수필인 ①에서 화자의 방랑을 표현하기 위해 쓰인 비유는 둘이다. 화자는 '집시처럼', 또 '물 위의 부평초처럼' 바람에 밀리고, 물결을 따라 여기저기를 오갔다고 한다. 집시라는 서양 문화를 표현하는 어휘와 물 위에 뜬 부평초라는 전대의 익숙한 어휘가 공존한다. 자신의 방랑 생활을 표현하기 위해 새로운 지식과 전래하던 익숙한 정서가 가치 구별 없이 섞인다. 지나간 세월을 회상하는 과정에서 화자의 감정은 감상적으로 바뀌게 되었고, 감상을 표현하기

위해 근대적 비유와 전근대적 비유를 섞는 화자에게 전근대적 비유와 근대적 비유라는 이분법은 문제가 되지 않는다. 과거를 돌아보고 자신이 느꼈던 감정을 회억하는 과정에 동원된 비유에는 가치의 우열이 없다. 서양에서 들어온 단어 '집시'나 동양에서 쓰던 단어 '부평초'는 그것의 근원이 어디인지를 따질 필요가 없다. 서양과 동양, 근대와 전근대가 자연스럽게 혼효하는 양상은 당대의 지식인들이 서로 이질적인 것을 동일화의 코드로 복속시키는 비유 과정을 통해 근대를 어떻게 내면화시키고 있는가를 파악할 수 있게 한다.

①에서는 직유가 사용되었다. ②에서는 은유가 사용되었다. 직유와 은유를 포괄하여 비유라고 할 때, ②의 비유는 ①과 비교하여 비유 사용자의 의도를 더욱 강하게 포함하고 있다고 볼 수 있다. 비유는 서로 다른 두 대상의 이질성을 연결한다. '협력'이라는 추상 명사와 '씨'라는 물질 명사가 '~의'의 매개를 받아 연결된다. '협력'이라는 씨앗을 심어, 협력이라는 나무를 키워내자, 그리하여 단결이라는 열매를 거두자는 내용이 '협력의 씨'라는 비유 속에 함축된다. 협력하고 단결하자는 북미유학생회의 당면 목표를 나무의 성장과 결실이라는 과정에 실어 감각적으로 전달하고 있기에 비유의 효과는 충분하다. 현실을 비유로 통합하는 이러한 방법은 이성적으로 대상을 분석하여 그 논리적 전후 관계를 서술하지 않는다. 이성적인 분석보다는 감정이 우세하다. 비유는 현실을 냉엄하게 관찰하고 분석하여 객관적으로, 이성적으로, 구체적으로 대응하겠다는 태도라기보다는 현실에 대한 구체적 분석을 포기하고 감정에 목적을 실어 '무엇을 빨리 하자'는 열정만을 전달하려는 태도라고 할 수 있다. 유학생들이 '서구적'이라는 말에 '논리와 이성'을 대응시키고, '동양적' 또는 '조선적'이라는 말에 '비논리와 감성'을 연결시켰던 경우와 비교된다.

계몽의 열정과 동력은 이성이 만들어내는 것이 아니다. 감정이 그것을 만들고, 그것은 비유를 수단으로 삼아 현실을 포획하고, 현실의 구체적 실상을 매몰시킨다. 계몽은 대중들을 깨우쳐야 한다는 목적을 최고의 목표로 삼는다. 그 목표를 위해서는 무엇이든지 이용될 수 있다.[10] 많은 계몽 담론들이 감정에 쏠려 있고, 그 감정의 대부분이 어조와 비유에 의해 격렬하게 표현되고 있다는 점을 통해 계몽이 목적을 달성하기 위하여 단일한 수사로 조직된 강력한 이념이었음이 확인된다.

"文化식히고 못식히"[11]느냐에 조선의 운명이 달려 있다는 말 속에는 당대 유학생들이 느꼈던 절박감이 배어 있다. 문화를 가르쳐 교양과 실력을 갖추게 해야 한다는 이 말은 곧 '계몽시키느냐 못 시키느냐'로 바꾸어 말할 수 있다. 중요한 점은 '~시키느냐'이다. 계몽은 어디까지나 선진 문명국에서 유학한 '우리들'이 몽매한 대중들을 가르쳐야 한다는 절대적 권위를 토대로 삼는 이념이었다. 교육은 최고의 당면 과제이자 위에서 아래로 일방적으로 전달되는 시혜였다.

## 5. 미국에서 고향을 그리워하며 쓴 문학 작품

≪우라키≫에 실린 문예물들은 대개 비슷한 내용으로 묶인다. 먼 타국에서 고향 땅을 생각하면서 그 땅에 살고 있는 가족들에 대한 그리움을 표현한 시와 에세이 등이 문예물의 대부분을 차지하다. 이러한 ≪우라키≫의 문예물이 지니는 특성이 한 마디로 집약된 말을 아래의 인용문에서 읽어보자.

---

10) 계몽하기 위해서 당대의 유학생들이 글을 쓸 때, 어떻게 해야 하는가에 대한 구체적인 지침의 예는 다음과 같다. "아조 純朝鮮文으로써 通俗的 또는 會話的 文體로 하되 반드시 그 地方을 中心으로 한 産業發展策에 對하여 (…)"(우양생, 「農村社會組織에 對한 要素와 그 方法」, 5호, 42면). '순조선문', '통속적 또는 회화적 문체'라는 조건은 계몽의 목적을 달성하기 위해서는 대중들이 알아들을 수 있는 말을 써야 한다는 뜻으로 파악된다. 지식인들이 계몽을 목적으로 한 글에서는 순 한글과 구어체를 사용하다가도, 계몽을 목적으로 하지 않은 글에서는 돌연 국한문 혼용체를 사용하는 경우에서 볼 수 있듯이 이중 문체의 사용 여부는 당대 지식인들이 계몽이라는 시대 이념을 목적으로 수용하는가 하지 않는가에 따라 판단할 수 있다.

11) 김혜련, 「社會와 敎育」, 1호, 81면.

> 지금 우리는 美洲에 留學하는 사람들의 文藝品을 朝鮮 文壇에 提供한다 言語, 習慣이 달은 이 나라에 와서 공부하는 우리들에게는 *思鄕文學*(강조—필자)이라는 特殊形式의 文學을 産出하기 쉬운 것이다 나는 이 形式의 作品을 우리 美洲 留學生들에게서 發見한다
>
> —ㅇㅇㅂ, 「朝鮮文壇에게」, 5호, 101면

≪우라키≫는 다른 분야에 비해 문예물의 비중이 낮다. 문예물의 대다수가 고향을 그리워하는 유학생들의 시이다. 시 이외에도 에세이가 종종 게재되는데, 이들 역시 고향에 대한 그리움이나 고단한 유학생활에 대한 감회를 기술하고 있다. 이 밖에도 ≪우라키≫의 문예란에는 외국 작가들의 단편 소설을 번역하여 소개하거나,[12] 일기체 소설을 분재하기도 하고,[13] 주요섭의 창작 단편소설[14]이 발표되기도 한다.

≪우라키≫에 실린 소설 중에서 주목을 요하는 작품으로는 2호에 실린 성욱의 「모르는 나라로!」, 5호에 실린 김준상의 단편 「絞死」, 구름의 「밧 가운데 집」을 들 수 있다. 「모르는 나라로!」는 주인공 '나'와 함께 살게 된 인력거꾼 김순묵이 죽은 후에 '나'가 그의 유서를 보고서 김순묵의 삶을 회상하는 작품이다. 미국으로 이민갔던 김순묵이 친구의 딸(리 마가렛)을 맡아 키우다가 성장시키는 과정에서 부녀관계를 넘어서는 애정을 느끼지만, 딸의 미래를 위해 가진 것 전부를 주고 귀국해서 인력거를 끌고 있다는 설정과 그 딸이 음악가로 성공해서 귀국한 후 연주회를 갖는다는 사건이 줄거리이다. 5호의 편집 후기에 "露西亞 作家的 沈痛美가 잇는 것"이라는 「絞死」의 소개와 함께, 이 작품이 "우리 文壇에

---

12) 번역작품의 목록은 다음과 같다.
1호 — O. Henry, 「東方博士의 禮物 The Gift Of The Magi」
Harry Kemp, 「솔로몬의 戀歌」(장성욱 역)
2호 — 프랑스 시인 아르베르의 시 「Le Secret」를 번역한 「隱秘」(최응선 역)
7호 — 영미시단대표작선집 특집

13) 6호와 7호에 임영삼의 작품 「金正基의 日記」가 분재되어 있다.

14) 4호에 주요섭은 유년시절 자신의 삶에 중심이 되었던 할머니에 대한 애절한 감정을 회상하는 내용의 단편소설 「할머니」를 발표했다.

드문 收穫이라"는 평이 실려 있다. 목을 매달아 자살한 청년의 유서를 옮겨 적는 형식의 이 소설은 인간 세상을 부정하는 염세주의를 표현한 작품이다. 모든 가치와 기존 질서를 극렬하게 거부하는 이 소설의 주제는 문명에 대한 비판과 회의주의이다. 「밧 가운데 집」은 여주인공 옥순이의 아버지가 데릴사위로 짤뱅이를 들이자 옥순이는 자신이 사모하는 성환이를 못잊어 한다는 내용이다. 조혼의 폐해와 함께 자유 연애 사상을 강조하고 있다. 옥순과 성환의 관계 때문에 마을을 떠난 짤뱅이 부부를 "年前에 내가(記者) 무슨 볼일노 鐵原 엇던 酒幕 거리를 지나"다가 만났다는 후일담과 함께 조혼의 폐해를 작가가 직접 기술하는 논평이 소설의 마지막 부분에 첨가되어 있어 인물의 섬세한 심리 묘사에도 불구하고 계몽 의도를 작품에 그대로 노출하고 말았다.

≪우라키≫의 창작물은 '思鄕文學'으로 정의된다. 이에 반해 ≪우라키≫에 실린 문학 이론은 다른 면모를 보인다. 영국과 미국의 문단에 대한 소개글[15]을 많이 볼 수 있고, 미국의 시단과 소설계를 자세히 분석하여 대중문학의 새로운 의미를 찾아낸 글[16]도 있다. 1930년대를 넘어서 4호부터 ≪우라키≫에 사회주의의 영향을 받은 글이 실린다. 이후에 문예란에도 사회주의 문학 이론을 소개하거나, 문학의 사회적 참여를 요구하는 경향문학을 주장하는 글이 발표된다.[17] 그러나 유학생들의 창작물이 이러한 이론적 논의에 영향을 받은 경우는 없다. 그들의 창작물은 소재가 미국의 자연물로 확대된 경우가 있기는 하지만 여전히 넓은 범주의 사향문학에서 벗어나지 못했다. 자연물에 자신의 고단한 삶을 의탁하거나 아름다운 자연을 찬사하고 음미하는 고답적 내용에 그치고 만 경우가 대부분이다.

---

15) 김태선, 「美國小說壇概論」, 5호. 한세광, 「英文學形式槪論」, 6호. 한세광, 「現代英國文壇의 趨勢」, 7호.

16) 한세광, 「現代米國大衆詩人硏究」, 5호.

17) 이러한 내용을 담고 있는 글로는 7호에 실린 이연대의 「時代意識과 農民文藝」과 김시민의 「美國文壇의 左翼文學과 其成長」을 들 수 있다.

## 6. 미국적 조선인

미국에서 유학했던 당대의 지식인들이 미국을 근대의 표본으로, 조선이 모든 것을 배워야 할 모범으로 생각했던 것만은 아니다. 대부분의 유학생들은 미국의 단점이 물질문명의 고도 발전으로 인한 도덕·윤리의 상실과 빈부 격차의 심화 그리고 인종차별이라고 여긴다. 이러한 면에서 조선은 미국보다 상대적으로 월등하다는 자긍심과 더불어 미국의 문명 중에서 받아들일 것을 잘 분별해야 한다는 반성적 목소리가 없지는 않았다. 그러나 세계 최강국 미국의 힘은 물질에서 비롯되고, 그 물질의 바탕 위에서 미국인들이 누리는 삶의 풍요로움과 자유를 목격했던 조선 유학생들에게 미국은 지상의 낙원으로 인식될 수밖에 없었다.

> 黃昏이 고요히 나려 덥히는 고진악한 사이드 웍에, 홀홀히도 외로운 步調를 옴기고 잇는, 그들 中 하나를 뒤싸라보쟈. 그는 어김업시, 어데서로인지 곱다히 흘너오난 피아노의 보드러운 曲調를 드르리라. 고개는 문득 그 便으로 向한다. 비록 나즈막은 하지만도 淸쇄한, 저녁밥이 슷난 쌩갈노 안이다. 一家團束의 무르닉은 平和이, 黃昏曲과 갓치 석이여나옴을 안이 늣기지 못한다. "아 — 우리는 언제나!" 하고 긴 숨 슷헤 중얼일 뿐이다. 그러고 於焉三五의 달이 놉하진다, 快하긴 얼마나 하며! 詩想인들 如干하랴!
>
> — 장이욱, 「教育學 見地에서 觀察하는 留美學生의 心理上 經驗」, 1호, 31면

미국인 삶의 아름다움에 대한 유학생의 동경을 살필 수 있다. 황혼이 내리는 고즈넉한 보도를 걷는 사람들을 따라가면 나즈막하지만 맑고 고운 피아노 소리가 들릴 것이고, 방갈로 안으로는 잘 통제되어 단란해 보이는 가족이 보인다. 그 광경에서 평화를 느끼지 않을 수 없다. 그런데 우리는 언제 그런 생활을 가져볼 수 있을 것인가. 긴 한숨을 내쉬는 화자 '나'는 유학생이다. 미국인의 삶이 지니는 아름다움의 이미지에 빠

져 있는 유학생 '나'에게 미국이라는 나라는 행복한 삶의 표본으로 제시될 수밖에 없다. 논리보다 감각을 먼저 수용할 수밖에 없는 것이다. 감각으로 수용된 미국의 삶, 근대의 삶은 그 어떤 논리적 타당성도 뛰어넘는다. 논리로는 비판하지만 삶의 현실로는 비판되지 않는 모순이 바로 이것이다. 근대와 미국 앞에서 유학생들이 느낄 수밖에 없었던 갈등은 곧 낙후된 조선과 발달된 미국이라는 우열의 차원에서 빚어졌다기보다는 아름다운 미국과 추한 조선이라는 미학의 관점에서, 그러니까 이미지의 차원에서 선험적으로 규정된 것은 아닐까. 과학과 근대와 미가 합치되고, 그 배경에 미국이 놓여 있는 근대의 체험 양식은 당대의 유학생들에게 절대적인 이념으로 작용했을 것이다. 미국은 절대적인 기준이고, 미국인의 시각은 틀릴 수 없다.

> 朝鮮 사람은 그대로 머믈너 잇거라. 그대의 成功과 信用을 그대들의 民族에게 돌녀 본내라. 그대들이 生長한 사람들을, 그 形便을 그 理想을 蔑視하지 마라. 우리에게서 엇을 아모것도 能히 이러한 犧牲을 報償할 수 업는 것이다.
>
> —프레데릭 스타, 「朝鮮 文化를 保存하여라」, 1호, 44면

조선이 지닌 장점을 긍정하고 조선을 위해 전심전력을 다하라는 미국인의 말이다. 조선의 과거를 잊지 말고 선조들이 이루어놓은 유산을 자랑스럽게 생각하라는 발언이 이 글의 주 내용이다. 원문에서도 명령형을 썼는지는 확인할 수 없다. 미국인이 조선인에게 명령조로 말했는지 번역 과정에서 번역자의 의도가 반영되어 명령형으로 표현되었는지를 가리는 일은 그리 중요한 일이 아니다. 미국인이 조선인을 위해 진심으로 걱정하는 말이지만 그 말의 옳고 그름을 떠나서 미국인이 조선에 경고하는 말을 조선인이 그대로 받아서 '자 봐라, 미국인도 우리를 걱정한다. 우리는 배워야 한다. 잊지 말자'고 말하려는 의도에서 이 글은 조금도 벗어나지 않는다. 미국인 박사의 목소리는 조선인 유학생의

목소리로 치환된다. 미국인이 조선인을 가르친다. 조선인 유학생은 배우지 못한 동포를 가르친다. 서양인이 동양인을 가르친다. '더 배워야 한다, 자신이 지니고 있는 고유 가치를 인정하지 않는다면 새로운 근대의 문명을 제대로 소화시킬 수 없을 것이다, 그러니 정신차려야 한다'는 말은 명령으로 작동된다. 피할 수도 없고, 그르다고 비판할 수도 없는 절대적인 말이다. 더 많이 알기에 더 힘이 세다. 강자에게서 약자로 계몽은 수직 이동한다. 미국인이 조선인 유학생을 가르치고, 유학생은 고국의 동포들을 가르친다. 계몽은 시혜의 코드를 반복한다. ≪우라키≫ 창간호 1쪽에서 편집진들은 "저희는 이 가난한 冊 흔 卷을 매여 敢히 故國의 父母兄弟姉妹에게 밧"치겠다고 말한다. 고국의 동포에게 바치겠다는 말은 고국의 몽매한 동포들에게 선진 문명의 진면목을 가르칠테니 잘 새겨서 배우라는 의미로 읽힐 수밖에 없다. 그 가르침의 이면에 근대인이라고 자부했던 유학생들의 모습을 비추어주는 세계 최강국 미국이라는 거울이 있었다. 거울에 비친 조선인의 모습은 미국에서 근대를 배운 미국적인 조선인, 바로 그것이었다.

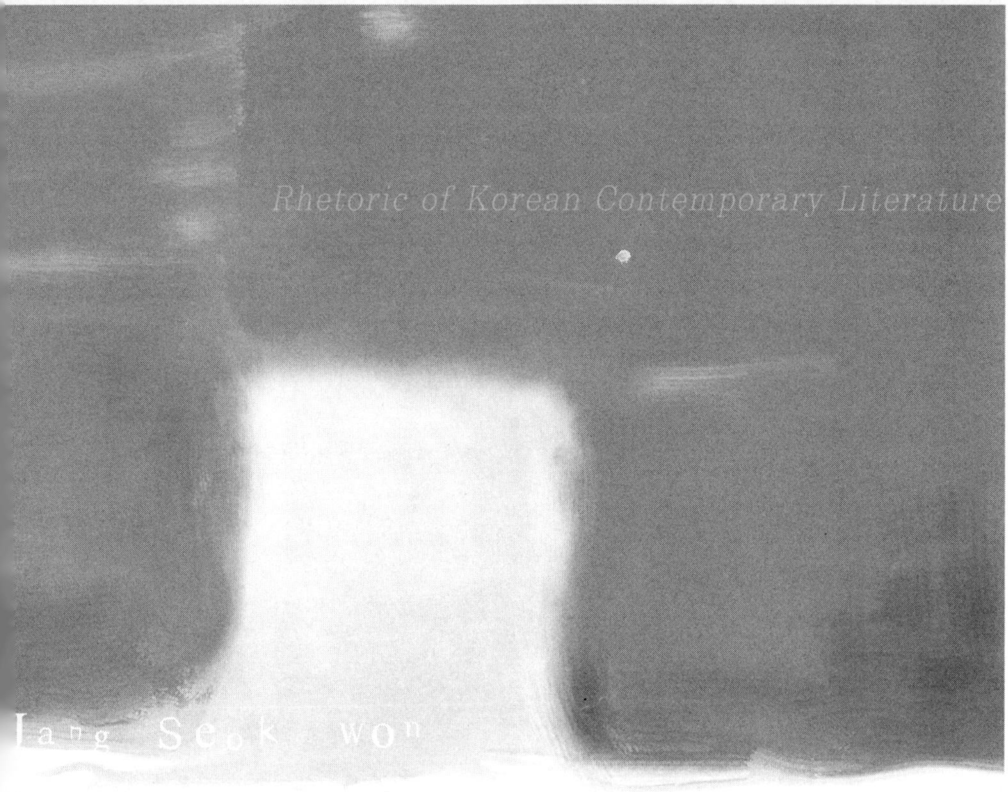


# 제 2 부

# 시의 다성성은 가능한가

## 1. 바흐찐, 대화 그리고 다성성

바흐찐은 자신의 대화 이론, 나아가 소설에 있어서의 다성성이 1인칭 화자의 내적 독백 장르인 시(특히 서정시)에는 적용될 수 없다고 했다. 바흐찐이 문학의 다성성을 언급하면서 소설의 다성성과 시의 다성성을 별개의 것으로 여겼다는 점은 그렇게 중요하지 않다. 다성성은 어떤 문학 장르의 고유한 특성이 아니기 때문이다. 다성성은 말 그대로 다성적인 언어들의 화음이라고 여겨야 한다. '다성악(polyphony)'이라는 개념이 유효한 이유이다. 문제는 다성성의 개념 정의가 아니다. 소설에서 다성성이 실현된다는 바흐찐의 주장도 아니다. 문제는 다성성이 서정시의 낯익은 범주를 확장시키면서 동시에 새로운 서정시의 방향을 설정한다는 것이다. '다성적인 시'라는 보다 포괄적인 개념을 사용해야 하는 이유가 여기에 있다.

'다성성' 개념은 바흐찐의 대화이론에 그 기원을 둔다. 바흐찐은 자신의 초언어학(Metalinguistics)에서 대화이론을, 대화이론에서 다성성을 조직해낸다. 대화는 발화자와 청자 사이에 이루어지는 언어 소통의 모델이다. 말하는 사람과 듣는 사람 상호간에 어떤 의미의 소통이 대화라는 관계에 의해 형성되듯이 문학 작품에도 '대화' 개념은 부각될 수 있다. 대화가 이루어지기 위해서는 말하는 사람이 있어야 하고, 이와 더불어 듣는 사람이 반드시 존재해야 한다. 화자와 청자라는 두 축이 있고, 여기에 발화가 있다.1) 이러한 모델을 문학 작품에 옮겨 놓으면 화자는 작가, 청자는 독자가 되며, 발화는 문학 작품의 텍스트가 된다.

'나'가 질문하면 '그'가 대답한다. 질문과 대답으로 이루어지는 의미의 변화 생성과정이 바로 대화이다. 문학에서도 작가가 전달하고자 하는 의미는 독자가 텍스트에 참여해서 작가와 대화적인 관계를 성립해야만 제대로 전달된다. 텍스트가 지니고 있는 일차적 의미, 즉 작가가 전달하고자 하는 의미가 작품에 씌어진 언어의 의미 총량을 벗어나지 못한다면 그 작품은 살아 있는 작품이 될 수 없다.2) 대화를 통해서 새로운 의미 맥락을 형성해야만 문학 작품은 역사적 의미를 획득한다.

대화에서 작가가 전하고자 하는 의미와 독자가 받아들이는 의미 사이에 어떤 차이가 발생할 수 있다. 의미의 차이는 작가와 독자의 대화를 형성한다. 대화가 지니는 의미 맥락의 변화 가능성, 새로운 의미로의 발전 가능성, 변화 과정이 내포하고 있는 능동적 창조력 등이 바흐찐이 주목한 대화의 기능이었다. 바흐찐의 대화에 대한 논의는 인간 언어의 기본 형태를 이루는 대화, 언어를 통한 상호 작용이라는 사회적 행위로서의 언어, 말하기(듣기)와 쓰기(읽기)의 근본적 대립성, 열린 진리의 대화 원리와 닫힌 진리의 독백 원리 등의 항목으로 개진된다.3)

작가 개인의 언어적 습성이 있듯이 독자 또한 개인의 독특한 언어 습성을 지니고 있으므로 작가와 독자의 언어적 이질성은 수많은 의미 해

1) Mikhail Bakhtin, *Speech Genres and Other Late Essays,* University Of Texas Press, Austin, 1986, p.66 참조.

2) Sergei Averintsev, 「바흐친의 문학과 미학」, 『바흐친과 대화주의』, 김욱동 편, 나남, 1990, 25면.

3) Hans Robert Jauß, 「문학적 의사 소통의 대화론적 이해」, 『바흐친과 문학이론』, 여홍상 편, 문학과지성사, 1997, 146면.

석의 공간을 만들어 놓는다. 텍스트가 담고 있는 텍스트 자체의 의미뿐만 아니라 텍스트와 독자 사이에 자리잡고 있는 의미 해석의 잉여 공간, 그 공간에 대한 해석의 다양성이 대화의 기능이다. 대화가 가능하기 위해서는 언어의 원심적 힘에 대한 인식이 필요하다.[4)]

언어의 구심적 힘은 우리의 일상 언어가 보여준다. 공식적인 행사나 종교 행사, 정치인의 연설과 법조문 등 정치·사회적 생활을 규정하고 있는 언어는 단일성을 유지한다. 법조문은 정해진 의미 이외의 어떤 해석 가능성을 내포하지 못하는 죽은 언어이다. 문학의 언어는 그렇지 않다.

타인을 설정했을 때, 개인의 담화는 의미를 형성한다. 타인은 그 담화를 어떻게 받아들일 것인가, 나의 담화는 타인과의 관계에서 어떤 의미를 형성하며, 또 타인에 의해 그 담화의 의미가 어떻게 변화하여 발화자인 '나'에게 어떤 영향을 줄 것인가.[5)] 의미 형성의 가능성은 다양하다.

언어의 다양한 측면을 바흐찐이 주목하게 된 것은 형식주의 언어관에 영향을 받았기 때문이다. 문학의 질료인 언어 자체에 대한 발견이 형식주의에서 이루어졌다. 형식주의의 업적은 문학을 다른 이데올로기의 영역으로부터 해방시킴으로써 문학 고유의 영역을 찾은 것이다.[6)]

---

4) "이러한 분화(언어학적 방언들, 사회·이념적 언어들, 여러 사회 집단의 언어들 혹은 여러 가지 직업적, 장르적 언어들, 동시대에 존재하는 여러 세대들의 언어 등-인용자)와 다양성은 일단 구체적 모습을 갖추게 되면 언어의 삶 속에서 불변하는 상수로 남아 있는 것이 아니라 그 역동성을 보장하는 힘으로 된다. 언어가 살아 있는 한, 분화와 다양성은 폭과 깊이를 더해나간다. 구심적 힘들과 나란히 원심적 힘들이 작업을 수행한다."(Mikhail Bakhtin 『장편 소설과 민중언어』, 전승희 외 역, 창작과비평사, 1988, 79면) "구심적 힘은 주의를 '언어의 다양성으로부터 단일한 원초적 언어로' 환기시킨다. 이 힘은 그 자체가 언어를 통일된 것 즉 공식적인 언어로 되게 한다. 반대로 원심적 힘은 언어의 통일성을 해체하며 언어학적 권위를 풀어버린다. 즉 원심적인 힘은 예속과 합동과 대항하여 싸운다."(Ann Jefferson, 「야콥슨과 바흐친 : 형식주의의 정치학」, 『바흐친과 문학이론』, 여홍상 편, 문학과지성사, 1997, 66면)

5) Mikhail Bakhtin, 위의 책, p.88. "그러나 말은 다른 사람의 개인적 발화(utterances)로부터 우리의 담화(speech)로 들어올 수 있다. 다른 사람의 발화는 많건 적건 개인적 발화의 반향과 톤들을 포함하고 있다. 어떤 언어의 단어 — 발화에서 말해진 단어(인용자) — 는 그 누구에게도 속하는 것이 아니다."

형식주의의 '낯설게 하기'는 문학적 사실의 고립과 문학성의 정의를 위한 시도 속에서 형식주의가 정식화한 것일 뿐, 규격화되고 상투화된 시각과 통념에서 벗어나 벌거숭이 임금을 알아본 어린이의 태도를 지향하는 모든 시인들이 지향했던 바라고 할 수 있다.7)

문학의 언어는 소쉬르의 '랑그/빠롤' 개념만으로는 감싸안을 수 없는 수많은 인간 경험의 사실들을 포함한다. 언어에는 인간 상호간에 벌어지는 투쟁과 갈등과 화해가 담겨 있다. 때문에 언어에서 모든 경험적 요소를 제거하고 언어를 "이데올로기적으로 결백한 랑그"8)로 본 형식주의 언어관은 인간의 역사를 고스란히 투영하고 있는 문학의 언어를 제대로 파악할 수 없었다.9)

형식주의가 내용을 사장한 채 작품을 이루는 언어에만 집중하기 때문에 비판을 받아야 한다면,10) 마르크스주의적 방법은 이와는 반대의

---

6) Mikhail Bakhtin, 『문예학의 형식적 방법』, 이득재 역, 문예출판사, 1992, 82~106면 참조. 바흐찐의 초기 저작 세 권(『프로이트주의』—1927, 『문학 연구의 형식주의적 방법 : 사회학적 시학의 비평적 입문』—1928, 『마르크스주의와 언어철학』—1929)은 각각 메드베제프(1928)와 볼로쉬노프(1927, 1929)의 이름으로 출판되었다. 이 세 권의 책에 대한 저자의 문제가 바흐찐 사후에 제기되었는데, 바로 이 세 권 모두가 바흐찐이 저술한 것이라는 사실이다. 이에 대해 토도로프(Tzvetan Todorov, *Mikhail Bakhtin : The Dialogical Principle,* University of Minnesota Press, Minneapolis, 1982, pp.5~11)는 이들 저작이 바흐찐에 의해 씌어졌을 가능성을 조심스럽게 제기하면서도 — 물론 책의 중요한 부분은 바흐찐에 의해 씌어졌다는 것을 인정한다 — 메드베제프와 볼로쉬노프가 어떤 식으로든 저술에 참여했음을 구체적인 예를 들어 설명하고 있다. 그리하여 토도로프는 이 세 저작이 바흐찐과 메드베제프, 바흐찐과 볼로쉬노프의 공저라는 것을 주장한다. 토도로프는 '바흐찐/메드베제프', '바흐찐/볼로쉬노프'로 표기하는 것을 제안한다. 그러나 이 글에서는 위의 세 권의 저자를 편의상 'M. Bakhtin'으로 표기한다.

7) 유종호, 『문학이란 무엇인가』, 민음사, 1989, 221~222면.

8) Peter Zima, 『문예미학』, 허창운 역, 을유문화사, 1993, 131면.

9) "언어학은 그 사건도, 그 생생한 참여자들도 고려하지 않는다 — 언어학은 추상적인 담론, 그 모든 것에서 벗겨진 상태 그리고 그 상태의 그 역시 추상적인 다른 국면들(음운론적, 형태론적 국면들)에 관계한다."(M. Bakhtin, 「생활 속의 담론과 시 속의 담론」) 이 논문은 Tzvetan Todorov, 『바흐찐 : 문학사회학과 대화이론』(최현무 역, 까치, 1987)의 부록으로 실려 있다. 인용은 174면.

10) M. Bakhtin, 『마르크스주의와 언어철학』, 송기한 역, 한겨레, 1988, 107~108면 참조. 바흐찐은 형식주의를 다음과 같이 비판한다. ① 형식주의(추상적 객관주의 언어학, 소쉬르로 대표되는 언어학을 가리킴 — 인용자)가 연구의 대상으로 삼고 있

경향 때문에 비판적 요소를 노출한다. 마르크스주의 문학은 형식을 의도적으로 배제하여 예술 작품이 지니고 있는 특수성을 놓쳤다. 객관성을 담지하지 못한 이러한 연구 방법은 언어라는 질료의 물질성에 따른 논리화·계량화·구조화의 필요성에 대한 인식의 결여 상태를 드러낸다. 문학의 질료가 언어이기 때문에 언어학은 문학 연구 방법의 고유한 영역[11]을 차지한다.

바흐찐은 형식주의와 마르크스주의 문학을 비판했지만 그것이 문학에 미친 영향을 결코 부정하지 않았다. 오히려 그는 적극적으로 두 대상의 장점을 옹호했다.[12] 실상 형식주의를 포섭하지 않고 형식주의에 반대하는 방법은 어느 것이건 문학 연구에 적합하지 않다.[13] 바흐찐은 형식주의가 환기시킨 언어에 대한 관심과 과학적인 접근 방법 그리고

---

는 완결된 독백적 발화는 사실상 일종의 추상의 산물이다. ② 형식주의와 체계화는 이미 만들어진, 말하자면 포착된 대상에 초점을 맞추는 사고 방식의 전형적이고 뚜렷한 특징이다. 생성 과정의 역동적인 흐름 속에서 스스로를 지향하려고 하는 것은 절대로 형식적이거나 체계적인 종류가 될 수 없다. ③ 언어에 대한 형식적이고 체계적인 사고는 언어에 대한 살아 있는, 역사적인 이해와는 양립 불가능하다. ④ 추상적 객관주의에서 언어의 역사는 전체로서의 체계에 거슬러 발전하고, 구체적인 발화는 단절된 채로 발전하는 개별적인 언어 형태(음성학적·형태론적 형태나 그 이외에 형식주의가 작품 분석시 주로 사용하는 방법-인용자)의 역사이다.

11) 야꼽슨은 언어학적 방법이 문학 연구(특히, 시)에 적용될 수 있음을 밝힌 『언어학과 시학』에서 왜 언어학이 문학 연구 방법에 적용될 수 있는가에 대한 이유를 간명하게 제시하고 있다. "나는 언어학자이다; 언어에 관한 것은 어느 것도 내게 무관한 것은 없다. (…) 시는 일종의 언어이다."(Roman Jacobson, 「언어학과 시학」, 『문학 속의 언어학』, 신문수 역, 문학과지성사, 1989, 91면)

12) 바흐찐의 이론이 지니고 있는 가치는 형식주의와 맑시즘이라는 두 이론의 가치에 있는 것이 아니라 문학에 있어 내용-형식의 변증법적 통합에 있다. 그는 형식을 경시하지 않는다. 그렇다고 내용을 무시하지도 않는다. 문학이 현실을 직접 반영할 뿐만 아니라 그것을 '굴절'시킨다는 설명을 통해 현실과는 다른 문학 고유의 체계에 대한 바흐찐의 인식을 엿볼 수 있다. 문학은 그 자체가 사회-경제적 이데올로기와는 다른 문학 고유의 이데올로기를 가지고 있다. 문학만의 고유성을 인정하는 바흐찐의 태도는 형식주의의 장점을 흡수한 측면을 보여준다. 문학 고유의 '이데올로기'는 그것의 토대로서 사회-경제적 구조와 일종의 대화 관계를 형성한다. 바흐찐은 형식주의의 단점을 비판했지만 그것이 문학에 미친 영향을 결코 부정하지 않았다. 오히려 그는 적극적으로 형식주의의 장점을 옹호했다.

13) 김인환, 「진료의 요구와 형식의 윤리」, 『민족문학사연구』 제3호, 민족문학사연구소, 1993, 37면.

마르크스주의의 이념적 요소를 흡수한다. 바흐찐은 초언어학[14])으로 자신의 문학관을 확장시켜 사회학적 시학을 수립한다.

소쉬르가 빠롤을 다양하고 중층적이며 끊임없이 변동하는 것이기 때문에 배제시킨 것과 다르게 바흐찐은 소쉬르가 배제의 이유로 삼은 그러한 사실들을 적극적으로 받아들여 초언어학을 만들어 내었다. 바흐찐에게 문학 연구의 객관성은 "텍스트의 내부와 외부에 존재하는 주체들의 가치평가적 시선의 교차"[15])를 의미한다. 바흐찐은 형식주의의 언어관이 지닐 수밖에 없었던 폭력적 성향과 맑시즘 문학관의 폭력적인 배제의 논리를 간파하고 그 두 가지를 변증법적으로 지양하는 과정으로 사회학적인 시학을 제시했다.

랑그/빠롤, 추상적 객관주의 언어학/주관적 심리주의 언어학, 형식주의적 방법/맑시즘적 방법이라는 이원적 개념의 거부로부터, 대립되는 두 이론에 대한 비판 과정으로부터 바흐찐의 사회학적 시학은 성립된다. 이데올로기(작품)는 기호(형식)와 의식(내용)의 종합이다. 이데올로기의 해석은 우리가 알고 있는 기존의 이데올로기와 알려지지 않은 새로운 이데올로기가 서로 연관되어 있음을 밝혀내는 과정이다. 기존의 것과 새로운 것 사이에는 연속된 선이 존재하며, 이 선은 기존의 것에서 새로운 것으로 해석 과정이 부단히 이동해가는 과정을 의미한다. 이데올로기가 새로 창조될 때마다 새로운 해석이 시도된다.

---

14) 다음 예를 통해 초언어학 개념을 알 수 있다. ① 언어 형태는 단지 화행(話行) — 발화 — 의 역동적인 전체 속에서 추상적으로 추출할 수 있는 요소일 뿐이다. ② 말의 의미는 그 말이 쓰이는 맥락에 의해서 결정된다. 사실, 주어진 말이 사용되는 맥락의 수만큼 말의 의미는 다양하다. ③ 언어 행위의 산물인 발화는 어떤 상황에서도 그 말의 정확한 의미에 있어서 개인적인 현상으로 간주될 수 없고, 말하는 주체의 개인적·심리적 조건이나 정신 물리학적 조건에 의해서 설명될 수도 없다. 발화는 사회적인 현상이다(M. Bakhtin, 위의 책, 109~113면 참조). 바흐찐의 metalinguistics가 성립된 과정은 다음과 같은 도식으로 설명될 수 있다.

소쉬르 언어학/langue/추상적 객관주의 — 보슬러 언어학/parole/개인주의적 주관주의

↘ ↙

바흐찐의 초언어학

15) 이장욱, 「바흐친과 형식주의」, 고려대학교 『호원논집』 제4호, 1996, 11면.

'완결화'[16]라는 개념은 바흐찐의 '대화' 개념을 파악할 수 있는 계기를 마련해준다. 대화란 단절되지 않는 응답의 연속이다. 어떤 주제의 종결로 인해 완결된 발화가 반응 혹은 응답을 전제로 했을 때, 대화는 성립된다는 것이다. 대화가 성립되었을 때, 그 발화는 종결된 것이 아니라 '나'의 발화에 연속하는 응답이 된다. '대화'는 연속되는 반응을 예정하고 있다는 의미에서 '언제나' 열려 있다.

끊기지 않는 대화의 연쇄는 "이데올로기의 형식"[17]과 내용에 대한 해석이 기존의 것과 새로운 것 사이에서 벌어지는 연속적인 상호 작용임을 가르쳐준다. 모든 이데올로기에는 다른 어떤 이데올로기가, 바흐찐이 말하는 대화 구성 요소로서의 발화에는 다른 어떤 발화가 전제되어야 한다. 이 전제 요소가 발화와 발화, 이데올로기와 이데올로기 사이에 존재하는 맥락/환경(context)이다. 맥락에 의해 의사 소통이 이루어진다.

일상적 담화에서는 각각의 말이 방향을 달리하는 여러 가지 사회적인 "액센트[18]에 의해 강조"되고, "사회적인 힘들의 생생한 상호작용"[19]이

16) "명백히 구분되는 발화의 경계선에 의해 창조되는 언술 주제의 변화는 소통 상황과 조건, 그리고 언어의 기능에 의존하는 인간의 활동과 삶의 다양한(heterogeneous) 국면에서 다른 형태를 획득하고 변화한다. 발화의 완결화(finalization)는 언술 주제 변화의 내적 측면을 이룬다."(M. Bakhtin, 『바흐찐이 말하는 새로운 프로이트』, 송기한 역, 예문, 1998, 71~72면) 이 책의 원 제목은 "프로이트주의"이다.

17) "분명 형식은 질료(언어-인용자)의 도움으로 실현되며, 질료 속에 고정된다. 그러나 형식의 의미 작용에서 형식은 질료를 초월한다. 의미 작용, 형식의 의미는 질료에 관계된 것이 아니라 내용에 관계된 것이다. 이 때 한 조상(彫像)의 형식은 대리석의 형식이 아니라 인간 신체의 형식이라고 말할 수 있다."(M. Bakhtin, 「생활 속의 담론과 시 속의 담론」, 위의 책, 176면) 바흐찐의 사회학적 시학에 의하면 형식은 내용의 형식이지 작품을 구성하는 언어의 형식이 아니다.

18) "모든 발화는 선행하는 발화의 주어진 상황에 대한 응답으로 여겨져야 한다. 다른 사람의 상황과 관련되지 않는다면 (나의-인용자) 발화는 그 상황을 결정지을 수 없다. 전체 발화와 개인적 단어는 그들만의 독특한 표현을 소유할 수 있으나, 이러한 독특한 — 반어적 태도, 분개한 태도, 존경하는 태도 등등을 내보이는 — 표현은 재강세화될(re-accentuated) 수도 있다. 그러므로 각각의 발화는 언술 소통의 다른 국면을 지니는 주어진 다른 발화에 대한 응답적 재반응으로 채워진다. 다른 사람의 발화는 다양한 재해석의 층위로 반복될 수 있다."(M. Bakhtin, *Speech Genres and Other Late Essays,* University Of Texas Press, Austin, 1986, p.91)

동시에 벌어진다. 일상적 담화보다 복잡한 예술의 담화는 일상적 언술 이해의 배경이 되는 세 가지 요소(① 공통의 지평 ② 공통의 지식 ③ 공통의 가치 평가)가 더욱 복잡하고 중층적이라는 점이 중요하다. 예술에서 상황을 구성하는 세 가지 요소는 각 요소가 겹치게 되고, 각 요소 상호간의 연결 또한 더욱 복잡하게 연결된다. 이러한 "총체성 속에서 고려"된 예술적 담화는 "자기 충족적인 하나의 사물이기를 그"치게 되고, 또 담화가 실행된 "사회적 상황과 독립"[20]되어 간주될 수 없다.

문학의 본질에 더 가깝게 접근하기 위해서 바흐찐은 그 어떤 논리일지라도 장점을 받아들여 인간 세계의 다양함에 반응하는 문학 고유의 특징에 관심을 두었다. 현실에 존재하는 어떤 이론을 배제하지 않는다는 것은 타인을 인정하고 타인과의 관계 속에서 의미를 찾고자 하는 '대화'의 기본 태도에서 벗어나지 않는다. 관계는 상호성이다. '나'가 '나'의 '너'에게 영향을 주듯이 '나'의 '너'는 '나'에게 영향을 미친다.[21]

> 언어는 가장 중요한 기호 체계로서, 문학의 외부에서 작용하고 존재한다. 그래서 그것은 인간 공존의 접합체로서 사회와 현실에 대한 인간의 태도를 통제하는 것이다.[22]

시인과 사회, 어느 한 쪽이 타자의 일방적인 영향에 놓여 있다고는 할 수 없다. 시인과 사회는 대화적인 관계에 놓인다. 시인이 사회에 영향을 미칠 수도 있고 사회로부터 시인이 영향을 받을 수도 있다. 중심은 존재하지 않으며, 우리는 일반화된 상대성 속에 존재한다.[23]

인간의 다수성은 인간성의 존재, 그 자체의 진리이다.[24] 다수성은 문

---

19) M. Bakhtin, 『마르크스주의와 언어철학』, 송기한 역, 한겨레, 1988, 59면.

20) M. Bakhtin, 「생활 속의 담론과 시 속의 담론」, 위의 책, 163면.

21) Martin Buber, 『나와 너』, 표재명 역, 문예출판사, 1998, 25면.

22) Jan Mukařovský, 『무카로브스키의 詩學』, 김성곤 · 유인정 공역, 현대문학사, 1987, 16면.

23) Tzvetan Todorov, 「바흐친의 문학론 : 인간과 상호 인간」, 『바흐친과 문학이론』, 여홍상 편, 문학과지성사, 1997, 116면.

학 속에서 인간 관계의 다양한 관계, 인간 상호 간에 벌어지는 운동과 변화, 욕망과 투쟁, 용서와 화해 등의 리얼리티를 획득한다. 이것이 문학이 다루는 실체이다. 다양한 주체들의 목소리는 다성적인 특성을 갖는다. 이어성, 다어성, 다성성 등의 개념은 모두 대화를 전제로 한다. 대화는 화자/청자, 작가/독자, 텍스트/텍스트, 시어/시어, 화자/화자 등의 관계에서 성립될 수 있다. 이 때 서로 다른 텍스트와 텍스트 사이의 대화와 한 텍스트에서 반복적으로 드러나는 요소들 사이의 대화를 상호텍스트성(intertextuality)[25]이라고 한다.

상호텍스트 이론은 어떤 말이 한 작품에서 혹은 다른 문학 장르나 다른 텍스트 속에서 어떻게 작용하는가를 통찰한다. 어떤 말이 다른 텍스트의 재료로 쓰였을 때, 그 말은 이전의 텍스트와 이후의 텍스트를 이어주는 교량 혹은 교차점이며, 이 때 두 텍스트는 다성적인 대화 관계를 형성한다. 겹쳐진 그 말은 또한 두 텍스트에 쓰였기 때문에 양가성을 지닌다.

바흐찐의 다성성을 알기 위해 먼 길을 돌아왔다. 다성성은 서로 다른 가치 평가를 지향하는 타인의 말이 한 텍스트 안에서 교향(交響)하는 양상을 일컫는 개념어이다. 대부분 단일한 화자에 의해 장악된 1인칭 독백인 시의 경우에 다성성이 실현될 가능성이 없어 보이는 이유가 여기

24) Tzvetan Todorov, 위의 책, 123면.

25) 다음은 '상호텍스트성'의 확장된 개념을 알려준다. ①"작품 자체가 항상 이전 작품에 대해 언급하거나 혹은 어떻게든지 암시한다."(Tzvetan Todorov, 「바흐찐과 문학 비평」, 『바흐찐과 문화이론』, 여홍상 편, 문학과지성사, 1995, 254면) ②"모든 문학 작품이 다른 작품에 의해서 이해되고 다른 작품 속에 확립되고, 실현된 관습에 의해 이해된다."(김준오, 「문학사와 패러디 시학」, 『한국 현대시와 패러디』, 현대미학사, 1996, 31면) ③"쥘리아 크리스테바는, 발화가 화자나 청자 혹은 다른 발화와 갖는 상호 관계를 '수평적' 관계와 '수직적' 관계로 구별한다. 수평적 관계는 발화가 화자나 청자와 맺는 관계를 가리키며, 수직적 관계는 발화가 그 이전 혹은 동시적인 다른 발화와 갖는 관계를 가리킨다. 특히 크리스테바는 발화의 수직적 관계에 주목하여 그 특유의 '상호텍스트성' 이론을 주창하였다."(김욱동, 『대화적 상상력』, 문학과지성사, 1999, 139면) ④"모든 텍스트는 인용의 모자이크로 구성되며 다른 텍스트의 흡수이자 변형이다."(Julia Kristeva, 「말·대화, 그리고 소설」, 『바흐친과 문학이론』, 여홍상 편, 문학과지성사, 1997, 237면)

에 있다.

바흐찐의 대화이론과 그것의 기초를 이루는 초언어학의 개념들은 언어의 본질이 다성적임을 일러준다. 다성성 개념의 범주를 정확하게 확정짓기란 어렵다. 다성성의 외연을 폐쇄적으로 규정하면 그 내포의 구체성이 상실되기 쉽다. 한국 현대시에 다성성을 적용하기 위해서 그것의 외연과 내포가 확장되어야 할 필요성이 제기된다. 다음은 다성성 개념을 확장하기 위해서, 다성성을 한국 현대시에 적용시키기 위해서 논의되어야 할 질문들이다.

1) 다성성은 왜 시에서 구현되기 어려운가. 그런데 이 말이 정말 맞는 말일까.
2) '타인의 말'은 무엇인가. 타인, 타인의 말을 '나'의 말로 받아들일 수 있는가.
3) 다성성은 어떤 요소에 의해 생성되는가. 바흐찐의 간접화법은 무엇인가. 그는 간접화법에서, 타인의 말이 주체의 말과 융합하는 과정을 포착한 것은 아닐까. 한국어에 간접화법은 존재하는가. 한국어 구조상의 다성성 장치는 없지 않은가. 그렇다면 다성성의 요소로서 시에서 작동되는 장치는 무엇인가. 가치 평가의 형용사? 이질적인 텍스트들? 타인의 말임이 분명한 언어들?
4) 왜 다성성이 중요한가. 다성성은 앞으로의 한국시에 어떤 역할을 맡을 것인가. 왜 다성성이 미학적인 가치를 지니는가. 다성성은 권력의 문제인가, 미학의 문제인가, 세계관의 문제인가.

이러한 질문의 답이 도출된다고 해서 시의 다성성을 드러내는 형식 장치가 소설의 경우처럼 뚜렷하게 제시되지는 않는다. 바흐찐이 제시한 바대로 화법에 의해 문장 자체가 다성성을 담보할 수 없는 시의 발화 양상 중에서 숨겨진 다성성을 찾아낼 수 있는 형식 장치로 다음 몇 가지를 설정할 수 있다.

첫째, '이질적 단어(alien word)'. 시의 통일된 구조를 향해 체계화되는 시어들 가운데서 다른 것과 확연하게 대비되는 요소로서 체계화 과정에 통합되지 않는 단어를 이질적 단어라고 할 수 있다. 이질적인 단어에 의해 시 텍스트의 자족적 통일성은 허물어지고, 그 텍스트는 다른 텍스트와 연결된다. 시 텍스트 내에서 이질적인 단어로 작용하는 요소로는 세속적 관념, 정치적·철학적 인용, 그 시대의 문화적 요소에서 크게 벗어나는 돌발적인 어휘, 또는 시 전체의 음악적 구성에서 돌연한 구성의 위반을 가져오는 어떤 단어 등이 있다.

둘째, 화자가 심리적으로 중점을 두어—악센트를 두는, 재강세화하는—가치 평가 기능을 담당하게 되는 형용사나 부사. 한 형용사, 한 부사의 단순한 선택은 이미 청자를 향한 두 방향의 가치 평가적 행위라는 견해를 시에 적용시킬 경우, 가치 평가적인 형용사와 부사는—청자와 화자 상호 간에 발생하는—서로 다른 가치에 대한 상이한 평가라는 '이중의, 다성적인' 목소리들이 내재되었음을 나타낼 수 있다.[26]

셋째, 시의 통일적 맥락과는 거리가 먼 이질적인 텍스트들이 한 작품에 수평적으로 병립되는 경우. 다른 목소리들이 한 작품 안에서 서로 다른 텍스트를 기반으로 대화한다. 이때 서정적 자아의 독백이라는 시적 발화의 특성은 상당 부분 소실되고 다른 목소리들이 개진된다. 작가의 다른 목소리는 타자의 존재를 예증한다. 그것을 완벽한 타인의 목소리라고 말할 수는 없지만, 우리가 사용하는 언어가 주체 '나'의 창조물이 아니라는 점을 염두에 둘 때,[27] 분열된 발화는 주체 '나' 속의 다른 나, 즉 타인의 발화라고 할 수 있을 것이다.

---

26) M. Bakhtin, 「생활 속의 담론과 시 속의 담론」, 『바흐찐 : 문학사회학과 대화이론』, Tzvetan Todorov 편, 최현무 역, 까치, 1987, 176면 참조.

27) 발화 행위 자체가 '나—너'의 상호 주체 개념을 성립시킨다. '나'가 발화하기 이전에 언어는 가능성에 불과하다. 언어는 저기에 있다. '나'가 발화하지 않을 때, 그것은 언어일 뿐이지 '나'의 언어는 아니다. '나'에게 전취된 언어만이 발화가 된다. 발화를 통해 '나'라는 개인은 언어를 전취한다. 벤브니스트는 이러한 과정을 언어의 "私有 과정"이라고 한다. "화자가 자기가 화자라고 선언하고 언어를 인수하자마자, 그는 그의 면전에 '他者'를 도입"한다(Emile Benveniste, 『일반언어학의 제문제』 2권, 100면).

## 2. 다성성, 그 가능성의 예

### 1) 이용악

앞에서 검토한 바흐찐의 이론과 다성성 개념의 확장 필요성을 토대로 이용악, 이상, 김수영의 시에서 다성성의 단초를 살펴보고자 한다. 세 시인의 작품 한 편씩을 다성성 관점으로 해석한다.

바람소리도 호개도 인전 무섭지 않다만
어드운 등불밑 안개처럼 자욱한 시름을 달게 마시련다만
어디서 흉참한 기별이 뛰어들것만 같해
두터운 벽도 이웃도 못믿어운 북간도 술막

온갖 방자의 말을 품고 왔다
눈포래를 뚫고 왔다
가시내야
너의가슴 그늘진 숲속을 기어간 오솔길을 나는 헤매이자
술을 부어 남실 남실 술을 따르어
가난한 이야기에 고히 잠거다오

네 두만강을 건너왔다는 석달전이면
단풍이 물들어 철리 철리 또 철리 산마다 불탔을 겐데
그래두 외로워서 슬퍼서 초마폭으로 얼굴을 가렸더냐
두 낮 두 밤을 두루미처럼 울어 울어
불술기 구름속을 달리는양 유리창이 흐리더냐

차알삭 부서지는 파도소리에 취한듯
때로 싸늘한 웃음이 소리 없이 색이는 보조개
가시내야
울듯 울듯 울지 않는 절라도 가시내야
두어마디 너의 사투리로 때아닌 봄을 불러줄께

손때 수집은 분홍 댕기 휘 휘 날리며
잠깐 너의 나라로 돌아가거라

—「절라도 가시내」 2~5연[28]

북간도의 술막에서 이용악은 전라도가 고향이라는 어린 작부를 만난다. 시인은 그녀에게 말을 건넨다. 이 시 전체는 '절라도 가시내'를 청자로 가정한다. 따라서 3연 1, 2행은 시인 자신의 독백이면서 동시에 그녀에게 직접 말을 걸고 있는 화자의 실제 발화로 볼 수 있다. 타인인 그녀의 말은 4연 첫 행에서 드러난다. 그녀는 시인에게 석 달 전에 두만강을 건너왔다고 대답했을 것이다. 가난 때문에 북간도의 술집으로 팔려올 수밖에 없었던 어린 소녀의 비극적 삶을 언급하면서 역사 현실을 고발하는 이 시에서 타인의 말은 거의 드러나지 않는다. 화자와 인물이 대화하는 상황이지만 화자의 말만이 일방적으로 제시된다. 타인의 말이 줄어들었기 때문에 서사적 요소 또한 드러나지 않는다. 화자의 진술에 의해 전적으로 '절라도 가시내'의 내력이 밝혀진다. 이 시의 아름다움은 서사적 요소의 현실 언급에 있지 않다. 4, 5연에서 볼 수 있는 세련된 언어 표현에 의해 제시된 '절라도 가시내'의 현재와 과거에 대한 시인의 따스한 연민에 아름다움이 있다.[29]

화자는 전라도 가시내의 현실 상황을 평가한다. 가난 때문에 팔려와야 했던 소녀의 슬픔에 동감하면서 화자는 현실의 절망적 상황을 예견한다. 소녀와 마주앉아 대화를 나누면서 화자는 "어디서 흉참한 기별이 뛰어들것만 같"다고 한다. 어떤 기별이 전해질 것만 같은데, 그 기별은 '흉참한' 기별일 것이라고 예측한다. 화자는 자신의 감정적 평가가 부여

28) 『이용악 시전집』, 창작과비평사, 1988, 97면.

29) "여기저기에서 자신의 삶의 터전을 탈출하거나 아니면 팔려가는 '뿌리뽑힌 자'들의 애환이야말로 이용악이 자신의 시에서 가장 깊이 다루었던 문제이다. <전라도 가시내>는 그러한 주제를 다룬 시들 가운데서도 가장 아름다운 시가 아닌가 여겨진다."(신범순, 「유랑하는 남과 여의 대비법-이용악의 <전라도 가시내>」, ≪문학사상≫, 1996.12, 113면)

된 단어 '흉참한'을 써서 소녀가 처한 현실 상황의 부정성을 부각시킨다. 이 말은 소녀의 삶에 대한 소녀 자신의 평가에 의해 시에 도입된 단어가 아니다. 시인의 가치 판단이 개입된 단어이다. 시인은 소녀의 삶에 대한 연민으로 가득찬 시에 흉참하다는 가치를 부여한다.

소녀와 관련된 형용사는 '흉참하다', '그늘지다', '외롭다', '슬프다', '흐리다', '싸늘하다', '수줍다'이다. 고통스런 상황에 빠진 소녀에 대한 시인의 가치 평가는 이러한 형용사로 의미 계열을 형성한다. 소녀에게 연민의 정을 드러내는 단어들 중에서 3연에 등장하는 '남실남실'은 이질적이다. 술을 넘칠 듯하게 잔에 채우라는 의미를 지니는 이 단어는 소녀가 따라주는 술을 마시고 연민에 잠겨보고 싶다는 2연 6행의 의미와 호응을 이루기 위해 씌어졌다. 소녀의 "가난한 이야기에 고히 잠"기기 위해 술잔을 가득 채우고 싶다는 화자의 심정이 '남실남실'이라는 부사에 실려 있다. 연민을 적절히 제어하고 있는 이 시에서 '남실남실'은 감정을 억제하려는 화자의 의도와는 다르게 과잉된 감정을 드러내는 단어이다.

3연에서 소녀는 화자에게 어디서 왔느냐고 물었을 것이다. 화자는 "온갖 방자의 말을 품고 왔다 / 눈포래를 뚫고 왔다"고 대답하고서는 소녀에게 어디서 왔느냐고 되물었을 것이다. 4연 1행의 "네 두만강을 건너왔다는 석 달 전"이라는 구절은 화자의 물음에 소녀가 전라도에서 석 달 전에 왔다고 대답했다는 상황이 전제되어 있다. 대화 상황을 고려할 때, '남실남실'은 한 잔 가득 술을 채우라는 표면적 의미 맥락에서 다른 의미 영역으로 나아간다. 시인은 이질적인 단어를 사용해서 내적 가치 평가의 계기를 마련한다. 이질적인 단어 '남실남실'은 소녀의 삶이 지닐 수밖에 없는 비극성에 대한 화자의 연민을 완곡하게 표현한다.

이질적인 단어는 화자의 내면 독백 속에 다른 가치 평가의 계기를 도입한다. 「절라도 가시내」에서 이질적인 단어는 화자 자신이 느끼는 분열된 가치 평가의 계기로 작용한다. 화자 '나'와 화자 안의 다른 '나'가 나누는 대화가 이질적인 단어를 통해 시에 드러난 것이다. 이질적인 단어는 시 장르에 다성적 요소를 도입할 수 있는 계기이다.

### 2) 이상

> 視覺의이름을가지는것은計劃의嚆矢이다. 視覺의이름을發表하라. // (…) // 視覺의이름은사람과같이永遠히살아야하는數字적인어떤一點이다. 視覺의이름은運動하지아니하면서運動의코오스를가질뿐이다. // 視覺의이름은光線을가지는光線을아니가진다. 사람은視覺의이름으로하여光線보다도빠르게달아날必要는없다. // 視覺의이름을健忘하라. // 視覺의이름을節約하라. // 사람은光線보다도빠르게달아나는速度를調節하고때때로過去를未來에있어서淘汰하라.
>
> —「線에關한覺書 7」 부분[30]

과학과 철학에서 시각은 특권적 위치를 차지한다. 플라톤에게 '본다'는 물질로 이루어진 세상과 거리를 두어 진리를 발견하는 철학의 역할을 의미했고, 아리스토텔레스 역시 시각이 지적 감정과 가장 닮았기 때문에 시각이 다른 감각보다 고귀한 감각이라고 여겼다. 서양 근대 합리론의 주창자 데카르트는 참된 지식이 눈앞의 대상을 보는 것처럼 '명징한' 특성을 지니는 것이라고 했다. 17세기 과학혁명을 주도했던 케플러와 뉴턴이 광학에 관심을 가졌던 이유는 본다는 것이 참된 지식을 얻어내는 이성의 작동 방식과 동일하다고 생각했기 때문이다.[31]

이상 역시 '시각'을 언급한다. 시각과 숫자를 동일시한다는 말은 과학과 합리성이라는 개념이 숫자로 표현되어야 하며, 그것은 본다는 행위를 통해 확인할 수 있다는 점을 의미한다. 시각을 숫자로 제시하겠다는 "대수학적 기획은 실재에 기재된 목적을 추구하지 않는다. 경험에 의미를 부여하기 위해서 추상적 계획을 사용할 때에는 추상적인 의식을 유지해야 한다. 달리 말해서, 추상적 사고는 구체적 존재의 묘사를 위해

---

30) 임종국 편, 『이상 전집』(문성사, 1966)에서 인용.

31) 홍성욱, 『파놉티콘-정보사회 정보감옥』, 책세상, 2002, 17면 참조.

서 제거될 수는 없다."[32] 그런데 이상은 '영원히 살아야 하는' 사람의 일을 숫자를 써서 표현하려고 하는 순간, 추상적 의식을 유지할 수 없었다. 사람의 일이라는 구체적 대상을 표현하려는 순간 수학적 기획이 가져야 할 추상적 사고는 증발한다. 이상은 '시각의 이름으로' 숫자를 통해 본질에 이르는 추상적 사고를 기획하지만, 그 시도는 실패한다. 운동하지 않으면서 운동의 코스만을 지니는 시각의 이름인 숫자의 의미를 이상은 실패 후에 파악한다. 수많은 이론에 의해 과학 이론이 수정되고 발전된다는 사실을 이상은 '운동의 코스'라는 구절로 압축한다. 과학이라는 '시각의 이름'에는 절대적인 것이 없고, 과학의 절대성은 상대적이라는 인식을 이상은 이렇게 표현했다. '시각의 이름을 건망하라.'

과학 개념의 상대성 앞에서 이상은 혼란을 느꼈고, 그 혼란을 이상은 광선보다 빠르게 달아나는 속도를 사람이 조절하라는 말로 표현한다. 광선보다 빠르게 달아날 수는 없다. 이상은 상대적인 과학의 세계, 절대성이 거부되는 과학의 세계를 체험하고서 과학의 한계를 넘어서는 상상력의 의도된 오류를 방기한다. 사람이 주체로서 '과거를 미래에 도태시키라'는 발언은 타인을 향한 발화이면서 동시에 행동의 주체를 자신으로 설정한 발화라고 할 수 있다. 시각의 우월성과 특권에 대한 인식, 시각과 숫자로 표현되는 과학 언어에 대한 불신, 상대적 세계관에 따른 절대성의 와해 앞에서 이상은 자신을 혼돈 속에 방치하는 방법을 선택한다.

연작 「線에關한覺書」는 이상이라는 주체의 1인칭 발화로 구성되어 있지만, 그의 발화에는 과학 개념들이 그 의미를 상실하지 않은 채 유지된다. 과학 텍스트는 이상의 시 텍스트에 흡수되었지만 「線에關한覺書」 연작 속에서 그 특유의 이질성을 통해 주체의 발화와 대등한 위치를 차지한다. 과학 텍스트는 이상이 "선택하기도 전에" 이미 의미이며, 그것은 "모든 사람들 이전에 이미 의미하고 있는 그 무엇"이다.[33] 기존의 의

---

32) Gaston Bachelard, 정계섭 역, 『현대물리학의 합리주의적 활동』, 민음사, 1998, 45면.
33) Roland Barthes, 김인식 역, 『이미지와 글쓰기』, 세계사, 2000, 129면.

미를 새롭게 의미화하는 시인의 발화, 즉 시를 쓰는 작업은 시인의 텍스트와 시인이 선택한 텍스트 사이의 대화 과정을 의미한다. 이상의 텍스트는 '지금, 여기'에서 일어나는 서로 다른 존재들의 생생한 상호 소통의 장이자 주체와 타자가 결합되는 생성의 공간이다.

### 3) 김수영

나는 이자벨 버드 비숍 女史와 연애하고 있다 그녀는
1893년에 조선을 처음 방문한 英國 王立地學協會 會員이다
그녀는 인경전의 종소리가 울리면 장안의
남자들이 모조리 사라지고 갑자기 부녀자의 世界로
화하는 劇的인 서울을 보았다 이 아름다운 시간에는
남자로서 거리를 無斷通行할 수 있는 것은 교군꾼,
내시, 外國人의 종놈, 官吏들뿐이었다 그리고
深夜에는 여자는 사라지고 남자가 다시 오입을 하러
闊步하고 나선다고 이런 奇異한 慣習을 가진 나라를
세계 다른 곳에서는 본 일이 없다고
天下를 호령한 閔妃는 한번도 장안 外出을 하지 못했다고……

傳統은 아무리 더러운 傳統이라도 좋다 나는 光化門
네거리에서 시구문의 진창을 연상하고 寅煥네
처갓집 옆의 지금은 埋立한 개울에서 아낙네들이
양잿물 솥에 불을 지피며 빨래하던 시절을 생각하고
이 우울한 시대를 파라다이스처럼 생각한다
버드 비숍 女史를 안 뒤부터는 썩어빠진 대한민국이
괴롭지 않다 오히려 황송하다 歷史는 아무리
더러운 歷史라도 좋다
진창은 아무리 더러운 진창이라도 좋다
나에게 놋주발보다도 더 쨍쨍 울리는 追憶이
있는 한 人間은 영원하고 사랑도 그렇다

비숍 女史와 연애를 하고 있는 동안에는 進步主義者와
社會主義者는 네에미 씹이다 統一도 中立도 개좆이다
隱密도 深奧도 學究도 體面도 因習도 治安局
으로 가라 東洋拓植會社, 日本領事館, 大韓民國 官吏,
아이스크림은 미국놈 좆대강이나 빨아라 그러나
요강, 망건, 장죽, 種苗商, 장전, 구리개 약방, 신전,
피혁점, 곰보, 애꾸, 애 못 낳는 여자, 無識쟁이,
이 모든 無數한 反動이 좋다
이 땅에 발을 붙이기 위해서는
—第3人道敎의 물속에 박은 鐵筋 기둥도 내가 내 땅에
박는 거대한 뿌리에 비하면 좀벌레의 솜털
내가 내 땅에 박는 거대한 뿌리에 비하면

—「巨大한 뿌리」 2~4연[34)]

김수영은 조상들의 일상을 세세하게 묘사한 비숍의 책을 읽으며 자신의 삶에 내재된 전통을 확인한다. 전통을 구성하는 명사들은 '인경전, 교군꾼, 내시, 종놈, 관리, 민비' 등이다. 전통을 지시하는 명사들의 세계는 김수영이 알지 못했던 과거의 삶을 아름답게 재구성한다. 인경전의 종이 울리자 장안의 남자들이 모두 사라지고, 갑자기 부녀자들의 세계가 되는 서울 거리로 돌아간 시인은 "이 아름다운 시간"의 구체적인 광경을 상상으로 축조해낸다. '기이한 관습'에서 벗어날 수 있는 남자들의 예외적인 이름이 바로 '교군꾼, 내시, 종놈, 관리'이다. 과거의 삶을 현재로 소환하는 이 명사들을 김수영은 천천히 발음해본다.

전통에 대한 새로운 인식이 가능했기에 김수영은 "이 우울한 시대를 패러다이스처럼 생각한다." 고유명사 이사벨 버드 비숍 이외에 외국어가 한글로 표기된 경우이다. '패러다이스'를 '낙원, 천국'으로 바꾸면 시의 내용이 크게 달라지는가. 의미 변화가 일어나겠지만 시의 의미가 결정적으로 달라지지는 않는다. 김수영은 이 부분에서 왜 '패러다이스'라

34) 인용은 2003년도 판 『김수영 전집』 1권을 사용함.

는 기표를 노출시켰을까.

김수영이 발견한 전통이 재확인되는 4연에 나오는 명사들은 외국어가 아니다. 3행에 열거되는 '은밀, 심오, 학구, 체면, 인습'이 김수영의 관념을 구성하고 있었다. 이제 그것들은 부정의 대상이 되었다. 김수영은 일제의 잔재뿐만 아니라 미국 문화마저도 거부한다. 김수영은 '반동'으로 여겨져왔던 전통의 대상을 긍정적으로 인식한다. 6, 7행에 열거된 12개의 명사들이 그 예이다. 김수영은 "이 모든 무수한 반동이 좋다"고 선언한다. 전통에 눈을 뜬 김수영은 자신의 달라진 인식을 드러낸다. 김수영은 제3인도교의 철근 기둥보다 거대한 뿌리를 갖게 되었다. "내가 내 땅에 박는 거대한 뿌리"의 실체를 발견한 것이다.

김수영은 전통이라는 거대한 뿌리를 인식한 후에야 반동이 지니는 참다운 의미를 확인할 수 있었다. 그 반동의 범주 안에는 폐쇄적인 언어 인식이 존재하지 않는다. 김수영에게는 요강과 장죽과 애꾸와 아이스크림이 '패러다이스'처럼 공존한다. 김수영은 "일본식 근대와 미국적 근대, 한국적 문화의 낙후성이라는 잡종적이고 혼성적 문화의 틈새에 놓여 있었다."[35] 근대와 전근대의 혼란 속에서 전통을 발견한 김수영의 시에서 언어의 혼종적 양상은 낯설게 느껴지지 않는다.

혼종에는 주체와 타자의 갈등이 존재하지 않는다. 뒤섞임을 본질로 받아들이는 문화 현상을 혼종이라고 할 때, 언어의 혼종 양상에는 언어 사용자라는 주체의 문제가 개입될 여지가 보이지 않는다. '나'에게 어느 것이 '주'이고 어느 것이 '종'인가는 문제되지 않는다. 타인의 말을 주체 '나'가 어떻게 받아들이는가가 문제이다. 이러한 김수영 시의 시어적 특성은 타인의 말을 받아들인 주체 '나'의 언어가 지니는 다성적 특성을 드러내준다. '나'와 '너'의 연속적인 혼종은 또다른 '나—너'의 언어를 만든다. 김수영의 시에서 혼성 언어의 예를 찾기란 그리 어려운 일이 아니다.

35) 김용희, 「김수영 시에 나타난 다중 언어와 혼성성」, ≪서정시학≫, 2003 겨울, 72면.

PLASTER가 연상하는 냄새가 이러할 것이다

오욕 · 뼈 · PLASTER · 뼈 · 뼈

—「PLASTER」 부분

베이컨의 「新論理學」을 읽어보게나
原子彈이나 誘導彈은 너무 많아서
效果가 없으니까
인제는 다시 匕首를 쓰는 법을 배우란 말일세
그렇게 되면 美 · 蘇보다는
日本, 瑞西, 印度가 더 뻐젓하고
그보다도 韓國, 越南, 臺灣은 No. 1 country in the world

—「晩時之歎은 있지만」 부분

그 편지 안에 적힌 블레이크의 시를 감동을 하고
읽었지 "Sooner murder an infant in its
cradle than nurse nuacted desire" 이것이

—「離婚取消」 부분

## 3. 다성성, 가능성 그리고 바흐찐

바흐찐은 시에서 다성성이 이룩되기 어렵다고 한다. "타인의 말과의 관계라는 시점에서 우리가 제기한 말의 연구는 산문 예술의 이해에 있어서 극히 중요한 의미를 지니고 있다고 생각한다. 협의의 시어는 모든 말의 단일한 양상을 요구하고, 그것을 공통분모로 통분한다. (…) 한 작품 속에서 여러 유형의 말이 공통분모로 통분됨이 없이 사용될 수 있다는 점이야말로 산문의 가장 본질적인 특징 중의 하나이다." 시에서 타인의 말은 그 특징을 전혀 알아볼 수 없는 내적 독백으로 변화되어— 타인의 말은 화자의 말로 소화되어—나타난다는 바흐찐의 지적은 서정시가 1인칭 화자의 내적 독백의 발화로 이루어진다는 것을 고려할 때, 시 장르에서 타인의 말에 의한 다성성이 실현될 수 없음을 의미한

다고 이해할 수 있다. 바흐찐은 참된 산문(소설)만이 다성성을 이룰 수 있다고 한다.

완전한 다성성은 시에서 이루어질 수 없을지도 모른다. 하지만 다성성의 범주에 포함될 수 있는 타인의 목소리는 여러 장치에 의해 시에 도입될 수 있다. 다성적 경향을 띠는 혹은 다성성의 흔적을 보이는 시들은 있을 수 있다는 뜻이다. "20세기가 되어서야 서정시의 날카로운 '산문화'가 이루어진다"[36]는 바흐찐의 말에서 다성성을 실현한 시가 없었기 때문에 그가 시에서의 다성성 실현을 부정한 것이지 시의 다성성 자체를 부정한 것은 아니라는 것을 알 수 있다.

바흐찐에게 있어서 혁명의 경험, 즉 혁명이 산출한 의미의 소용돌이와 여러 문화의 언어 및 텍스트와 문학 양식의 상호 교차 경험이 — 바꾸어 말해서 러시아 혁명 후기의 전위 예술의 체험이 — 라블레에 대한 접근을 가능하게 만들었다.[37] "20세기초 러시아 혁명 직후의 자유분방하고 실험적이며 전위적이었던 러시아의 지적인 분위기에서 러시아 형식주의와 마르크스주의를 대화 이론으로 결합"[38]한 바흐찐은 어떤 면에서 러시아 혁명의 진정한 계승자일 수 있다. 혁명에 의해 고양된 시대의 동력, 동적 역학이 바흐찐의 사고를 배태시켰을지도 모른다는 가정을 할 수 있다. 물론 부버의 영향에서 비롯된 '나—너' 관계를 이루는 타자에 대한 관심이 바흐찐의 대화적 사유에 근본적 바탕이 되었음은 부정할 수 없다. 소비에트 연방이 성립되고 스탈린이 등장하기 이전까지의 시기에 바흐찐은 문화와 언어가 다른 여러 민족들의 — 비록 이념에 의한 강력한 정치 체제 때문에 내부의 불일치와 갈등이 표출될 수는

---

36) M. Bakhtin, 『도스또예프스끼 詩學』, 김근식 역, 정음사, 1988, 288면 참조.

37) Renate Lachmann, 「축제와 민중 문화」, 『바흐친과 문화이론』, 여홍상 편, 문학과지성사, 1995, 59면 참조. 라블레에 대한 바흐찐의 연구는 그의 저서 『프랑수아 라블레의 작품과 중세 및 르네상스의 민중문화』(이덕형 · 최건영 역, 아카넷, 2001)를 참조할 수 있다. 바흐찐은 라블레의 소설 『가르강튀아와 팡타그뤼엘』을 분석하면서, 르네상스 시대의 광장에서 소통되던 언어의 특성에 주목하였다. 다성성에 기초를 둔 카니발리즘의 구체적인 사례가 제시되어 있다.

38) 여홍상, 「역사 서술과 문학 비평」, 『현대비평과이론』, 1995 가을 · 겨울, 125면.

없었지만—동시적 공존을 체험했다. 이러한 사회적인 배경이 바흐찐의 다성성 개념에 영향을 미쳤다고 가정할 수 있을 것이다.

다성성은 역사 변혁기의 언어 현상이 문학에 반영되는 양식이라고 할 수 있다. 시의 독백적 특성에 타인의 말을 도입하는 효과적인 장치인 다성성이 현대시의 영역을 확장시킬 수 있는 이유가 바로 이것이다. 그것은 복수성, 상대성, 다양성을 지향한다. 언어의 카니발리즘을 촉발시킨다. 바흐찐의 이론이 끊임없는 자극으로 현대시에 새로운 호흡을 불어넣는 가치의 근거가 다성성이다.

# 이용악 후기시의 언술 구조와 내면 의식

형용사 · 부사의 가치 평가적 기능을 중심으로

## 1. 두 품사

수식을 담당하는 품사로 형용사와 부사가 있다. 이 두 품사는 시에서 화자의 감정을 직접 드러낸다. 화자와 대상 사이의 관계 또한 이 두 품사의 의미에 의해 설정된다. 주체 '나'가 대상을 '아름답다'고 말한다. '아름답다'는 '나'의 판단에 따른 평가이다. 주체가 내린 이러한 판단을 타인은 객관적 근거에 의거해 동의하거나 부정한다. '나'의 기준은 타인의 그것과 같기도 하고 다르기도 하다. '나'는 타인의 기준과 '나'의 기준 사이에 놓여 있는 이격된 가치 판단을 인정한다. 타인 역시 자신과 다른 '나'의 서로 다른 가치 평가의 기준과 그것에 따른 결과를 인정한다. '나'와 타인 사이에 '아름답다'는 가치 평가가 매개되면서 일종의 대화 관계가 설정된다. 화자 '나'의 주관적 가치 판단인 대상에 대한 평가 '아름답다'에 내재된 화자의 세계관이 '타인'에 의해 동의되는 순간, 화자의 '아름다움'은 언술 소통 과정의 모든 참여자들에게 내면화된다.

이와 같은 가치 판단 기능은 부사의 경우에도 동일하게 적용된다. '너무나 아름답다'라는 발화에서 화자는 대상의 아름다움을 강조하기 위해 자신의 심리적 반응 양상을 드러낸다. 그것은 자신이 놀랄 정도로 아름답다. 계량화할 수는 없지만 이제까지의 경험 양상을 압도하는 새로운 아름다움을 느꼈다. 화자는 과거의 경험을 넘어서서 현재 판단의 주관성에 강도를 더한다. 화자의 심리를 뒤흔든 새로운 아름다움이 있고, 그것을 화자는 받아들였고, 그 아름다움의 정도를 표현하기 위해 화자는 주관적 판단에 의거하는 부사 '너무나'를 사용한다. 청자가 화자의 심리적 반응 양상에 동의하는 순간 아름다움이라는 가치 소통의 국면은 새로운 양상으로 전이된다. 화자와 청자는 의미 소통의 두 주체로 도약한다. 상호 주체인 '화자—청자'는 상호주관성에 의해 서로의 심리적 반응을 교환할 수 있게 된다. 화자의 심리적 반응 양상을 청자가 자신의 주관에 의해 변형시키는 것이다. 형용사와 부사의 이러한 가치 평가적 기능은 시의 의미 전달 과정에서 작품의 외부적(사회・역사적) 상황이라는 문맥의 작동에 의해 결정되는 언술의 의미와 일치되지 않는 경우를 발생시킨다.

이용악 후기시의 몇 편에 대한 친일시 판단 여부를 두고 서로 상반되는 논의가 있었다.[1)] 이용악의 친일시의 내용을 시대 상황과 비교하면, 그 친일의 여부를 쉽게 판단할 수 있다. 하지만 "이용악의 친일 의혹 시들은 대동아공영원 논리를 직접적으로 찬양하고 역설하고 있는 일반적인 친일시들과 달리 고도의 서정성과 시적 완성도를 통해 그것을 내면화시키고 있는 점이 특징이다."[2)] 즉 시대 상황을 작품 이해의 배경에서 제외하면 친일을 판단하기 어렵다는 뜻이다. 작품 발표 당시의 현실 상황은 이용악 시의 이해에 결정적 판단 근거를 제공한다. 그럼에도 불구하고 그의 시를 노골적으로 친일을 선전 선동한 시라고 판단할 수 없는 근거 역시 충분하다. 고도의 시적 압축과 비유 체계가 친일 이면의 어

1) 임종국(『친일문학론』, 평화출판사, 1966)과 장덕순(『한국문학사』, 동화출판사, 1975) 등이 이용악의 친일시를 거론했다. 이에 반해 유정(「암울한 시대를 비춘 외로운 시혼」, 『이용악 시전집』, 창작과비평사, 1988)과 윤영천(「민족시의 전진과 좌절」, 『이용악 시전집』, 창작과비평사, 1988)은 이용악의 친일시가 실제로는 반어였고 일제에 항거하려는 의도를 숨긴 시라고 평가한다.

2) 유재천, 「이용악의 친일 의혹 시」, 『시와비평』, 2003년 하반기 제7호, 52면.

떤 의미를 내포하고 있기 때문이다. 이 논문은 이용악 시에 나타나는 형용사와 부사의 독특한 가치 평가적 기능의 구체적 예를 논증한다. 아울러 이러한 기능에 의거하여 친일시의 이면을 다른 관점으로 살필 수 있는 가능성의 일단을 살펴보기로 한다.

이용악의 네 번째 시집 『李庸岳集』(1949)은 해방 이후에 씌어진 시와 이전 시기의 시 — 해방 이전에 발간된 시집은 『分水嶺』, 『낡은 집』, 『오랑캐꽃』 이상 세 권 — 들을 섞어 엮은 선집이다. 모더니즘[3]의 영향이 농후한 초기 시, 식민지 시대 민중들의 삶을 날카롭게 형상화한 중기 시와 비교할 때, 해방 후에 발표된 『오랑캐꽃』은 이전 시와는 상당히 다른 경향을 보인다. 내용 측면에서 이전 시집에서 볼 수 있었던 서사성이 강한 작품(흔히 리얼리즘[4] 계통의 시들로 평가되는 시)의 양이 현저히 줄었음을 확인하게 된다.[5] 「오랑캐꽃」, 「강ㅅ가」, 「절라도 가시내」,

---

3) 이용악의 시를 모더니즘 관점으로 연구한 성과는 아래와 같다.
윤지관, 「영혼의 노래와 기교의 시-이용악론」, 『세계의 문학』, 1988 가을.
김재홍, 「문학의 歷史性과 예술성」, 『한국논단』, 1990.6.
조명제, 「李庸岳 詩의 親日性向考」, 『비평문학』, 1991, 5호.
김용직, 「현실의식과 서정성-李庸岳論」, 『현대시』, 1993.7.
한계전, 「1930년대 시에 나타난 '고향' 이미지에 관한 연구」, 서울대학교 『한국문화』 제16집, 1995.
최두석, 『시와 리얼리즘』, 창작과비평사, 1996.
이명찬, 「이향과 귀향의 변증법」, 『민족문학사 연구』, 1998.8.

4) 리얼리즘 관점에서 이용악의 시의 변모 양상과 의미를 연구한 성과는 다음과 같다.
장영수, 「吳章煥과 李庸岳의 比較 硏究」, 고려대학교 박사학위논문, 1987.
황인교, 「이용악 시의 언술 분석」, 이화여자대학교 박사학위논문, 1991.
박건명, 「이용악론」, 건국대학교 대학원 논문집, 1991.
박경수, 「1930년대 시의 현실지향과 저항적 문맥」, 부산외국어대학교 『문화연구』 제4집, 1992.
이은봉, 「1930년대 후기시의 현실 인식 연구」, 숭실대학교 박사학위논문, 1992.
조용훈, 「한국 근대시의 고향 상실 모티프 연구」, 서강대학교 박사학위논문, 1993.
오세영, 「오세영의 분석적 시읽기-이용악의 <낡은 집>」, 『현대시』, 1996.10.

5) 이용악 시의 변모 과정은 모더니즘과 리얼리즘이라는 사조상의 이분법으로 이해되었다. 초기의 모더니즘의 부정적 영향에서 벗어나 민족과 민중의 역사 현실을 인식하면서 이용악의 시에 서사성이 증가하고, 이에 따라 리얼리즘적 완성에 이르렀다는 기존의 견해는 이용악이 구사한 고도의 기법과 상징이 이용악의 후기시에 어떤 관점을 제공하느냐에 대한 논의로 이월되어야 할 필요성을 제기한다. 이용악 시의 강력한 서사성을 중심으로 전개되는 논의는 언술에 대한 연구가 뒷받침되어

「버드나무」 등에서 역사적 내용이나 유이민들의 삶이 등장할 뿐이다. 이 논문에서는 이용악이 해방 이후에 발표한 두 시집의 시를 논의의 대상으로 삼는다.

## 2. 이중적 가치 평가와 언술 구조의 관계

가혹한 현실의 탄압에 맞서 모국어를 지킨다는 것이 항일의 한 가지 방법이었던 시절에 시인들은 친일과 절필 중 하나를 선택해야 했다. 『오랑캐꽃』에 실린 시를 통해 이 시기 이용악의 고통스럽던 상황을 정확하게 파악할 수 있다. 이 시기의 시들은 내용뿐만 아니라 시의 형식적 특성에서도 이전 시집들과는 뚜렷이 비교되는 양상을 보인다. 이전 시집에서 볼 수 있었던 수미상관식 반복의 구성이 드물다는 것을 첫째 특징으로 꼽을 수 있다. 두 번째 특징은 시의 대상에 대한 시인의 가치 평가를 드러내는 수식어가 시에 등장하고 있다는 점이다.

> 들창을 열면 물구지떡 내음새 내달았다
> 쌍바라지 열어 제치면
> 썩달나무 썩는 냄새 유달리 향그러웠다
>
> 뒷산에두 봊나무
> 앞산두 군데군데 봊나무
>
> 주인장은 매사냥을 다니다가
> 바위 틈에서 죽었다는 주막집에서
> 오래 오래 옛말처럼 살고 싶었다
>
> —「두메산골 1」 전문

---

야 할 것이다. 이용악의 시를 리얼리즘과 모더니즘이라는 이원적 기준으로 평가하는 연구들의 문제점이 이것이다.

이용악의 고향 경성을 두메산골로 표현한 연작시의 첫 번째 작품인 이 시의 1연에서 시인은 산골 마을의 풍경을 표현한다. 시골 마을의 풍물—물구지떡, 썩달나무 썩는 냄새—을 제시하면서 고향 마을의 행복한 정경을 그리고 있는 1연에서 고향에 돌아간 시인의 심정을 알 수 있다. 화자는 온통 봊나무뿐인 고향 마을의 산을 쳐다본다. 반복에 의한 공간의 확대를 통해 고향의 풍경을 집약하여 표현하고 있는 2연의 분위기는 안온하다. 현실의 고통을 잊을 수 있는 고향에서 화자는 "오래오래 옛말처럼 살고 싶"다고 한다.

1939년에 발표된 이 시에서 이용악의 고향 의식을 알아볼 수 있다. 2연의 시간은 현재이고 1연과 3연의 시간은 과거이다. 고향을 회상하면서 쓴 시라는 사실을 이 시의 시간 구조를 통해 알 수 있다. 1연에서 고향은 긍정적으로 표현된다. 앞뒷산 봊나무가 가득하다는 풍경이 제시된다. 마치 고향에 있는 듯한 착각에 빠진다.

3연에서 시간은 다시 과거로 역행된다. 화자는 고향을 회상하면서 현재의 자신이 고향에 있지 않다는 사실을 일러준다. "주인장이 매 사냥을 다니다가 / 바위 틈에서 죽었다는" 이야기가 전해지는 고향에서 "오래 오래 옛말처럼 살고 싶었다"고 하는 것은 고향에 대한 긍정적 그리움의 표현이 아니다. 이 구절에는 자신이 고향에 계속 머물렀다면 그 주인장처럼 바위 틈에서 죽었을지도 모른다는 생각이 투영되어 있다. 고향에서 '오래 오래' 살고 싶다고 말하는 화자, 그것도 옛날이야기처럼 살고 싶다고 말하는 화자의 의도는 고향에서의 행복한 삶이 실제로는 이루어질 수 없음을 드러낸다.

현재의 시인은 고향의 행복한 삶을 누릴 수 없다는 것을 명확히 인식하고 있기에, 현실의 고통을 차분히 감내할 수 있기에, 고향의 썩달나무 냄새가 '유달리' 향기로웠다고 말한다. 표면적으로 '유달리'는 고향의 향기가 무척 강하게 느껴진다는 사실을 전달한다. 동시에 '유달리'는 현재의 시인에게 그러한 행복한 삶은 존재하지 않는다는 것을 강조한다. 현재의 상황을 부정적으로 바라보는 시인의 가치 평가가 내재된 단어가 '유달리'라는 부사이다.

모든 것이 잠잠히 끝난
다음에도
당신의 벗이래야 할 것이

솟아 오르는 빛과 빛과 몸을 부비면
한결 같이 이러한 푸른 비늘과 같은
아름다움
가슴마다 피어

싸움이요
우리 당신의 모양을 빌어
미움을 물리치는 것이요

—「불」 전문[6)]

현실의 폭압에 저항할 수 있는 방법이 시를 써 의지를 다지는 것임을 이 시는 보여준다. 모든 고통이 '잠잠히' 끝났을 때에도 당신(불)의 벗이어야 하는 화자가 1연에 등장한다. 몸을 부비면 "푸른 비늘과 같은 / 아름다움"이 온몸에 피어오를 것이라고 화자는 생각한다. 화자의 믿음은 '한결 같이'라는 시어로 강조된다. 부사 '한결 같이'가 시인의 강렬한 염원을 드러낸다.

시인은 현실과 싸우고자 한다. 복수 인칭 '우리'는 시인의 싸움을 시대적 맥락으로 전환시킨다. 시인은 불의 이름을 빌어 현실의 억압과 싸우지 못하는 자신의 나약함을 비판하고자 한다. 가치 평가를 내재하고 있는 단어 '한결 같이'[7)]는 현실의 억압을 뚫고 나가기 위한 의지에 강세를 준다.

---

6) 작품 인용은 『이용악 시선집』(창작과 비평사, 1988), 78면. 이하의 인용에는 이 책의 면수만 표기한다.

7) '한결 같이'는 「노래 끝나면」에도 사용되었다. 이 시에서 '한결같이'는 고향으로 돌아가는 자신의 상황을 부정하는 대상인 아이들의 손을 젓는 동작 묘사—아해들은 한결같이 손을 저으며—에 쓰였다. 여기서도 '한결같이'는 현실 상황에 대

시인의 가치 판단을 뚜렷하게 드러내는 단어들이 형용사와 부사라는 점이 「불」에서 주목된다. 형용사와 부사가 가치 평가를 실행한다는 것은 주지의 사실이다. 이용악의 시에서 가치 평가를 담당하는 형용사와 부사의 출현 빈도는 이전의 시집에서는 비교적 적었으나, 『오랑캐꽃』에 와서 그 빈도가 많아진다. 폭압적인 현실에 대한 작자의 직접적인 평가의 계기로 이 단어들이 쓰이고 있다는 것을 알 수 있다.

별과 별들 사이를
해와 달 사이 찬란한 허공을 오래도록 헤매이다가
끝끝내
한번은 만나야 할 황홀한 꿈이 아니겠읍니까

가장 높은 덕이요 똑바른 사랑이요
오히려 당신은 영원한 생명

나라에 큰 난 있어 사나이들은 당신을 향할지라도
두려울 법 없고
충성한 백성만을 위하여 당신은
항상 새로운 누리를 꾸미는 것이었읍니다

아무도 이르지 못한 바닷가 같은 데서
아무도 살지 않은 풀 우거진 벌판 같은 데서
말하자면
헤아릴 수 없는 옛적 같은 데서

---

한 화자 자신의 부정 의지를 강조한다. 4연 "누구나 한번은 자랑하고 싶은 / 모든 사람의 고향과 / 나의 길은 황홀한 꿈 속에 요요히 빛나는 것"에서 알 수 있듯이, 이용악은 낙향의 의미를 '나의 길'을 '황홀한 꿈 속에 요요히 빛'내기 위한 것으로 판단한다. 낙향이 비단 자신만이 실행하는 것이 아님을 '모든 사람의 고향'이라는 구절 속에 담고 있는 시인은 마지막 연에서 고향으로 돌아가는 자신을 위해 박수를 치자고 말한다. 낙향은 어쩔 수 없는 선택이라는 비극적 의미를 담는다. 고향으로 돌아가는 길이 '황홀'하고 '요요히 빛'나는 것이라는 표현은 비극적 상황에 대한 반어적 표현으로 읽을 수 있다.

빛을 거느린 당신

—「죽음」 전문(82)

이 시에서 '당신'은 죽음을 의미한다. 화자는 오래도록 헤매이다가 끝끝내 한 번은 만나야 할 죽음이 미래의 황홀한 꿈이라고 생각한다. 화자는 죽음이라는 존재에 완전히 굴복한 태도를 보인다. 2연은 화자가 죽음을 어떻게 생각하고 있는가를 보여준다. 대동아전쟁으로 인해 수많은 조선인들이 전쟁터로 강제징집 당하던 시기라는 시대 상황을 고려해볼 때, 죽음을 "가장 높은 덕이요 똑바른 사랑"이라고 말하는 시인의 발언에서 친일 요소를 감지할 수 있다.

3연은 두 개의 의미 층위로 이루어져 있다. 1, 2행은 "나라에 큰 난"이 있어서 많은 사람들이 당신(죽음)을 향하더라도 두려워하지 않는다는 의미이다. 3, 4행은 나라에 "충성한 백성만을 위"해 당신(죽음)이 새로운 사회를 준비한다는 내용이다. 앞의 두 행은 나라에 큰 난이 있기 때문에 많은 사람들이 죽는다 해도 두려워하지 않을 것이라는 미래에 대한 강한 추측을 내포하고 있고, 뒤의 두 행은 항상 나라를 위해 옳게 죽은 자들만이 새 세계에 이를 수 있었다는 사실을 제시한다. 한 문장으로 구성되어 있는 3연 2행과 3행 사이에서 시간적 분절이 일어난다. 3연에서 시간은 미래에서 현재를 거쳐 과거로 역행한다. 화자는 미래를 이미 알고 있는 경험의 층위로 끌어내린다. 화자는 과거와 미래를 현재에 통합시킨다. 따라서 미래와 과거, 두 층위로 제시되어 있는 3연의 내용은 '지금' 다시 확인되어야 할 대상이 된다.

4연에서 죽음이 빛을 거느리는 장소가 어디인지를 알 수 있다. 그곳은 "아무도 이르지 못한 바닷가 같은 데"이거나 "아무도 살지 않은 풀 우거진 벌판 같은 데"이다. 화자는 3행 "말하자면" 이후에 그 장소를 재언급한다. "헤아릴 수 없는 옛적 같은 데"에서 죽음이 빛을 거느릴 것이라고 한다. 1, 2행의 현재(이르지 못한, 풀 우거진)가 3행에 의해 과거를 지칭하는 '옛적 같은' 곳으로 변환된다. 또 4행의 '옛적'이라는 때를 나타내는 명사가 1, 2행의 장소를 나타내는 명사 '데'로 치환된 것이 4연이다. 이러한 변환 관계를 통해 인간이 살지 않았고 역사도 없었던 태고적 시절에나 죽음은 빛을 거느릴 수 있었다는 것을 알 수 있다. 4연에 의해 이 시의 의미 전체는 반어적으로 바뀐다. 이 때 1연의 '황홀한'과 '끝끝내',8) 2연의 '오히려', 3연의 '항상' 등은 가치 평가 기능을 담당하여 화자의 반어적 태도를 드러낸다.

이 시의 죽음은 순국의 의미로 확장될 수 없다. 당대의 죽음은 사람의 삶이 없는 곳에서만 빛을 거느린다는 뜻을 지니게 되어 이 시의 상황적 맥락 전체를 부정한다. 극존칭의 서법은 시대 상황에 대한 존경의 의미나 굴복의 의미가 아니라, 시인의 저항적 심리를 채색하는 반어적 어법에 가깝다는 것을 확인할 수 있다. 가치 평가를 담당하는 단어들은 그 단어가 지니고 있는 사전적 의미를 넘어선다.

아낙도 우두머리도 돌볼 새 없이 갔단다
도래샘도 띳집도 버리고 강건너로 쫓겨 갔단다
고려 장군님 무지 무지 쳐들어와
오랑캐는 가랑잎처럼 굴러갔단다

구름이 모여 골짝 골짝을 구름이 흘러
백년이 몇백년이 뒤를 이어 흘러갔나

너는 오랑캐의 피 한 방울 받지 않었건만
오랑캐꽃
너는 돌가마도 털메투리도 몰으는 오랑캐꽃
두 팔로 햇빛을 막아줄께
울어보렴 목 놓아 울어나 보렴 오랑캐꽃

—「오랑캐꽃」 전문(75)

「오랑캐꽃」은 이용악의 전체 시 중에서 독특한 위치를 차지하는 이

---

8) '끝끝내'는 이 시에서 율격적 강조(단절)로 인해 이질적인 성질을 더욱 강하게 드러내는 단어이다.

질적인 시이다. 제목 밑에 해제가 붙은 시라는 점에서, 이용악의 다른 시에서는 볼 수 없는 먼 옛날의 이야기를 시의 소재로 차용했다는 점에서 그러하다. 아울러 전체 시를 구성하는 어휘 중에서 오랑캐꽃의 유래를 말하는 대부분의 어휘들과 대비되는 '고려 장군님'이라는 구체적인 대상을 언급하는 시어와 리듬 구조상 한 어절 한 행으로 구성되어 있는 3연 2행 '오랑캐꽃'이라는 단어가 뚜렷한 이질적인 특성을 지닌다.

1연은 간접 화법으로 제시된다. 연 전체의 행위 주체는 오랑캐이다. 이 주체를 지시하는 주어 '오랑캐'는 1연의 마지막 행에만 나타난다. 1행과 2행의 주어 '오랑캐'는 생략되었다. 주어(S)는 생략되어 있고 목적어(O)+서술어(V) 구조의 1, 2행은 [S]+O+V+ 간접인용 어미로 구성된다. 여기에서 화자 '나'와 대상인 '오랑캐꽃' 사이의 거리는 간접 인용이라는 문장 구조만큼의 거리를 유지한다. 1연에서 화자 '나'는 전혀 드러나지 않는다.

2연을 가운데로 두고 대칭적으로 구성되는 3연의 문장 구조는 1연과 대비된다. 3연 또한 1행은 1연과 마찬가지로 행위 주체가 오랑캐꽃인 '너'이다. 한 어절로 구성된 2행은 리듬상, 시의 구조 형태상 극히 불균형한 모습을 드러낸다. 시인은 3행에서 다시 한번 오랑캐꽃의 상황을 S+O+V 구조로 표현한 후 마지막 4, 5행을 이전의 문장 구조와는 다른 형태로 제시한다. 4, 5행 역시 1연과 마찬가지로 주어가 생략된 [S]+O+V 구조이다. 그러나 3연 4, 5행은 화자가 행위의 주체이다. 3연의 마지막 행은 화자 '나'가 생략된 채 오랑캐꽃에게 울어보라고 하는 구조이다. 이질적인 단어로 작용하는 3연 2행의 오랑캐꽃이 앞 뒤 문장 구조의 변화를 나타내는 지표로 쓰인다.

1연 1행에는 주어가 없다. 주어는 4행에 제시된다. 1연에서 각 행은 동일한 문장 구조를 지닌다. 1행에는 생략된 주어를 문장의 주체로 놓지 않고 해석할 수 있는 여지가 있다. 이 때 "아낙과 우두머리가 돌볼 새 없이 갔다"는 의미가 성립된다. 목적어 '아낙도 우두머리도'가 주어로 작용하고 행위의 대상인 목적어가 생략된 경우이다. 그런데 2행은 동일한 문장 성분을 나타내는 조사 '도'가 쓰였지만, 1행과는 다르게 목적어로만 쓰인다. 서술어 '쫓겨가다'와 이루는 호응관계 때문에 2행은 생략된 주어 '오랑캐'에도 불구하고 쫓겨간 주체가 오랑캐임을 분명히 설명해준다. 1행과 2행은 동일 구조이지만 의미상 명백한 차이를 드러낸다. 1연 4행의 문장 구조는 S+[O]+V이다. 목적어 자리에 부사어 '가랑잎처럼'이 들어가 있다. 동일한 문장 구조에 삽입된 부사어 '가랑잎처럼'은 서술어 '굴러갔다'의 목적어 위치에서 비유 효과를 발생시킨다. 독자는 1연 4행의 '가랑잎처럼'에 집중한다. 오랑캐가 쫓겨간 모습이 감각적이며 사실적인 표현에 의해 실감나게 전달된다. 1연에서 '고려 장군님'은 1연의 모든 행위의 원인 — 시 전체의 상황에 대한 배경 — 으로 제시된다.

1연에서 오랑캐를 몰아낸 고려 장군님과 호응하는 서술어는 '쳐들어오다'이고, 오랑캐와 의미상 대응하는 술어는 '가다, 쫓겨가다, 굴러가다'이다. 3연에서 화자 '나'와 호응하는 것은 '막아주다'이고, 오랑캐꽃과 대응하는 것은 '받지 않다, 모르다, 울다'이다. 여기서 어휘 연결 상의 공통점이 제시되는데, 시적 상황의 주체에 대응하는 서술어는 하나(쳐들어오다/막아주다)이고, 그 주체의 행위에 의해 영향을 받은 오랑캐/오랑캐꽃에 대응하는 서술어는 각각 셋(가다, 쫓겨가다, 굴러가다/받지 않다, 모르다, 울다)이다. 내용상 오랑캐와 오랑캐꽃에 해당하는 술어는 모두 부정적인 의미를 지닌다. 이러한 의미상의 반복이 오랑캐와 오랑캐꽃에 대한 화자의 의미 부여에 어떤 변화를 미쳤을까.

1연에는 오랑캐가, 3연에는 오랑캐꽃이 등장한다. '오랑캐→오랑캐꽃'의 전이 과정에 화자가 개입한다. 화자의 개입 이후에 오랑캐꽃에게 "울어나 보"라는 발화가 제시된다. 화자 '나'와 오랑캐꽃 사이에 통일적 인식이 성립된다. 오랑캐꽃은 오랑캐가 아닌데도 오랑캐의 운명을 닮았다. 강한 자, 침략자에 의해 운명이 좌우되는 약한 자의 상징인 오랑캐꽃에 대한 연민 때문에 1연에서 3연으로의 이행 과정에서 주체와 대상의 거리가 좁아든다. 과거와 현재로 대립되는 시간 층위 역시 이러한 과정을 설명한다. 일제에 의해 오랑캐처럼 쫓겨나서 오랑캐의 운명을 닮게 된 힘없는 민족에 대한 시인의 애정을 확인할 수 있었다.

사회 · 정치적으로 지배자의 언어였던 일본어는 당대의 공식 언어였다. 「오랑캐꽃」에 쓰인 시어는 함경도 방언이었다. 화자의 언어 속에 스며든 민족 · 민중의 언어, 예를 들어 「낡은 집」에서 털보네 가족의 과거사를 이야기하는 마을 사람들의 말 같은 피지배자의 언어는 지배자의 언어와 서로 다른 관점과 세계관으로 충돌한다. 지배받는 사람들의 언어는 지배하는 사람의 언어와 서로 다른 층위를 형성한다. 이용악의 시에서 주관화된 화자의 말 속에 끼어든 타인의 말은 다층적 언어 구성의 예를 이룬다. 명확한 계층적 성향을 지니는 이용악의 언어는 소수의 언어로서 당대의 지배적인 언어와 대립한다. 소수의 언어는 지배계층의 언어와 대립된다는 의미에서 사실을 설정하고 강요하고 또 미리 규정된 현실 속에서 이득을 보는 사람들의 언어와는 다르게 새로운 언어로 말해보려는 실험이다.[9)]

이용악의 「낡은 집」, 「오랑캐꽃」 등의 시는 민족의 기억을 문학 속으로 인입시켰다. "한 작품 속에 필생의 업적이, 필생의 업적 속에는 한 시대가, 그리고 한 시대 속에는 전체 역사의 진행 과정이 보존"[10)]된다. 한 개인(시인)의 기억이 집단(민족)의 기억이 된다. 이 과정에서 문학적 소수의 언어가 집단적 발화를 구성해서 당대의 역사 현실을 넘어서는 계기를 마련한다. 이용악은 당대 역사에 대한 개인적 기억을 작품에 담아 집단 기억으로 상승 · 확장시켰다. 그것은 민족의 수난을 생생하게 기록한 또 하나의 역사였다. 망각을 강요하고 사실의 왜곡을 기획한 일제에 저항한다는 의미에서 이용악이 기록한 집단 기억은 시가 보여줄 수 있는 역사 대응의 한 극점이라고 할 것이다.[11)]

---

9) 김인환, 「문학과 정신분석」, 『문학의 새로운 이해』, 문학과지성사, 1996, 223면 참조.

10) Walter Benjamin, 『발터 벤야민의 문예이론』, 반성완 역, 민음사, 1996, 355면.

11) "Similarly, collective memory has been an important issue in the struggle for power among social forces. To make themselves the master of memory and forgetfulness is one of the great preoccupations of the classes, groups, and indivisuals who dominated and continue to

## 3. 친일과 내면 의식

친일시로 거론되는 이용악의 작품으로 「길」, 「눈 내리는 거리에서」, 「불」 등이 있다.[12] 임종국의 친일문학 작품 목록에 오른 작품 중에서 「불」은 발표지(매일신보)의 성향을 제외하고는 친일시라고 못박을 만한 뚜렷한 구절이 없는 반면, 「길」에는 그러한 구절이 명백히 드러나 있다. 친일시로 평가되는 일련의 시에서 '부사'의 기능을 알아본다.

> 여덟 구멍 피리며 앉으랑 꽃병
> 동구란 밥상이며 상을 덮은 흰 보재기
> 안해가 남기고 간 모든 것이 고냥 고대로
> 한때의 빛을 먹음어 차라리 휘휘로운데
> 새벽마다 뉘우치며 깨는것이 때론 외로워
> 술도 아닌 차도 아닌
> 뜨거운 백탕을 훌훌 마시며 차마 어질게 살아보리
>
> 안해가 우리의 첫애길 보듬고
> 먼 길 돌아 오면
> 내사 고운 꿈 따라 횃불 밝힐까
> 이 조그마한 방에 푸르른 난초랑 옮겨놓고
>
> 나라에 지극히 복된 기별이 있어 찬란한 밤마다
> 숱한 별 우러러 어찌야 즐거운 백성이 아니리

dominate historical societies The things forgotten or not mentioned by history reveal these mechanisms for the manipulation of collective memory. 집단 기억은 사회 세력들간의 권력 투쟁에서 매우 중요한 문제였다. 그 자신들을 기억과 망각의 주인으로 만드는 것은 역사 사회를 계속 지배해오는 개인과 집단과 계급들이 아주 중요하게 선취해야 할 것들 중의 하나이다. 잊혀졌거나 역사에 의해 언급되지 않은 것들은 집단 기억의 조작이라는 메카니즘을 드러낸다."(Jacques Le Goff, *History and Memory,* New York : Columbia University Press, 1992, p.54)

12) 임종국, 『親日文學論』, 평화출판사, 1966, 476면.

꽃잎 헤칠사록 깊어만지는 거울
호을로 차지하기엔 너무나 큰 거울을
언제나 똑바루 앞으로만 대하는 것은
나의 웃음 속에
우리 애기의 길이 틔어 있기에

—「길」 전문(91)

문제의 3연이 친일시라고 판단할 만한 근거를 제공한다. 윤영천[13]은 "나라에 지극히 복된 기별"과 "즐거운 백성"이라는 두 구절이 명백한 친일의 근거를 드러내는 구절이며, 이는 당시 일본이 대동아 전쟁을 일으켜 동남아시아를 침략하던 국제 정세에 비추어볼 때 명백한 사실이라고 지적한다. 이 중에서 윤영천은 「길」을 친일시라고 하는 것은 명백한 해석의 오류라고 지적하면서, 이용악이 당시 일제의 검열을 피하기 위해 검열의 "조건을 일단 만족시키는 것처럼 위장하는 시적 장치를 시인이 의도적으로 마련해놓은 것"[14]이라고 한다.

이 시에는 1연에서 '차라리' '차마'와 문제가 되는 3연에서 '어찌야' 등 부사 세 개가 쓰였다. 이들 부사는 모두 부정적 의미와 호응한다. 1연의 '차라리'는 아내와 생활을 하고 있는 작은 방의 사물들이 침묵 속에 빛을 머금어 무서운 느낌이 들 정도로 고요하고 쓸쓸하게 느껴진다는 것을 강조한다. 화자에게는 안락한 생활의 현장이 오히려 무서울

13) 여기서 작품 해석상 친일시라는 판단을 명시적으로 제공해주는 구절은 "나라에 지극히 복된 기별이 있어" "즐거운 백성" 등인데, 이는 아시아 침략 전쟁에서 연전연승을 구가하던 일제의 비율빈 점령(1942년 1월), 싱가포르 함락(1942년 2월) 등의 時事的 의미와 쉽게 연결되면서 이 작품을 간단히 '친일시'로 못박는 데 결정적인 구실을 한다(윤영천, 「민족시의 전진과 좌절」, 『한국 근대 리얼리즘 작가 연구』, 문학과지성사, 1988, 321~334면 참조).

14) 윤영천, 위의 글, 334면. 윤영천은 이용악이 고도의 수법으로 친일시의 배면에 다른 의미를 숨겨놓았다고 한다. "그렇다면, 마지막 연을 관통하는 반어적 어조에 힘입어 이룩된 시적 주제 또는 그 배면적 의미란 무엇인가. 한마디로 그것은, 일제에 의한 침략 전쟁의 전면 확대에 따라 날로 강도 높은 압박에 시달려야 하는 한국인의 통한어린 삶의 비극성이다." 윤영천은 이용악의 시가 "지배자들에게는 어떤 공격 가능성도 제시하지 않으면서 독자들에게는 그들의 참뜻을 전달"했던 나치의 '노예언어'와 비슷한 측면이 있다고 제시한다.

정도의 정적만이 감도는 곳으로 느껴질 정도이다. 시인은 새벽마다 잠에서 깨어 자신이 처한 무기력한 현실을 뉘우치며, 뜨거운 맹물을 마시고, "차마 어질게 살아보리"라고 말한다. '차마'는 행위 주체 '나'의 입장을 강조한다. 이 구절은 어질게 살 수 없다는 의미를 내포한다. 무기력하고 안락한 생활이 절대로 어질게 사는 것이 아님을 화자는 깨닫고 있는 것이다.

2연에서 아내가 아기를 안고 먼 길에서 돌아오면 화자는 아내와 자신의 꿈길에 횃불을 밝혀 나아갈 길을 비춰주고 싶다고 한다. 그리고 자신들의 방에 푸른 난초를 옮겨다 놓고 싶어 한다. 안락한 생활이 있고, 나라에는 기쁜 소식이 들려오는 찬란한 이 밤에 시인은 자신이 즐거운 백성이라고 말한다. 3연의 "어찌야 즐거운 백성이 아니리"가 2연의 의미를 강조한다.

화자는 4연에서 그 모든 허위의 현실(꽃잎) 이면을 응시한다(헤칠사록 깊어만지는 거울). 화자는 거울에 비친 자신을 응시[15]하면서 어쩔 수 없이 걸어야 하는 친일의 길을 "자기 자신에 대해서도 준엄한 자세를 갖"[16]춰 목도한다. 화자의 행위에는 다음 세대는 자신이 걸었던 전철을 밟지 않아야 한다는 염원이 담겨 있다.

이 시에는 화자의 감정과 태도를 나타내는 부사가 집중적으로 사용되었다. 이용악의 시적인 의도가 부사들에 숨겨졌다. 설사 의도하지 않았더라도 친일에 대한 시인 자신의 의식이 시를 쓸 때 무의식적으로 작용하여 뚜렷하게 다른 어휘적 특성을 보여준다고 할 수 있을 것이다. 친일이라는 외부 상황에 대한 자아의 경계 표식으로 사용된 것이 부정적 의미를 강조하는 부사이다. 이질적인 단어인 부사가 친일의 어휘를 비춘다.

15) 이 밖에 거울이 자아를 투영하여 반성의 계기를 마련하는 도구로 등장하는 시로 「오월에의 노래」가 있다. 이 시에서 거울은 해방 후 이용악 자신의 삶과 의식을 반영하는 도구이다. 시인은 거울에 비친 자신의 모습을 바라보며 역사 현실과 가열차게 투쟁하리라 다짐한다. 거울에 비친 "독한 약봉지와 한 자루 칼"은 의지의 상징이다.

16) 조동일, 『한국문학통사5』(제3판), 지식산업사, 1994, 508면.

휘몰아치는 눈보라를 헤치고
오히려 빛나는 밤을 헤치고
내가 거니는 길은 어느 곳에 이를지라도
뱃머리에 부딪쳐 둘로 갈라지는 파도소리요
나의 권속을 지켜 길이 사라지지 않는 것
만세요 만세소리요

단 한번 정의의 나래를 펴기에
우리는 얼마나 많은 세월을 참아왔읍니까

이제 오랜 치욕과 사슬은 끊어지고
잠들었던 우리의 바다가 등을 일으켜
동양의 창문에 참다운 새벽이 동트는 것이요
승리요
적을 향해 다만 앞을 향해
아세아의 아들들이 뭉쳐서 나아가는 곳
승리의 길이 있을 뿐이요

머리 위 어깨 위 내려 내려서 쌓이는
하아얀 눈을 차라리 털지도 않고
호올로 받들기엔 너무나 무거운 감격을 나누기 위하여
누구의 손일지라도
나는 정을 다하여 굳게 쥐고 싶습니다

—「눈 나리는 거리에서」 전문(153~154)

이 시 역시 친일시가 아니라는 평가를 면하기는 어렵다. 3연의 '아세아의 아들들이 뭉쳐서 나아가는 곳 / 승리의 길이 있을 뿐이요'가 대동아 전쟁에 출정한 군인들을 찬미하는 구절이라는 것은 확실하다. 이 구절 때문에 3연의 1~3행이 친일의 의도로 읽힐 수밖에 없다.

1연에서 화자는 "휘몰아치는 눈보라"를 맞는다. 눈보라는 4연에서 다시 한 번 제시된다. 수미상관식 구성의 한 예이다. 4연의 눈은 고통의 상황에 "내려 내려서 쌓이는" 부정적인 의미를 지닌다. 눈보라와 "빛나는 밤"은 의미상 호응되지 않는다. 화자는 2행에 부사 '오히려'를 써서 현실의 고통을 의미하는 눈보라를 헤쳐나가고 싶다는 의미에 반전을 시도한다. 2행에서 현재의 상황은 '빛나는 밤'으로 호도된다. 들리는 것은 파도소리와 만세소리이다. 거니는 길이 "어느 곳에 이를지라도" 귀에 들려오는 만세소리는 사라지지 않을 것이라고 화자는 판단한다.

2연이 친일의 문맥으로 읽히기 위해서는 1행이 '단 한번 정의의 나래를 펴기 위해'로 표현되어야 한다. 화자는 현실의 상황을 의도적으로 강조한다. 일제의 침략 전쟁이 "정의의 나래"를 펴기 위한 것이 아니라고 화자는 생각한다. 시인의 의도가 투영된 단어 '얼마나'는 우리 민족이 겪어온 고통의 산술적인 양을 나타낸다. 더불어 이 단어는 2연의 의미 전체를 부정하는 계기가 된다. 일제의 침략 전쟁은 정의의 날개를 펴기 위해서 수행되는 것이 아니다. "단 한번 정의의 나래를 펴기에" 이러한 현실 상황이 끝나면, 곧 현실의 고통을 한 번 더 인내하면 새로운 세계가 도래할 것이라는 숨겨진 의도가 '펴기 위해'가 아니라 '펴기에'라는 어휘에 녹아들어 있다.

현실의 고통을 상징하는 눈이 4연에서 다시 내린다. 화자는 "내려 내려서 쌓이는 / 하아얀 눈을" 털어내지 않는다. 눈을 털어내는 행위가 바람직하지 못하다는 것을 시인은 알고 있기에 '차라리'라는 부사를 써서 자신의 행위를 부정한다. 고통을 감내하려는 자신의 행위가 "호을로 받들기엔 너무나 무거운 감격"이라고 화자는 말한다. 친일시를 쓸 수밖에 없었던 자신의 행위가 차가운 눈을 털어내는 것조차도 할 수 없는 부끄러운 일임을 알기에 시인은 '너무나'라는 강조 부사를 써서 쌓인 눈의 무게를 과장한다. 3연의 상황이 "너무나 무거운 감격"을 의미하는 것이 확실하다고 할 때, 시인의 의도적인 단어 '너무나'에 의해 3연의 의미는 굴절되어 있음을 알 수 있다.

이용악은 친일시 안에 반성의 구조를 삽입시켰다. 의도적으로 사용한 부사는 상황에 대한 시인 자신의 가치 평가를 기획한다. 가치 평가된 단어들은 "단어와 언술의 언어 외적인 상황을 포함"[17]한다. 의도적으로 사용된 부사는 이질적인 단어로 작용해서 시의 표면 의미 맥락에 균열을 낸다. 이질적인 단어는 시인이 감춰놓은 의도—"감정적 또는 평가적"[18] 기능—를 파악할 수 있는 장치로 기능한다.

의미를 역전시키는 단어들이 친일시의 이면에 사용된다. 작품을 쓴 '나' 속의 다른 '나'가 다성적 목소리로 한 작품 안에서 '나'에게 말을 한다. 자신이 말하고 자신이 듣는다. 친일의 목소리와 동시에 친일 행위를 반성하는 목소리도 들린다. 대립되는 두 개의 퍼스나가 공존하는 이용악의 친일시에는 자신과 현실을 비판하는 이면의 다른 목소리가 내포되어 있다.

## 4. 반성과 비판의 기획

형용사와 부사의 가치 평가적 기능을 중심으로 이용악의 후기시가 지니고 있는 이중적 가치 평가 양상을 살폈다. 주체의 가치 평가적 기획은 형용사와 부사가 지니는 수식 기능 이외의 다른 기능을 이용악의 시에 내면화시킨다. 화자의 태도를 이중적으로 변화시키는 이러한 단어들은 시의 표면 의미 안에 다른 의미를 삽입시킨다. 이러한 결과를 토대로 가치 평가를 담당하는 형용사와 부사는 이용악 시의 독특한 언술 구조에도 긴밀한 영향을 미친다는 점이 「오랑캐꽃」의 분석 과정에서 확인되었다.

또한 가치 평가를 담당하는 형용사와 부사는 이용악의 친일시를 다르게 읽을 수 있는 가능성도 제공한다. 사회·역사적 맥락에 의해 친일시

---

17) Mikhail Bakhtin, 「생활 속의 담론과 시 속의 담론」, 165면.

18) Tzvetan Todorov, 『構造詩學』, 곽광수 역, 문학과지성사, 1998, 59면. "형용사나 부사가 감정적 또는 평가적 기능을 지닌다는 말은 그러한 단어가 대상에 대한 가치 평가와 더불어 발화자 자신의 감정적 반응을 표현하는 기능을 동시에 수행한다는 것으로 이해될 수 있다."

로 판단할 수밖에 없는 일련의 시를 이용악 자신의 어쩔 수 없는 친일과 이에 대한 자기 반성의 이중적 구조로 파악하게 만드는 계기 역시 이러한 특징에서 도출할 수 있는 것이다. 이와 같은 특성은 친일시임이 분명함에도 여타의 친일시와 다르게 고도의 시적 완성도와 상징이 구사되고 있는 이용악 시의 특징적 맥락을 새롭게 해석할 수 있게 만든다. "완성도가 높은, 또는 서정성에 바탕을 둔 작품들은 그렇지 못한 비문학적인 글에 비해 정서적으로 훨씬 더 설득력이 있고 독자들에게 미치는 영향이 크다는 점에서 이용악의 친일 의혹 시들은 그 폐해가 심각했을 것"이라는 유재천의 지적은 여러 가지 문제점을 시사한다. 이용악의 완성도 높은 친일시가 독자들에게 친일 의식을 심층적으로 내면화시켰을 것이라는 동의할 만한 추론에도 불구하고, 이용악의 친일시는 사회・역사적 맥락을 거세할 경우 뚜렷한 친일 의혹을 찾아내기 힘들다.

이용악의 후기시들에서 검증되는 이중적 가치 평가라는 특징적 면모는 이용악의 친일시를 새롭게 바라볼 수 있는 계기이다. "이용악의 친일 의혹을 없었던 일로 하거나 친일 의혹 작품을 뛰어난 작품으로 평가"[19]하려는 것은 이 논문의 의도가 아니다. 이용악의 친일시 이면에는 반성과 자기 비판의 기획이 내재되었다. 이러한 관점은 이용악의 후기시가 지니는 이중적 가치 평가 기능에 의해 확보될 수 있었다.

19) 유재천, 앞의 글, 52면.

# 李箱 시의 '과학'과 多聲性

「線에關한覺書」 연작을 중심으로

## 1. 난해함의 기원

「線에關한覺書」 연작의 난해함은 다음 두 가지에서 비롯된다. 하나는 언어 이외의 다른 기호 체계들의 사용 때문이고, 다른 하나는 그 기호가 담고 있는 비문학적 내용과 문학적 언어들이 품고 있는 내용의 상호 갈등에서 빚어지는 복잡함과 혼돈 때문이다. 어렵고 복잡한 이상의 시는 근본적으로 단일하지 않다는 특성을 지닌다. 「線에關한覺書」의 비단일성이라는 상대적 개념은 이 글이 다루려고 하는 '다성성' 개념의 맹아가 된다.

이상의 시는 우리 문학사에서 흔히 '최초'라는 평가를 받는다. '처음으로 시도했다'가 이상의 시를 논할 때 관습적으로 따라붙는 문장이다. 그의 시를 이렇게 평가하게 만드는 이유는 그 당시 시에서 다루어지지 않았던 '과학과 성'이라는 주제를 이상이 시로 표현했기 때문이다.[1] 20세기 현대 과학의 중요한 이론을 접한 시인이 겪었던 혼돈과 충격을 「線에關한覺書」 연작은 그 시각적 자극만으로도 독자들에게, 그리고

1) 김인환, 「이상 시의 계보」, 『기억의 계단』, 민음사, 2001, 276~299면 참조.

연구자들에게 충분히 전달한다. 이상이 경험했던 혼돈과 충격은 당대의 시에서는 볼 수 없었던 실험적 양상으로 드러난다. 시에 기호와 숫자가 도입되었고, 통일적이고 구심적인 서정시의 단일한 언술 양상을 고려하지 않은 파편적이고 원심적인 언술로 시가 짜여졌다. 어려운 과학 용어들이 시어로 채택되었고, 전후 문맥을 고려해도 이해되지 않는 돌발적인 언술이 사용되었다. 「線에關한覺書」 연작은 그의 다른 시보다 더 어려운 시, 더 이해하기 힘든 시이다. 이상의 시를 다루는 중요 논문에서도 「線에關한覺書」는 그 특유의 난해함 때문에 배제되는 경우가 많았다.

이 글은 「線에關한覺書」가 지니는 난해함의 주요 원인을 과학 용어의 이질성과 복잡함으로 파악한다. 동시대의 다른 작품들에서는 보이지 않는 과학 개념과 이에 따른 사유를 담고 있는 난해한 시어들을 '다성성'의 관점으로 해석한다. 또한 과학을 시의 제재로 삼으면서 세계와 대결하는 과정에서 보였던 이상의 반응을 그의 시에 드러나는 독특한 발화 양상을 통해 해석할 것이다.

## 2. 시 속의 과학

"일본어로 씌어진 이상의 초기 시들의 주제는 <과학과 성>이었다."[2] 그 중에서 「線에關한覺書」 연작은 과학을 시의 주제로 삼고 있다. 20세기 물리학이라는 비문학 텍스트들이 시 텍스트에 전면적으로 수용된 양상을 확인하기란 어렵지 않다. 이 연작은 "근대 과학적 지식에 대한 비판에 치중함으로써 일반적인 시적 정서를 포기"하고 있다.[3] 20세기 물리학 텍스트에 대한 시인 이상의 해석 과정인 「線에關한覺書」 연작은 과학 텍스트를 해석한 문학 텍스트이며, 과학과 문학이 상호 교섭하는

---

2) 김인환, 앞의 책, 288면.

3) 문흥술, 「이상문학에 나타난 주체분열과 반담론에 관한 연구」, 서울대학교 석사학위논문, 1991, 31면.

대화적 양상을 확인할 수 있는 겹텍스트이다.

사람은靜力學의現象하지아니하는것과同一하는것의永遠한假說이다, 사람은사람의客觀을버리라.

主觀의體系의收斂과收斂에依한凹렌즈.

4 第四世. / 4 一千九百三十一年九月十二日生. / 4 陽子核으로서의陽子와陽子와의聯想과選擇.

原子構造로서의一切의運算의硏究.

方位와構造式과質量으로서의數字의性態性質에依한解答과解答의分類.

數字를代數的인것으로하는것에서數字를數字的인것으로하는것에서數字를數字인것으로하는것에서數字를數字인것으로하는것에(1234567890의疾患의究明과詩的인情緖의棄却處)

(數字의一切의性態數字의一切의性質이것들에依한數字의語尾의活用에依한數字의消滅)

數式은光線과光線보다도빠르게달아나는사람과에依하여運算될것.

사람은별 — 天體 — 별때문에犧牲을아끼는것은無意味하다, 별과별과의引力圈과引力圈과의相殺에依한加速度函數의變化의調査를爲先作成할것.

—「線에關한覺書 6」 부분4)

"數字의方位學"이라는 구절이 제시되고, 이후 숫자 4를 각각 네 방향

4) 작품은 임종국 편『李箱 全集』, 문성사, 1966, 260~261면에서 인용. 이후의 작품 인용은 이 책의 면수만 표시할 것임. 연작 중 1, 5, 6은 조해옥이『이상 시의 근대성 연구』, 소명출판, 2001, 189면에서 문학사상사 전집과 원전을 비교하여 잘못된 부분에 대해 제시한 수정 사항을 반영함.

으로 돌려 놓고 이 시는 시작된다. "數字의力學 / 時間性(通俗思考에依한歷史性) / 速度와座標와速度"라는 구절이 이어지면서 이상은 처음 제시된 '숫자의 방위학'을 고찰한다.

유클리드의 기하학은 건축 설계에서, 우리 일상 체험에서 법칙으로 적용된다. 기하학의 언어는 도형과 숫자이다. 과학의 언어는 만국 공통어인 수학이고, 수학의 기표는 숫자이다. '숫자의 역학'이란 바로 숫자로 제시되는 수학, 그 중에서도 유클리드 기하학을 의미하고, 이는 '시간성(통속 사고에 의한 역사성)'과 연결된다. 시간성과 역사성에 대한 언급은 이상이 살던 1930년대라는 구체적인 시대를 의미하는 구절로 파악할 수도 있지만, 유클리드 기하학의 전제를 깨고 새로운 기하학으로 떠오른 '비유클리드 기하학'의 새로운 시간성과 역사성이 기존의 시간관과 역사관을 전복시켰던 상황을 전제한다. '통속 사고'는 유클리드 기하학이라는 하나의 절대적인 이론이 인식 체계의 전부인 현재의 상황과, 그것을 세계의 운행 원리라고 믿고 있었던 과거의 상황 전부를 지칭한다. '속도'와 '좌표'를 인식하면서 이상은 변화의 빠르기와 그 변화로 인해 촉진되는 상황을 명징한 수학 개념으로 파악하고 싶었을 것이다. 때문에 이상은 네 방위를 뜻하는 숫자 4를 360도 회전시키면서 숫자의 방위학을 시험해보고 그것이 무엇인가에 대해 질문한다. 좌표를 통해 속도를 파악하려는 이상의 기획은 좌표에 제시된 모든 대상이 x와 y라는, "좌표축에 표시된 수와 척도를 기준으로 얼마든지 비교되고 계산되고 합성"될 수 있는 수학의 매커니즘을 토대로 삼고 있다.[5] 수학으로 우주의 원리를 계산할 수 있다는 전대 과학의 무한한 가능성과 대비되는, 20세기 물리학이 펼쳐 보인 절대성에 대한 거부 때문에 발생된 분열 양상은 이상의 시에 반영되었고, 그것은 혼돈과 분열과 단절로 귀결된다.

정력학의 반대는 동력학이다. 정력학이 거리와 속도를 파악하는 평면

5) 이진경, 『수학의 몽상』, 푸른숲, 2000, 79면.

상의 역학이라면 동력학은 거리와 속도뿐만 아니라 움직이는 물체의 시간까지 고려하는 3차원의 역학이다. '정력학의 현상하지 아니하는 것'은 '동력학이 현상하는 것'이다. '사람'은 결국 동력학이 현상하는 것의 '영원한 가설'이라고 이상은 생각한다. 비유클리드 기하학과 동력학 등 20세기 물리학의 기본 테제들에 의해 새로운 자연관, 새로운 사고 체계, 나아가 새로운 인간관까지 제시되는 상황을 받아들인 이상은 기존의 사고 체계를 부정한다. 이제까지 진리로 받아들였던, 그것이 우주의 근본 원리를 설명한다고 알고 있던 이론들이 자연 현상의 일정 부분만을 설명할 수 있다는 사실에 대해 이상은 이렇게 말한다. '사람은 사람의 객관을 버리라.' 그렇기 때문에 이상은 객관을 버리라고 명령하면서 동시에 사람이라는 존재 자체가 '영원한 가설'이라고 말한다.

이상은 과학의 객관성을 폐기한다. 폐기된 객관성의 과학이란 20세기 이전의 과학, 즉 아인슈타인과 양자물리학 이전의 과학을 지칭한다. 뉴턴의 기계론적 세계관에 의해 구성된 과학은 우주의 모든 운행 원리를 통어하는 하나의 물리 법칙이 존재한다는 믿음을 그 바탕에 둔다. 이때 주관은 과학의 영역에 자리잡을 수 없다. 20세기의 새로운 자연과학은 전 세기의 과학 체계를 "이상적인 한계 개념이기는 하였지만 실재는 아니었"다고 비판한다. 미래의 과학—양자물리학—은 "실재와의 모든 대결에서 객관적인 측면과 주관적인 측면을 구별하는 것, 즉 이 두 측면 사이에 어떤 절단면을 설정"한다. 양자물리학은 "절단면의 위치 선정은 관측 방식에 달려 있으며, 어느 정도까지는 임의적으로 선택할 수" 있다고 하면서, 과학에 주관과 임의의 영역을 설정해서 전대의 과학이 믿고 있던 '객관적 합리성'의 세계를 부정한다.[6] 주관과 임의의 영역을 설정한다는 것은 실험에 있어서 관찰자의 중요성을 인정한다는 뜻이다. 실험자가 사실을 파악한다는 것은 실험자가 실험 대상을 바라보고 있을 때, 발견하고자 하는 소립자들이 그때 거기에 있을 '확률의

6) Werner K. Heisenberg, 김용준 역, 『부분과 전체』, 지식산업사, 1999, 135면.

분포'를 의미한다. 입자가 존재하는 공간과 시간은 하나의 개념으로는 설명되지 않는다. 입자가 존재할 수 있는 좌표는 확률파 근처의 행렬 몇 개로 제시된다. 이것이 입자를 관측할 수 있는 가능성의 함수를 마련할 수 있을 뿐이라는 하이젠베르크의 '불확정성의 원리'이다.[7] "한 입자의 위치에 대한 인지는 그것의 속도나 운동량의 인지와 상보적"인 관계를 반영한다.[8] 입자의 위치와 운동량은 동시에 측정될 수 없다—"어떤 입자의 위치 q는 마음대로 정확하게 측정하는 것이 가능하지만 그럴 경우 운동량 p는 더 이상 예측할 수 없으며, 그 반대도 그렇다"—는 '불확정성의 원리'는 뉴턴의 기계론적 자연관에 의해 생겨난 절대적 세계관을 거부한다. 관찰자와 실험자라는 주관의 요소가 객관 요소와 혼합되고, 주관과 객관의 경계는 희미해진다.[9]

'주관의 체계의 수렴과 수렴에 의한 오목렌즈'라는 구절은 이상이 양자물리학의 세계관을 받아들였다는 것을 증명한다. 숫자의 방위학을 나타내는 4를 적은 후, 자신이 작품을 쓴 날짜를 텍스트 안에 삽입하는

---

7) 하이젠베르크의 '불확정성의 원리'는 불가능하다는 의미를 포함하지 않는다. 과학이 우주의 원리를 파악할 수 없다는 개념이 아니라, 과학이 파악하는 존재의 원리가 하나가 아니라 복수적이라는 것, 따라서 여러 근본 원리 중에서 어느 것 하나를 확정할 수 없다는 뜻으로 불확정성의 원리는 파악되어야 한다. 1980년대 인문학에서 '불확정성의 원리'가 파악할 수 없는 세계에 대한 '과학적 믿음'의 근거가 되었던 이유는 과학과 인문학의 단절을 증명하는 좋은 예라고 생각된다.
양자 역학에서 제시하는 확률 개념은 고전 과학이 기하학적—인지할 수 있는 감각의 명징성이 구체적인 시각적 대상을 통해 제시되는—특징을 증명의 토대로 삼아 주어진 문제에 해답을 찾았던 방법을 부정한다. 양자 역학은 "파동 방정식에 의해 주어진 일정한 에너지로부터 말하자면 평균적인 궤도, 보다 정확히 말해서 궤도 함수를 가리키는 확률을 계산한다." 양자 역학에 의해서 물질 세계, 우주의 근원을 이루는 원리가 하나가 아니라는 점이 제시된다. "원자는 하나이기 전에 여럿이다." 절대성과 상대성은 서로 대립되는 것이 아니라 한 존재의 양면이다. 과학은 이제 존재들의 "근본적인 복수성"을 대상으로 삼는다(Gaston Bachelard, 『현대 물리학의 합리주의적 활동』, 정계섭 역, 민음사, 1998, 102면 참조). 이상은 새로운 세계관, 즉 '존재의 근본적 복수성' 앞에서 과학이라는 절대적 체계의 '근본적' 동요를 경험했을지도 모른다.

8) Werner K. Heisenberg, 『하이젠베르크의 물리학과 철학』, 구승회 역, 온누리, 1993, 34면.

9) Armin Hermann, 『Heisenberg』, 이필렬 역, 한길사, 1997, 64면.

과정을 통해 이상은 자신의 주관이 구축한 세계를 기술한다. 물질의 기본 단위인 원자가 원자핵과 전자로 이루어졌다는 전대의 인식을 거부하고 이상은 원자를 구성하는 소립자들이 훨씬 많다는 양자물리학의 발견을 받아들인다. 이제까지 물질의 최소 기본 단위로 여겨졌던 원자핵이 실상은 최소 기본 단위가 아니라는 점, 원자핵보다 더 작은 입자가 존재할 수도 있다는 가정, 주관이 객관적 실재를 구성하는 한 요소가 될 수 있다는 사고가 가져온 획기적인 발상의 전환은 이상에게 '연상과 선택'이라는 주관적 요소가 과학적 합리성의 한 부분임을 인정하게 만들었다. 새로운 과학에 의해 제시된 새로운 사고 방법으로 이상은 '원자구조로서의 일체의 운산의 연구'를 시도한다. 이상은 새로운 원자구조를 떠올린다. 기존 '원자의 구조'는 '방위와 구조식과 질량으로서의 숫자의 성태 성질에 의한 해답'과 그 후 '해답의 분류'를 요구한다. 기존의 과학에 사용되는 숫자가 새로운 과학에 사용되는 경우 — 숫자를 대수적인 것으로 하는 것에서 — 그것은 "疾患의究明"이 되고, 그때 숫자는 "詩的인情緒의棄却處"가 되고 만다.

새로운 과학의 숫자가 되기 위해서 낡은 과학이 다루는 '숫자의 일체의 성태'와 '숫자의 일체의 성질'은 소멸되어야 한다. 보편 언어로서 존재의 관계를 매개하는 숫자는 그 어떤 것 하나도 의미를 갖지 않는 것이 없다. 그런데 '어미'는 홀로 아무런 뜻도 갖지 않는다.[10] 숫자가 '어미의 활용'에 의해 소멸된다는 말에는 기존의 과학에 사용되는 숫자의 운명에 대한 이상의 생각이 반영되어 있다. 새로운 과학의 숫자는 광속보다 빠르게 달아난 사람에 의해 운산되어야 한다는 이상의 말에서 상대성 이론과 양자물리학의 이론을 받아들인 이상의 사고를 파악할 수 있다. 빛의 속도를 뜻하는 상수 'C' 앞에서 이상은 새로운 과학에 의해 제시된 광속이 감각과 경험으로는 파악되지 않는 개념임을 깨닫는다.

10) 김인환, 앞의 책, 284면 참조.

(사람은數字를버리라) / (고요하게나를電子의陽子로 하라) // 軸X 軸Y 軸Z / 速度etc의統制例컨대光線은每秒當300000킬로미터로달아나는것이確實하다면사람의發明은每秒當600000킬로미터달아날수없다는法은勿論없다 (…) (立體에의絶望에依한誕生) / (運動에의絶望에依한誕生) / (地球는빈둥지일境遇封建時代는눈물이날이만큼그리워진다)

—「線에關한覺書 1」 부분(255)

(太陽光線은, 凸렌즈때문에收斂光線이되어一點에있어서赫赫히빛나고赫赫히불탔다, 太初의僥倖은무엇보다도大氣의層과層이이루는層으로하여금凸렌즈되게하지아니하였던것에있다는것을생각하니樂이된다, 幾何學은凸렌즈와같은불장난은아닐른지, 이하 생략)

—「線에關한覺書 2」 부분(257)

숫자에 대한 믿음이 흔들린 이상은 숫자를 버리라고 말한다. 새로운 과학이 가져다준 충격을 이상은 '고요하게 나를 전자의 양자로 하라'고 표현한다. 양자와 전자의 위상이 뒤바뀐다. 움직이는 물체는 X, Y 두 축으로는 그 위치와 운동량을 파악할 수 없다. 운동량을 함께 파악하기 위해서는 새로운 축 Z가 필요하다. 광선의 속도가 초당 30만 킬로미터라면 사람이 그 두 배로 달아날 수는 없다. 이상은 빛의 속도라는 절대상수에 부딪친다. 지구 차원의 미시 영역에 유클리드 기하학은 적용된다. 그러나 경험 요소로 파악할 수 없는 우주라는 거시 영역에서 유클리드 기하학의 명제는 맞지 않는다. 빛의 운동에는 시간이라는 새로운 요소가 끼어든다. 시간이 객관적이거나 절대적인 개념이 아니라는 것, 위치와 속도에 따라 변할 수 있다는 것, 주관적일 수 있다는 것, 이러한 인식을 이상은 입체에 대한 절망과 운동에 의한 절망으로 표현한다.

기존의 상식과 과학 법칙들이 새로운 차원의 사고를 요구하는 시점에서 이상 자신을 포함하여 '우리'가 살고 있는 지구가 빈 둥지가 될 수 있다는 가정 아닌 가정은 이상이 표현할 수 있는 사고와 언어의 전도를 보여준다. 이상에게 지구는 우리가 살고 있는 대지가 아니라 언제나 떠날 수 있고 언제 부서질지 모르는 둥지에 불과하다. 새로운 인식에 의해 존재의 전복을 경험한 이상은 봉건시대가 '눈물이 나리만큼 그리워진다'고 말한다. 대기가 볼록렌즈라서 태양광선을 수렴시켜 지구를 불태우지 않은 것이 행복하다고 이상은 공상한다. 이상이 말하고자 하는 바는 유클리드 기하학이 자신의 공상처럼 불장난 같은 개념이 아닌가라는 회의이다. 양자물리학과 비유클리드 기하학은 이상의 사고를 해체시킨다.

> 未來로달아나서過去를 본다, 過去로달아나서未來를 보는가, 未來로달아나는것은過去로달아나는것과同一한것도아니고未來로달아나는것이過去로달아나는것이다. 擴大하는宇宙를憂慮하는者여, 過去에살으라, 光線보다도빠르게未來로달아나라.
>
> —「線에關한覺書 5」 부분(258)

이 작품에서 이상은 아인슈타인의 상대성 이론에 대한 자신의 백일몽을 표현한다. 아인슈타인의 상대성 이론은 특수상대성 이론과 일반상대성 이론으로 나뉜다. 특수상대성이론은 "시간과 공간이 따로 있는 게 아니라 이 두 부분이 합해져서 시공이 됨"을 설명하고, 일반상대성이론은 "시공과 물질이 따로 따로 있다기보다는 서로 교묘한 방식으로 얽혀 있다"는 점을 제시한다.[11] 시간은 공간과 상대적이고, 상대적인 시간과 공간은 '시—공' 개념으로 통합되며, 합쳐진 시공은 물질의 존재와 연계된다는 상대성 이론은 기존의 시간관을 송두리째 뒤흔들었다. 이러한 상대적인 시공관에도 불구하고 상수 C는 불변의 요소이다. 광속이라는 상수에 다다르면 시간이 전도될 수 있다는 인식, 미래와 과거가 구분되지 않는다는 인식 앞에서 이상은 시간의 선적인 흐름을 거부한다.

이상은 상대성 이론을 통해 깨달은 새로운 시간관을 의문형과 호격과 명령형이라는 다양한 서법으로 제시한다. 이 같은 서법은 과학적 사실에 대한 주체의 능동적 반응 양상이라고 할 수 있다. 시인은 과학 텍

---

11) 상대성 이론의 함의에 대해서는 김재영이 수유연구실 · 연구공간 '너머'에서 실시한 2002년 겨울강좌 ≪20세기의 자연과학과 그리고 철학≫ 제3강의 강의록, 4면을 참조.

스트들의 구체적인 사실을 다양한 심리적 태도로 제시한다.

주체 이상과 과학 텍스트는 서로에게 발화자이면서 청자이다. 둘은 상호작용한다. 이상은 과학 텍스트를, 과학 텍스트는 주체 이상을 간섭한다.[12] 이상의 텍스트는 과학 텍스트 위에 자리잡는다. 이상의 발화와 과학 텍스트는 서로 다른 둘이지만, 그것이 주체의 시적 발화 속에서 상호 교섭하는 양상은 대화적이다. 서로 다른 텍스트들이 교향하여, 과학을 받아들인 이상의 내면을 드러내고 있는 「線에關한覺書」 연작은 다성적 특성을 지닌다.

## 3. 명령법에 드러나는 다성성

「線에關한覺書」 연작의 발화 양상 중에서 가장 특징적인 서법은 명령법이다.[13] 20세기 물리학의 주요 개념을 시의 대상으로 삼는 과정에서 반복되는 서법인 명령법을 통해 이상이 과학에 대해 어떤 태도를 지니고 있었는지를 파악할 수 있다. 대상에 대한 심리적 태도는 반복되어 적층을 이루고, 이는 이상이 주체로서 세계에 대응하는 일정한 양상을 드러낸다.

> (……유우크리트는死亡해버린오늘유우크리트의焦點은到處에있어서人文의腦髓를마른풀과같이燒却하는收斂作用을羅列하는것에依하여最大의收斂作用을재촉하는危險을재촉한다, 사람은絶望하라, 사람은誕生하라, 사람은誕生하라, 사람은絶望하라)
>
> —「線에關한覺書 2」 부분(257)

12) 바흐찐이 발화의 '화자—청자' 관계를 양자 역학에 비유했음을 언급하는 김욱동의 지적은 이 점에서 흥미롭다. "관찰자나 실험자가 직접 관찰이나 실험의 대상의 밖에 초연히 위치해 있지 않고 오히려 그 대상의 일부가 되는 양자 역학의 경우처럼 발화의 경우, 역시 청자는 화자와 함께 발화에 참여한다."(김욱동, 『대화적 상상력』, 문학과지성사, 1999, 135면)

13) 「연작 3」을 제외한 다른 작품에는 명령형이 쓰인다.

유클리트 기하학의 위기가 '사망'했다는 표현으로 제시되었다. 유클리트 기하학의 초점이 인문의 뇌수를 소각한다. 위기의 대상은 유클리트 기하학이 아니라 인문학이라는 지적이다. 유클리트 기하학의 위상이 비유클리트 기하학이라는 새로운 기하학에 의해 흔들리자 인문학도 위기를 맞이했다는 점을 화자는 '최대의 수렴작용을 재촉하는' 또다른 위험이라고 파악한다. 유클리트 기하학이 맞이한 위험, 새로운 세계관의 등장이 과학 그 자체에 미치는 영향보다 인문학에 미치는 영향이 더 크다는 점을 화자는 절실하게 깨닫는다. 때문에 화자는 '사람은 절망하라'고 명령한다. 이 명령어의 일차적 대상은 시를 읽는 텍스트의 청자이다. 명령하는 사람은 화자이고, 명령어 '절망하라'의 대상은 '사람'이다. 명령문에서 명령의 발화 주체와 명령 행위의 수행 주체는 다르다. 화자는 행위의 수행 주체를 복수로 설정했다. '사람' 속에는 절망해야 할 명령의 일차 대상인 청자가 들어 있고, 명령의 2차 대상으로서 화자 자신도 포함되어 있다. 발화 주체와 명령의 수행 주체가 분리될 수 있기 때문에, 명령어의 수행 주체가 하나가 아니라 '사람'이라는 복수 주체로 제시되었기 때문에, 위에서 제시된 명령어들은 청자 '너'를 포함할 뿐더러 발화 주체 '나'까지 포괄한다.[14)]

명령 수행의 주체가 하나가 아니라 둘 이상의 복수를 설정한다는 점, 발화자 '나'의 발화가 '나' 자신과 '너'를 동시에 지향한다는 점에서 이 시에 제시된 명령법은 다성적이라고 할 수 있다. 화자 '나'의 명령어를 청자가 듣고 있지만, 이 청자는 화자의 상대이면서 동시에 화자 자신에게 발화를 돌려주는 대상이다. 청자는 말을 하고 있지 않지만 화자의 발화에 능동적으로 참여하고 있으며, 이 과정을 통해 청자는 화자의 짝으로서 대화의 필수 요건이 된다. '나'의 모든 발화는 '너'와 공유된다. 명령법처럼 동사의 수행 주체가 명확하게 설정되는 경우, 청자와 화자의 관계는 그 자체가 대화적이다. 화자는 명령어를 발화하면서 직접적

14) 명령 수행의 발화 주체와 행위 주체에 대해서는 John L. Austin, 『말과 행위』, 김영진 역, 서광사, 1992, 48~56면을 참조.

이든 간접적이든 청자의 반응을 기대한다. 청자는 명령어를 듣는 순간, 행위를 하든 하지 않든 간에 화자의 말에 직접적인 반응 양상을 드러내게 된다. 명령어를 수행하면 화자의 기대를 충족시킬 것이고, 수행하지 않으면 화자의 다른 반응을 촉발시킬 것이다. 명령법은 다음 발화를 전제하고 있는 '장전된 대화'이다. 명령법은 화자와 청자 사이에 예측할 수 없는 미세한 감정적 반응까지 포함하고 있는 숨겨진 대화이다.

대상에게 주체의 의지를 강력하게 제시하는 명령법을 사용하면서 화자는 자신의 발화가 과학이라는 거대 담론을 상대한다는 사실을 깨닫는다. 새로운 과학이 불러온 인식의 전환 앞에서 화자는 청자에게 '절망하라'고, 새롭게 '탄생하라'고 명령한다. 이 명령법에는 과학이라는 이데올로기와 대결하는 주체 '나'의 의지가 뚜렷하게 각인되어 있다. 발화의 일차적 대상은 청자 '너'이지만 명령의 대상에는 화자 '나'가 포함된다. 과학과 대결하려고 하는 화자는 명령어의 행위 주체를 복수로 상정하여 자기 자신에게도 명령을 내린다.

청자뿐만 아니라 명령어의 수행 대상에 화자 자신이 포함되어 이 시의 명령형들은 불특정 복수 청자들을 대화 과정에 끌어들인다. '나'와 청자 '너'의 대화, '너'의 복수인 '사람'과 '사람'의 일원인 '나' 사이에 이중의 대화가 이루어진다.

> 하늘은視覺의이름에對하여서만存在를明白히한다 (代表인나는代表인一例를들것) / 蒼空, 秋天, 蒼天, 靑天, 長天, 一天, 蒼穹 (大端히갑갑한地方色이나아닐는지) 하늘은視覺의이름을發表했다.
>
> —「線에關한覺書 7」 부분(262)

화자는 하늘을 지칭하는 명사들이 시각을 포함하고 있다는 점을 지적한다. 괄호 속에 들어 있는 말에서 화자는 1인칭 화자의 독백적 발화 층위를 빠져나가 명령한다. 화자가 내린 명령을 화자 자신이 수행한다. '시각의 이름'으로 제시되는 하늘의 명칭 일곱 가지를 제시한 후에 화자는 말한다. 괄호 속에서 화자는 자신의 명령에 따라 하늘을 지칭하는 명사를 스스로 평가한다. 하늘의 빛깔은 '갑갑한 지방색'에 불과하다. 인용된 명사의 색채는 '푸르다'로 집약되고, 앞 음절의 형용을 받는 두 번째 음절은 모두 하늘을 뜻한다. 전부 시각에 의해 제시되는 명사들이다. 하늘이라는 명사에 다른 감각은 존재하지 않는다. 화자는 이것을 '대단히 갑갑'해한다. 화자는 형용사 '갑갑하다'를 통해 시각의 전일성을 제시하면서 눈으로 봐야만 감지되는 하늘의 형상을 비판한다. 하늘의 한자어와 과학의 개념 사이에 충돌이 일어난다. 천편일률의 색채 감각에 대한 불만과, 과학적 개념에 지배되는 푸른 하늘이라는 시각 감각을 비판하기 위해 화자는 가치 평가적 형용사 '갑갑하다'를 사용하고, 또 이 형용사를 수식하는 부사 '대단히'로 그 의도를 더욱 강조한다.

이러한 비판적 의도를 화자는 청자의 위치에서 발화한다. 괄호라는 서기적(書記的) 지표에 의해 화자의 말은 시의 단일한 발화 국면에서 벗어난다. 화자는 자신이 해야 할 행동을 스스로에게 명령하고, 명령에 따른 행위의 결과를 스스로 평가한다. 이때 사용된 이질적인 단어 '갑갑하다'에는 청자의 반응 양상이 투영되어 있다. 청자의 견해는 화자 '나'의 숨겨진 견해이면서, 나아가 복수의 청자 전체(타자)로 확장된다. 여기에 시각에 의해 균질화된 하늘의 다른 명사들을 '지방색'으로 평가하는 당대의 사회적인 이데올로기의 반향이 스며든다. 과학이라는 근대의 절대적 사유 체계가 이식되던 당대의 상황을 고려해볼 때, 이 말에서 사회적 가치 평가의 근거가 확인된다. 화자 '나'의 가치 평가와 사회를 구성하는 타자들의 가치 평가가 교향되는 형용사 '갑갑하다'에 의해 시에 다성성이 부여된다.

## 4. 이상의 운명, 우리의 운명

「線에關한覺書」가 지니는 난해함의 주요 원인을 과학 용어의 이질성과 복잡함으로 파악하면서 이 글은 이상의 시에 나타나는 다성성의 근거가 이질적인 과학 용어와 시 텍스트가 이루는 상호텍스트성에 있다는 점을 확인했다. 상호텍스트성 이외에 이상 시의 다성성은 명령법으로 제시되는 미시대화와 이질적인 단어인 가치평가적 형용사에 의해 실행되었다. 이와 같은 이상 시의 다성성은 분열된 언술로 제시되었고, 이는 통일성을 고려하지 않은 이상 특유의 시 작법으로 구현되었다.

20세기 과학이라는 거대 담론 앞에서 주체 이상은 그때까지 믿어오던 기계적 세계관의 붕괴를 경험했다. 객관의 영역인 과학에 주관의 요소가 포함되어 있다는 사실 때문에 자신의 인식에 균열이 생기는 것을 막을 수 없었다. 김인환의 지적대로 이상은 "질풍처럼 변화하는 과학에 발맞추어 나가기 어렵다는 절망을 체험"했다. 이 절망은 "이상으로 하여금 시를 쓰게 하"였다.[15] 그는 시를 써서 과학과 대결했고 과학에 절망하는 자신과 싸웠다.

근대의 규율을 받아들이면서 동시에 탈근대의 인식론까지 받아들여야 했던 이상의 운명은 시의 분열된 양상으로 드러난다. 분열 이외에 근대의 과학과 탈근대의 이념들을 내면화시킬 방법이 없었다는 점에서, 자신의 한계를 집단화시킬 수 없었던 '단자(單子)'였다는 점에서, 이상의 시는 한 개인의 문제를 넘어서 1930년대 시의 운명으로 확장된다. 이 모든 방법의 가능성이 타진되기도 전에 제국주의는 친일과 반일 아니면 절필이라는 선택을 강요했고, 모든 문학인들은 그 앞에서 어느 하나를 선택해야 했기 때문이다. 살아남는 것이 중요했고, 살아남아야 문학을 할 수 있었다. 그것이 개인 이상의 운명이자 집단 '우리'의 운명이었다.

이상이 시도한 탈근대와 근대로의 이행이라는 동시 실험은 실패했지만, 절망을 숨기지 않고 드러냈다는 점에서 이상의 실험이 가르쳐주는 교훈은 소중하다. 이상에게는 민족이라는 집단이 존재하지 않았다. 그는 철저히 개인이었고, 철저히 고립을 유지했다. 천재 이상은 실패했다.

---

15) 김인환, 앞의 책, 287면.

그는 박제가 될 수밖에 없었지만 다성성은 그의 시에 스며든 타인의 흔적으로 제시될 수 있는 적절한 증거이다.

# 김수영 시의 인칭대명사 '나'와 '너' 연구

## 1. 서론

인칭대명사는 언술의 주체를 드러낸다. 한국어는 서술어가 문장의 맨 뒤에 오고, 주어의 변화에 따른 동사의 격변화가 없다. 이러한 한국어 문법에서 인칭대명사와 서술어 사이의 결속 관계는 서구 언어에 비해 느슨하다. 인칭대명사에 의한 문법의 구속력이 희박한 우리말의 특성상 인칭대명사에 따른 언술 형태는 문맥에 의존할 수밖에 없다. 즉 문장의 의미를 다양하게 실현시키는 서술어의 서법에 의해 '나'와 '너'라는 주체가 부각된다. 이러한 특징 때문에 많은 경우 문법 지표보다는 의미 양상의 대립이 '나'와 '너'의 언술 형태를 결정한다.

시에서 '나'와 '너'는 화자와 청자의 관계를 형성하는 의미의 두 축이다. 시의 화자가 '너'라 하더라도 그것의 실제 발화 주체는 '나'이다. 따라서 '나'만 등장하는 경우와, '너'만 등장하는 경우는 발화의 실제 주체가 하나라고 할 수 있다. '너'만 나오는 시도 '나'와 '너'가 동시에 존재하는 시로 파악할 수 있는 것이다. '너는 ~하다'고 말하는 화자가 '나'이기 때문에 이런 시에도 보이지 않는 발화자 '나'가 존재한다. 이 글에서는 '나'와 '너'가 시에 함께 사용된 경우로 연구 대상을 국한한다.

김수영의 시에서 인칭대명사 '나'와 '너'가 사용된 작품의 편수를 살펴보면 다음과 같다. 시의 언술 주체로 '나'가 사용된 작품은 총 135편이다. '나'의 변형 형태로 주격 조사 '가'나 보격 조사 '가'가 붙는 경우의 '내'는 총 61편에, '나'에 관형격 조사 '의'가 붙어 줄어든 '내' 역시 36편에 사용되었다. 시의 기본 화자가 '나'인 점을 고려하더라도 이러한 산술적인 특징 때문에 인칭대명사 '나'의 사용을 김수영 시의 중요한 특징이라고 말할 수 있다. 주체 '나'와 짝을 이루는 2인칭 '너'가 사용된 작품은 55편이다.

김수영 시의 의미적 특성이 시의 언술 주체를 결정하는 인칭대명사의 사용과 밀접한 관계를 지니고 있다는 점을 이 논문은 밝히고자 한다. 아울러 주체 '나'와 대상 '너'가 함께 나타나는 시의 예를 밝히고, '나'와 '너'의 관계 양상을 구체적인 작품을 예로 들어 제시한다. 김수영 시의 변화 양상에 따라 '나', '너'의 출현 빈도는 달라진다.

김수영의 시적 변화는 일반적으로 3단계로 나눈다. 4·19에서 5·16까지를 가운데 시기로 놓고 전후로 구분하는 방법은 김수영 시의 변화 양상을 극적으로 설명한다. 김수영의 생애와 시적 변화가 일치한다는 점, 현대사의 중요한 사건을 매개로 하여 김수영의 시가 폭발적인 변화를 겪는다는 점에서 이러한 김수영 시의 시기 구분 방법은 무리없이 수용되고 있다. 이 글은 인칭대명사 '나'와 '너'의 출현 양상과 그 변화, 그리고 그것들의 관계가 김수영 시의 통시적인 변화 양상과 밀접하게 관련된다는 것을 밝힐 것이다.

## 2. 인칭대명사의 산술적 특성

김수영 시에서 인칭대명사 '나'가 사용된 작품은 다음과 같다.

<표 1>

| 초기:1945~1960 | 중기:1960~1961 (4・19~5・16) | 후기:1961~1968 |
|---|---|---|
| 「孔子의 생활난」, 「가까이 할 수 없는 서적」, 「아메리카 타임誌」, 「이[虱]」, 「웃음」, 「토끼」, 「아버지의 사진」, 「아침의 유혹」, 「달나라의 장난」, 「愛情遲鈍」, 「풍뎅이」, 「付託」, 「조국에 돌아오신 傷病捕虜 동지들에게」, 「너를 잃고」, 「미숙한 도적」, 「시골 선물」, 「九羅重花」, 「도취의 피안」, 「방안에서 익어가는 설움」, 「나의 가족」, 「거미」, 「더러운 향로」, 「PLASTER」, 「구슬픈 육체」, 「나비의 무덤」, 「긍지의 날」, 「영사판」, 「서책」, 「휴식」, 「수난로」, 「거리 1」, 「너는 언제부터 세상과 배를 대고 서기 시작했느냐」, 「국립도서관」, 「거리 2」, 「연기」, 「네이팜 탄」, 「바뀌어진 지평선」, 「구름의 파수병」, 「사무실」, 「여름 뜰」, 「여름 아침」, 「백의」, 「병풍」, 「꽃2」, 「영롱한 목표」, 「봄 밤」, 「예지」, 「하루살이」, 「서시」, 「광야」, 「靈交日」, 「꽃」, 「초봄의 뜰 안에」, 「말」, 「사치」, 「冬麥」, 「모리배」, 「생활」, 「달밤, 「死靈」, 「가옥 | 「우선 그놈의 사진을 떼어서 밑씻개로 하자」, 「기도」, 「육법전서와 혁명」, 「나는 아리조나 카보이야」, 「거미잡이」, 「중용에 대하여」, 「허튼소리」, 「피곤한 하루의 나머지 시간」, 「그 방을 생각하며」, 「쌀난리」, 「황혼」, 「<4・19>시」 | 「여편네의 방에 와서」, 「등나무」, 「술과 어린 고양이」, 「모르지?」, 「伏中」, 「누이야 장하고나!」, 「누이의 방」, 「먼 곳에서부터」, 「아픈 몸이」, 「旅愁」, 「백지에서부터」, 「적」, 「절망」, 「파자마 바람으로」, 「滿洲의 여자」, 「장시1」, 「장시2」, 「轉向記」, 「만용에게」, 「피아노」, 「깨꽃」, 「후란넬 저고리」, 「여자」, 「돈」, 「반달」, 「우리들의 웃음」, 「거대한 뿌리」, 「강가에서」, 「X에서 Y로」, 「이사」, 「말」, 「현대식 교량」, 「제임스 띵」, 「적2」, 「잔인의 초」, 「어느 날 고궁을 나오면서」, 「이 한국문학사」, 「H」, 「이혼 취소」, 「식모」, 「풀의 영상」, 「엔카운터 誌」, 「전화 이야기」, 「설사의 알리바이」, 「금성라디오」, 「도적」, 「판문점의 감상」, 「VOGUE야」, 「거짓말의 여운 속에서」, 「꽃잎 3」, 「여름 밤」, 「美濃印札紙」, 「세계일주」, 「라디오 계」, 「먼지」, 「性」, 「원효대사—텔레비전을 보면서」 |

| 찬가」, 「말복」, 「반주곡」, 「싸리꽃 핀 벌판」, 「미스터리에게」, 「파리와 더불어」 | - | |
|---|---|---|
| 66편 | 12편 | 57편 |
| 총 135편 | | |

총 135편이다. 초기 시와 후기 시를 비교할 때, 인칭대명사 '나'의 사용 빈도에 큰 차이가 없음을 알 수 있다. 4・19와 5・16 사이로 나뉘는 중기의 경우 그 해당 연도가 2년에 불과하므로 상대적으로 사용 빈도가 적다고 말하기는 어렵다. 김수영 시에서 1인칭대명사 '나'는 시의 초기부터 후기에 이르기까지 지속적으로 사용되었다. 이와 같은 사실은 다음에서도 확인된다.

'나'에 주격 조사 '가'나 보격 조사 '가'가 첨가되어 '내'가 나오는 작품은 다음과 같다.

<표 2>

| 초기:1945~1960 | 중기:1960~1961 (4・19~5・16) | 후기:1961~1968 |
|---|---|---|
| 「아메리카 타임 誌」, 「웃음」, 「아버지의 사진」, 「愛情遲鈍」, 「풍뎅이」, 「付託」, 「조국에 돌아오신 傷病捕虜 동지들에게」, 「미숙한 도적」, 「시골 선물」, 「도취의 피안」, 「나의 가족」, 「거미」, 「더러운 향로」, 「PLASTER」, 「구슬픈 육체」, 「나비의 무덤」, 「긍지의 날」, 「서책」, 「휴식」, 「거리 1」, | 「나는 아리조나 카보이야」, 「피곤한 하루의 나머지 시간」, 「나가타 겐지로」 | 「檄文」, 「술과 어린 고양이」, 「모르지?」), 「伏中」, 「누이야 장하고나!」, 「旅愁」, 「백지에서부터」, 「절망」, 「滿洲의 여자」, 「轉向記」, 「만용에게」, 「피아노」, 「여자」, 「거대한 뿌리」, 「제임스 띵」, 「잔인의 초」, 「어느 날 고궁을 나오면서」, 「이 한국문학사」, 「H」, 「이혼 취소」, |

| 「너는 언제부터 세상과 배를 대고 서기 시작했느냐」, 「거리 2」, 「연기」, 「바뀌어진 지평선」, 「구름의 파수병」, 「사무실」, 「백의」, 「모리배」, 「凍夜」, 「파리와 더불어」 | | 「엔카운터 誌」, 「도적」, 「사랑의 변주곡」, 「거짓말의 여운 속에서」, 「꽃잎 3」, 「라디오 계」, 「먼지」, 「性」 |
|---|---|---|
| 30편 | 3편 | 28편 |
| 총 61편 | | |

또한 '나'에 관형격 조사 '의'가 붙어 줄어든 '내'가 사용된 예는 아래와 같다.

<표 3>

| 초기:1945~1960 | 중기:1960~1961<br>(4·19~5·16) | 후기:1961~1968 |
|---|---|---|
| 「웃음」, 「달나라의 장난」, 「조국에 돌아오신 傷病捕虜 동지들에게」, 「시골 선물」, 「영사판」, 「국립도서관」, 「바뀌어진 지평선」, 「병풍」, 「초봄의 뜰 안에」, 「사치」, 「冬麥」, 「말복」, 「반주곡」 | 「나는 아리조나 카보이야」 | 「여편네의 방에 와서」, 「먼 곳에서부터」, 「장시2」, 「돈」, 「반달」, 「거대한 뿌리」, 「X에서 Y로」, 「말」, 「제임스 띵」, 「어느 날 고궁을 나오면서」, 「이 한국문학사」, 「H」, 「이혼 취소」, 「엔카운터 誌」, 「금성라디오」, 「도적」, 「판문점의 감상」, 「VOGUE야」, 「거짓말의 여운 속에서」, 「꽃잎 2」, 「꽃잎 3」, 「性」 |
| 13편 | 1편 | 22편 |
| 총 36편 | | |

<표 1>, <표 2>, <표 3>의 결과에서 인칭대명사 '나'와 그 파생 단어들의 지속적 출현 양상이 확인된다. 김수영은 인칭대명사 '나'를 전체 시력 동안 지속적으로 사용하였다. '나'의 집중적인 사용이 김수영 시의 특징이라는 점은 이와 같은 산술적인 통계 결과에서 뚜렷하게 확인된다.

다음으로 김수영 시에 나타나는 2인칭대명사 '너'를 <표 4>에서, '너'의 변형형인 '네'를 <표 5>에서, '당신'은 <표 6>, '그대'는 <표 7>에서 사용 횟수를 살핀다.

<표 4>

| 초기:1945~1960 | 중기:1960~1961 (4·19~5·16) | 후기:1961~1968 |
|---|---|---|
| 「廟庭의 노래」, 「孔子의 생활난」, 「아메리카 타임 誌」, 「토끼」, 「달나라의 장난」, 「풍뎅이」, 「付託」, 「너를 잃고」, 「九羅重花」, 「도취의 피안」, 「더러운 향로」, 「나비의 무덤」, 「헬리콥터」, 「거리 1」, 「너는 언제부터 세상과 배를 대고 서기 시작했느냐」, 「국립도서관」, 「연기」, 「네이팜 탄」, 「바뀌어진 지평선」, 「기자의 정열」, 「사무실」, 「여름 뜰」, 「백의」, 「병풍」, 「지구의」, 「자」, 「봄 밤」, 「채소밭 가에서」, 「예지」, 「하루살이」, 「서시」, 「비」, 「밤」, 「자장가」, 「조그마한 세상의 지혜」, 「가옥 찬가」, 「반주곡」, 「파밭 가에서」 | 「우선 그놈의 사진을 떼어서 밑씻개로 하자」, 「나는 아리조나 카보이야」 | 「사랑」, 「여편네의 방에 와서」, 「술과 어린 고양이」, 「누이야 장하고나!」, 「누이의 방」, 「滿洲의 여자」, 「만용에게」, 「65년의 새해」, 「제임스 띵」, 「적2」, 「잔인의 초」, 「VOGUE야」, 「사랑의 변주곡」, 「꽃잎 3」, 「먼지」 |
| 38편 | 2편 | 15편 |
| 총 55편 | | |

<표 5>

| 초기:1945~1960 | 중기:1960~1961 (4·19~5·16) | 후기:1961~1968 |
|---|---|---|
| 「도취의 피안」, 「더러운 향로」, 「나비의 무덤」, 「헬리콥터」, 「너는 언제부터 세상과 배를 대고 서기 시작했느냐」, 「연기」, 「네이팜 탄」, 「기자의 정열」, 「자장가」 | 「거미잡이」 | 「여편네의 방에 와서」, 「누이야 장하고나!」, 「만용에게」, 「65년의 새해」, 「네 얼굴은」, 「꽃잎 3」, 「먼지」 |
| 9편 | 1편 | 7편 |
| 총 17편 | | |

<표 6>

| 초기:1945~1960 | 중기:1960~1961 (4·19~5·16) | 후기:1961~1968 |
|---|---|---|
| 「조국에 돌아오신 傷病捕虜 동지들에게」, 「서책」, 「말」(1958), 「미스터 리에게」 | | 「이혼 취소」, 「엔카운터 誌」, 「전화 이야기」, 「美濃印札紙」, 「세계일주」 |
| 4편 | 0편 | 5편 |
| 총 9편 | | |

<표 7>

| 초기:1945~1960 | 중기:1960~1961 (4·19~5·16) | 후기:1961~1968 |
|---|---|---|
| 「조국에 돌아오신 傷病捕虜 동지들에게」, 「국립도서관」, 「死靈」 | 「육법전서와 혁명」, 「눈」 | 「이혼 취소」, 「세계일주」, 「원효대사—텔레비전을 보면서」 |
| 3편 | 2편 | 3편 |
| 총 8편 | | |

이상의 표에서 2인칭 '너'가 김수영의 초기시에서 많이 사용된다는 사실이 밝혀졌다. '나'의 사용 횟수가 초기와 후기를 비교할 때 큰 차이가 없었던 것과는 비교된다. '너'의 변형형은 사용 횟수가 많지 않다. 김수영이 주도적으로 사용한 인칭대명사가 '나'와 '너'임을 다시 한번 확인할 수 있다. '나'와 '너'는 초기 시에 집중적으로 쓰인다.

'나'와 '너'가 한 작품에 사용된 경우는 아래와 같다. '나'는 시의 화자이자 주체이다. '너'는 시마다 그 대상이 다르다. '너'가 시에서 누구(무엇)를 지칭하는가를 밝힌다. '너'가 지칭하는 대상이 뚜렷한 경우도 있으나, 작품의 내용 맥락을 살펴보아도 지칭 대상이 명확하지 않은 경우가 많다. 아울러 시에 사용된 주도적인 서법을 명기한다. 평서법은 밝히지 않는다.

<표 8>

| 초기:1945～1960 | | | 중기:1960～1961 (4・19～5・16) | | | 후기:1961～1968 | | |
|---|---|---|---|---|---|---|---|---|
| 제목 | '너'의 대상 | 서법/비고 | 제목 | '너'의 대상 | 서법/비고 | 제목 | '너'의 대상 | 서법/비고 |
| 공자의 생활난 | 불분명 | 호격 | 육법전서와 혁명 | 청자 | 명령법 | 여편네의 방에 와서 | 어린놈 | 약속 |
| 아메리카 타임지 | 와사의 정치가 | 호격 | 만시지탄은 있지만 | 청자 | 대화 | 등나무 | 등나무 | 명령 |
| 토끼 | 토끼 | 1부에만 등장 | 나는 아리조나 카보이야 | 청자 | 대화 | 술과 어린 고양이 | 또 다른 나 | |
| 달나라의 장난 | 청자・독자 | 의문 | | | | 누이야 장하고나 | 누이 | 의문, 감탄 |
| 풍뎅이 | 불분명 | 상호부정의 대상 | | | | 누이의 방 | 누이 | 의문 |
| 부탁 | 부탁・죽순 | 시의 후반부에 | | | | 만주의 여자 | 만주여자 | 의문/ '너'가 |

|  |  |  |  |  |  |  |  |  |
|---|---|---|---|---|---|---|---|---|
|  |  | 등장 |  |  |  |  |  | 구체적인 인물로 전환됨 |
| 너를 잃고 | 청자 | '너'를 상실한 '나'의 상황 |  |  |  | 만용에게 | 만용 | 직접인용, 대화 |
| 구라중화 | 글라디올러스/명령의 대상 | 명령/'나'의 긍정적 가치 대상 |  |  |  | 잔인의 초 | 어린애 | 명령, 대화 |
| 도취의 피안 | 날짐승 | 명령, 청유/'나'보다 우월한 존재 |  |  |  | 이혼취소 | 당신 | 대화, 구어 |
| 더러운 향로 | 향로 | 의문/'나'와 '너'의 비교가 반복됨 |  |  |  | 엔카운터지 | 당신 | 대화 |
| 나비의 무덤 | 청자 | 추측, 대화 |  |  |  | 네 얼굴은 | 너 | '너의 얼굴'로 제시 |
| 서책 | 당신 | 명령/'나'와 '너' 대립 |  |  |  | VOGUE야 | 잡지, 아들 | 호격, 대화/'너'의 대상이 복수임 |
| 헬리콥터 | 헬리콥터 | '그'에서 '너'로 인칭 변화 |  |  |  | 사랑의 변주곡 | 불명확, 아들 | 대결, 비판, 반성의 대상에서 가르침의 대상으로 '너' 전이됨. 청자 역할. |
| 거리(1) | 깨달음을 고지하는 대상. 쇠라 | 의문, 대화/'너'가 복수 대상임 |  |  |  | 꽃잎(3) | 순자 | '나'보다 우월한 존재 |

| | | | | | | | | | |
|---|---|---|---|---|---|---|---|---|---|
| 너는 언제부터 세상과 배를 대고 서기 시작했느냐 | 유리창 | 의문, 명령/'나'와 '너'는 강하게 대립됨 | | | | 미농인 찰지 | 당신, 청자, 매부 | 대화, 편지글 형태 |
| 국립도서관 | 책 | 의문 | | | | 먼지 | 불명확 | '나'의 비교 대상 |
| 네이팜탄 | 네이팜탄 | 의문 | | | | | | |
| 바뀌어진 지평선 | 뮤우즈 | 호격, 추측, 명령, 간접인용/'너'는 '나'와 대비됨 | | | | | | |
| 사무실 | 청자 | 대화, 추측 | | | | | | |
| 여름뜰 | 여름뜰 | 감탄, 의지 | | | | | | |
| 여름 아침 | 청자 | 명령, 의지 | | | | | | |
| 백의 | 화자 | 직접인용에만 '너' 사용 | | | | | | |
| 병풍 | 병풍 | 극단적 대결, 불화의 대상 | | | | | | |
| 지구의 | 명령의 대상 | 명령법, '나'는 소유격으로만 등장 | | | | | | |
| 자 | 명령의 대상 | 명령법, '나'는 소유격으로만 등장 | | | | | | |
| 봄밤 | 명령의 대상 | 명령법, '나'는 소유격으로만 등장 | | | | | | |

| 예지 | 사람들 | 호격 | | | | | | |
|---|---|---|---|---|---|---|---|---|
| 하루살이 | 하루살이 | 명령, 의문 | | | | | | |
| 서시 | 나무 | | | | | | | |
| 비 | 불명확, 여보 | 명령, 의문/'여보'에서 다른 대상으로 전이됨 | | | | | | |
| 말 | 당신 | 과거 기술 | | | | | | |
| 밤 | 마음 | 감탄, 깨달음 | | | | | | |
| 가옥찬가 | 청자 | 명령 | | | | | | |
| 반주곡 | 불명확 | 대립 대상 | | | | | | |
| 34편 | | | 3편 | | | 16편 | | |
| 총 53편 | | | | | | | | |

이상의 표에서 제시된 산술적인 통계를 토대로 김수영 시에 사용된 인칭대명사의 특징을 정리한다.

첫째, 시의 발화자인 '나'가 작품의 주체로 제시되는 것은 김수영 시의 특징이다. 초기부터 후기에 이르기까지 이러한 특징은 지속된다.

둘째, '나'와 '너'가 동시에 등장하는 작품의 편수에서 알 수 있듯이 김수영의 시에서 '나'와 '너'는 상호 대립하거나 대비되는 의미 맥락 형성의 중요 기제로 작동한다. <표 8>은 '너'의 대상이 어떤 한 가지로 수렴되지 않는다는 사실을 보여준다. 김수영의 시에서 '너'는 '청자'의 역할을 맡기도 하지만, 일반적으로 화자 '나'의 시적 진술을 매개하는 대결자 또는 대립자의 역할을 맡는다. 이는 초기시의 중요 특징이다.

셋째, 초기시의 '나'와 '너'의 대결·대립 구도가 후기시에서는 그 강도가 약해지고 상호보완적인 관계로 바뀐다.

넷째, '나'와 '너'가 동시에 등장하는 작품들의 중요 서법은 명령법, 의문법이다. 이 작품들에서는 대개 호격이 병행된다. 이외에도 감탄, 추측, 의지를 드러내는 다양한 서법이 구사된다. '나'와 '너'의 대화로 진행되는 시의 빈도는 후기시에 이르러 많아진다. 아울러 후기 시에서는 '너'의 대상이 실제 인물로 구체화되면서, 화자가 청자에게 직접 말을 전달하는 듯한 효과를 고려한 구어의 사용이 두드러진다.

## 3. '나 | 너'와 '나 — 너'의 의미

인칭대명사 '나'와 '너'가 동시에 등장하는 작품의 특징을 살펴보기 위해 1954년 작품인 「더러운 향로」를 인용한다. 이 시에서 '나'와 '너'는 대립한다. '나'는 '너'를 발견하고 '나'가 처한 현재의 상황을 반성한다.

길이 끝이 나기 전에는
나의 그림자를 보이지 않으리
적진을 돌격하는 전사와 같이
나무에서 떨어진 새와 같이
적에게나 벗에게나 땅에게나
그리고 모든 것에서부터
나를 감추리

검은 철을 깎아 만든
고궁의 흰 지댓돌 위의
더러운 향로 앞으로 걸어가서
잃어버린 愛兒를 찾은 듯이
너의 거룩한 머리를 만지면서
우는 날이 오더라도

철망을 지나가는 비행기의
그림자보다는 훨씬 급하게
스쳐가는 나의 고독을

누가 무슨 신기한 재주를 가지고
잡을 수 있겠느냐

향로인가 보다
나는 너와 같이 자기의 그림자를 마시고 있는 향로인가 보다

내가 너를 좋아하는 원인을
네가 지니고 있는 긴 역사였다고 생각한 것은 과오였다

길을 걸으면서 생각하여 보는
향로가 이러하고
내가 그 향로와 같이 있을 때
살아있는 향로
소생하는 나
덧없는 나

이 길로 마냥 가면
이 길로 마냥 가면 어디인지 아는가

티끌도 아까운
더러운 것일수록 더한층 아까운
이 길로 마냥 가면 어디인지 아는가

더러운 것 중에도 가장 더러운
썩은 것을 찾으면서
비로소 마음 취하여 보는
이 더러운 길.

—「더러운 향로」 전문[1)]

---

1) 개정판 전집 이후 2005년에 방민호에 의해 시 「음악」과 산문 「해운대에 핀 해바라기」가 발굴되었다. 자세한 사항은 ≪서정시학≫ 2005년 여름호, 231~234면과 ≪서정시학≫ 2005년 가을호, 181~183면 참조.

화자 '나'는 말한다. 자신의 그림자를 아무에게도 보이지 않겠다고 다짐하면서 화자는 자신의 지녀야 할 태도를 비유한다. 비유의 대상은 "적진을 돌격하는 전사"와 "나무에서 떨어진 새"이다. '~같이'에 의해 연결되는 두 대상이 화자의 태도를 빗댄다. 화자는 1연에서 다시 '적, 벗, 땅, 그리고 모든 것'에서부터 자신을 감추어야 한다고 선언한다. 문장 구조의 반복이 화자의 감추려는 의지를 강조한다.

2연 1~2행에서 화자는 향로의 외양을 묘사한다. 향로는 검은 철을 깎아서 만들었는데, 지금 그것은 고궁의 흰 지댓돌 위에 놓여 있다. '나'는 더러운 향로 앞으로 걸어간다. 사랑하는 어린 아이를 잃어버렸다가 다시 찾은 듯한 태도로 '나'는 향로를 어루만진다. 화자가 화로를 만지는 행동이 2연에 제시되었다. 이에 관련된 화자의 생각이 3연으로 이어진다. 화자는 비행기의 그림자보다 훨씬 빠르게 "나의 고독을 / 누가 무슨 신기한 재주를 가지고 / 잡을 수 있겠느냐"고 묻는다. 1연의 '나의 그림자'와 3연의 '비행기의 그림자'가 대비된다. 화자의 그림자가 움직이는 속도는 비행기의 그림자가 움직이는 속도보다 느리지만, '나의 고독'이 움직이는 속도는 비행기의 그것보다 훨씬 빠르기 때문에 아무도 고독의 움직임을 따라잡을 수 없다고 화자는 말한다.

4연에서 화자는 반성한다. 자신의 그림자와 비행기의 그림자와 고독의 그림자 사이에 존재하는 속도의 차이를 인지한 화자는 자신의 처지가 향로와 비슷하다고 깨닫는다. '나'는 향로처럼 "자기의 그림자를 마시고 있"다. 화자는 자신의 처지를 향로에 의탁한다. 그 이유를 화자는 이렇게 고백한다. "내가 너를 좋아하는 원인"이 화로의 "긴 역사였다고 생각한 것은 과오였다." '나'와 향로 '너'는 비교되고 있으며, 대결하고 있다. 화자 '나'는 '너'인 향로를 바라보면서 자신의 상황을 반성하고, 자신이 나아가야 할 바를 정리한다. 화자는 길을 걸으면서 화로의 긴 역사가 중요한 것이 아니라고 생각한다. '나'와 '너=향로'는 둘이 같이 있을 때 "살아 있는 향로"가 되고, '나'는 "소생하는 나"가 된다. 화자는 자신의 그림자를 보이지 않겠다고 다짐했다. 화로를 통해서 화자는 자신의 현재 상황을, 자신이 걸어가야 하는 길을 되돌아본다. 향로 때문에, '너' 때문에 '나'는 스스로의 처지를 확인할 수 있었다. 소생하였지만 '나'의 그림자를 감추겠다는 결의가 실행된 것으로는 보이지 않는다. 아직 "덧없는 나"이기에 화자는 계속해서 자신에게 묻는다.

6연의 "이 길로 마냥 가면 / 이 길로 마냥 가면 어디인지 아는가"라고 물으면서 화자는 다시 반성한다. 화자는 향로의 더러운 때를 인정한다. 더러움을 수용하고, 자신이 처한 현실의 더러움을 받아들이고, 화자는 "이 길로 마냥 가면 어디인지 아"느냐고 묻는다. '나'는 그 길의 끝을 아는 듯하다. 아니 그 끝을 알지 못하더라도 그 길로 가야 한다는 것을 깨닫는다. "더러운 것 중에도 가장 더러운 / 썩은 것을 찾으면서" '나'는 길을 간다. 더러운 향로, '너'에게서 '나'는 소중한 가치를 얻었다. 더러움이 자신의 것이고, 그것을 버릴 수 없다면, 더러움을 받아들여야 한다. 자신의 더러움을 인정할 때 새롭게 나아갈 길이 보인다. 더러움을 인정하자 숨기고 싶은 그림자를 숨기지 않아도 된다는 것을 알게 된다. 이제 '나'는 더러움을 감추지 않는다. 더러움을 인정하고 썩은 것을 찾을 수 있는 용기를 갖게 된 화자는 "비로소" 더러운 길을 "마음 취하여" 바라본다.

화자 '나'는 대립하는 '너'로 인하여 더러움이라는 부정적 요소를 인정하게 되었다. 더러운 향로 '너'를 보면서 '나'는 자신의 더러움을 극복할 수 있는 내면의 갈등을 이겨낸다. '너'는 '나'와 대립한다. '나'는 '너'라는 대상을 상정하고, '너'를 통해 부정적 가치를 긍정적 가치로 전환시킨다. '너'는 '나'의 대립자이면서, '나'를 변화시키는 대상이다. 화자 '나'는 '너'를 발견하고, '너'의 가치를 인정하고, 기존의 '나'를 부정한다. 주체 '나'의 발화는 대상 '너'를 지향하지 않고, '나'의 내면으로 수렴된다.

김수영의 '나'는 반성하고 결의하고 인정하는 내성적인 발화자이다. 김수영은 대결하면서 반성한다. '너'는 '나'를 반성시키는 소중한 존재이다. 이 시에서 '나'와 '너'는 반성과 인식이라는 사유의 운동 과정을 형성하는 대립의 짝이다.

1955년 작품 「헬리콥터」에서 이러한 '나'와 '너'의 대립은 다른 양상으로 제시된다. 시의 제재 헬리콥터는 '그'로 지칭되다가 '너'로 바뀐다. 호칭이 변화되면서 대상과 '나'의 거리가 변한다.

1950년 7월 이후에 헬리콥터는
이 나라의 비좁은 산맥 위에 자태를 보이었고
이것이 처음 탄생한 것은 물론 그 이전이지만
그래도 제트기나 카고보다는 늦게 나왔다
그렇지만 린드버그가 헬리콥터를 타고서
대서양을 횡단하지 않았기 때문에
우리는 지금 동양의 諷刺를 그의 機體 안에서 느끼고야 만다
비애의 수직선을 그리면서 날아가는 그의 설운 모양을
우리는 좁은 뜰 안에서뿐만 아니라
심지어는 항아리 속에서부터라도 내어다볼 수 있고
이러한 우리의 순수한 痴情을
헬리콥터에서도 내려다볼 수 있을 것을 짐작하기 때문에
「헬리콥터여 너는 설운 동물이다」

—자유
—비애

더 넓은 전망이 필요 없는 이 무제한의 시간 위에서
산도 없고 바다도 없고 진흙도 없고 진창도 없고 미련도 없이
앙상한 육체의 투명한 골격과 세포와 신경과 안구까지
모조리 노출 낙하시켜 가면서
안개처럼 가벼웁게 날아가는 과감한 너의 의사 속에는
남을 보기 전에 네 자신을 먼저 보이는
긍지와 선의가 있다
너의 조상들이 우리의 조상과 함께
손을 잡고 *超動物* 세계 속에서 영위하던

자유의 정신의 아름다운 원형을
너는 또한 우리가 발견하고 규정하기 전에 가지고 있었으며
오늘에 네가 전하는 자유의 마지막 파편에
스스로 겸손의 침묵을 지켜가며 울고 있는 것이다

—「헬리콥터」 부분

'나'는 1950년 7월 이후에 나타난 헬리콥터의 내력을 설명한다. '나'는 헬리콥터를 '그'로 부른다. "비애의 수직선을 그리면서 날아가는" 설운 모양의 헬리콥터를 화자는 '그'라고 지칭하면서 묘사한다. 헬리콥터의 속성을 잘 파악하고 있는 화자는 '나'의 복수 '우리'를 등장시킨다. '헬리콥터=그'가 지닌 '동양의 풍자'를 느끼는 주체 '우리'는 심지어 "항아리 속에서부터라도" 헬리콥터를 내다볼 수가 있다고 한다. '나'와 '우리'는 헬리콥터의 속성을 너무나 잘 파악하고 있다. 때문에 화자 '나'는 "헬리콥터여 너는 설운 동물"이라고 규정을 내린다. 직접인용된 이 부분의 '나'와 '너'는 앞 부분의 '나'와 '그'에 비해 관계의 친밀도가 높다. 3인칭에서 2인칭으로 바뀐 헬리콥터로 인해 독자는 대상과 화자의 관계를 더욱 가깝게 인식한다.

화자는 헬리콥터의 속성에서 '자유'와 '비애'라는 두 주제를 발견한다. '헬리콥터=너'의 속성을 다시 한번 진술하면서 '나'는 자신에게 필요한 자유를 노래하고, 자신에게 자유가 없어 발생하는 비애의 속성을 갈파한다. 헬리콥터가 '너'가 되면서 화자 '나'는 '너'에게 직접 말을 건넨다. 헬리콥터를 청자의 위치로 끌어놓은 후에 '나'는 '나'의 상황을 솔직하게 고백한다. 자유가 없기 때문에 비애가 생겼고, 그 비애와 자유를 깨닫게 만든 대상은 헬리콥터 바로 '너'였다.

화자가 시로 쓰고 있는 대상 헬리콥터가 '그'에서 '너'로 전환되면서 시의 진술 태도가 바뀌는 과정을 살펴보았다. '나'는 헬리콥터의 유래와 외양을 안다. 그래서 "그의 설운 모양"을 그릴 수 있었다. 헬리콥터를 '너', "설운 동물"로 호명한 후에 '나'는 '너'의 내면을 속속들이 알 수가

있었다. "안개처럼 가벼웁게 날아가는 과감한 너의 의사 속에" "긍지와 선의"가 있다는 사실을 '나'는 알아낸다. '나'와 '그'와 '너'의 관계 변화에 따라 헬리콥터에 대한 인식의 정도가 달라진다.

'나'의 현상황과 대비되는 '너'는 '나'의 현실을 자각하고 반성하고 결의하게 만드는 대상이다. 김수영은 '너'를 사용하여 시의 대상과 관계의 밀접도를 높이고, 대상과 자신의 대결을 유도하여 반성과 자각이라는 시의 특질을 구성해낸다.

> 그러나 결코 너를 격하고 있는 세상에게 웃는 것은 아니리
> 너를 보고
> 너의 곁에 애처로울 만치 바싹 다가서서
> 내가 웃는 것은 세상을 향하여서가 아니라
> 너를 보고 짓는 짓궂은 웃음인 줄 알아라
>
> (…)
>
> 부끄러움도 모르고
> 밝은 빛만으로 너는 살아왔고
> 또 너는 살 것인데
> 투명의 대명사 같은 너의 몸을
> 지금 나는 은폐물같이 생각하고
> 기대고 앉아서
> 안도의 탄식을 짓는다
> 유리창이여
> 너는 언제부터 세상과 배를 대고 서기 시작했느냐
>
> —「너는 언제부터 세상과 배를 대고 서기 시작했느냐」 부분

화자 '나'와 대상 '너'의 대립이 제목에서도 시사된다. '나'는 '너=유리창'에게 명령한다. '너'는 '나'의 웃음이 어떤 의미인지를 알아야 한다. '나'의 명령을 수행해야 할 대상 '너'를 '나'는 비판한다. 화자는 유리창

이 지녀왔던, 앞으로도 바뀌지 않을 생리를 비판한다. "부끄러움도 모르고 / 밝은 빛만으로" 살아왔던 '너'는 앞으로도 그렇게 "살 것"이다. '너'에 대한 부정적인 인식을 화자는 지속시킨다. '투명의 대명사' 같은 유리창을 화자는 '은폐물'같이 생각한다.

화자가 "세상과같이 배를 대고 있는" 대담한 유리창에 기대어 앉아 "안도의 탄식"을 지을 수 있는 이유는 유리창의 생리를 파악하고 있는 화자의 장악력 때문이다. 화자는 유리창에게 명령을 내린다. 유리창에게 "언제부터 세상과 배를 대고 서기 시작했느냐"고 묻는다. 화자와 대상의 대립은 강렬하다. '나'는 '너'와 피부를 맞대고 있다. '나'와 '너'의 대립은 극한에 이르렀다. 이러한 내용이 드러나는 '나'와 '너'의 관계가 명령과 의문의 서법으로 제시된다.[2)] 명령을 내리는 자와 수행하는 자로, 묻는 자와 대답해야 하는 자로 나뉜 '나'와 '너'의 관계는 '나'와 '너'의 대결 구도를 선명하게 제시한다.

이상에서 살펴보았듯이 '나'와 '너'의 대결 의식이 드러나는 시에는 인칭대명사 '나'와 '너'가 동시에 등장하는 경우가 많다. 이때 화자는 명령을 사용하여 '나'와 '너'가 취해야 할 행동을 뚜렷하게 대비시킨다. 명령하는 자와 명령을 수행하는 자로 갈라서는 '나'와 '너'의 관계는 다음 시에도 나타난다. '나'는 '너'와 대결하면서 '나'의 현실을 반성하고 결의한다.

> 무엇 때문에 부자유한 생활을 하고 있으며
> 무엇 때문에 자유스러운 생활을 피하고 있느냐
> 여름 뜰이여
> 나의 눈만이 혼자서 볼 수 있는 주름살이 있다 굴곡이 있다
> 모오든 언어가 시에로 통할 때
> 나는 바로 일순간 전의 대담성을 잊어버리고
> 젖 먹는 아이와 같이 이지러진 얼굴로

2) '나'와 '너'가 한 작품에 등장하는 경우의 명령법과 두 주체의 관계는 졸저, 『김수영 시의 수사학』, 청동거울, 2005, 170~213면을 참조할 것.

여름 뜰이여
너의 광대한 손[手]을 본다

「조심하여라! 자중하여라! 무서워할 줄 알아라!」하는
억만의 소리가 비 오듯 내리는 여름 뜰을 보면서
합리와 비합리와의 사이에 묵연히 앉아 있는
나의 표정에는 무엇이지 우스웁고 간지럽고 서먹하고 쓰디쓴 것마저 섞여 있다
그것은 둔한 머리에 움직이지 않는 사념일 것이다

무엇 때문에 부자유한 생활을 하고 있으며
무엇 때문에 자유스러운 생활을 피하고 있느냐
여름 뜰이여
크레인의 강철보다 더 강한 익어가는 황금빛을 꺾기 위하여
너의 뜰을 달려가는 조고마한 동물이라도 있다면
여름 뜰이여
나는 너에게 희생할 것을 준비하고 있노라

(…)

여름 뜰을 흘겨보지 않을 것이다
여름 뜰을 밟아서도 아니 될 것이다
묵연히 묵연히
그러나 속지 않고 보고 있을 것이다

—「여름 뜰」 부분

'너'의 대상인 여름뜰을 호명하면서 시작되는 이 시에서 화자 '나'는 여름뜰을 청자로 삼아 말을 건넨다. '왜 자유스러운 생활을 하지 않느냐'고 묻는 '나'는 여름뜰에게 자신의 상황을 설명한다. "모든 언어가 시에로 통할 때 / 나는 바로 일순간 전의 대담성을 잊어"버린다고 말하는 '나'는 2연에서 여름뜰에 가득 차 있는 명령을 듣는다. "조심하여라!

자중하여라! 무서워할 줄 알어라!" 하는 소리가 비오듯 내리는 여름뜰을 화자는 바라본다. '나'는 대상 '너'를 호명한 후에 '너=여름뜰'을 바라본다. 명령을 수행할 대상은 '나'이고, 명령을 행하는 자는 '너'이다. 자신이 수행해야 할 명령이 직접 인용문으로 제시되었다. '너'로 인해 '나'는 스스로의 상황을 점검하고 반성한다.

'나'는 다시 묻는다. 여름뜰이 청자인지는 불분명하다. 3연 3행에서 화자는 여름뜰을 호명한다. 이 호격은 3연의 마지막 7행과 호응한다고 보는 것이 좋다. 3연 1~2행의 물음은 3행의 여름뜰과 의미상으로 연결은 된다. 그러나 3연 5행에 등장하는 '너'가 3행의 '여름뜰'이 분명하고, 7행의 '나'와 '너'가 화자와 여름뜰이 확실하기 때문에 1~2행은 화자 자신을 향하는 자문이라고 보는 것이 옳을 것이다. '나'는 '너'에게서 배운다. '너'를 보고 "너에게 희생할 것을 준비하고 있노라"고 외친다. '나'와 '너'는 여전히 대립하지만, 우월했던 이전의 '나'의 위치가 「여름뜰」에서는 달라져 있다. '나'는 "여름뜰을 밟아서도 아니"된다. '나'는 "묵연히 묵연히 / 그러나 속지 않고 보고 있을 것"이라고 다짐하는 존재가 되었다.

'나'와 '너'의 대립 관계는 약해졌다. '너'가 '나'를 가르치는 대상으로 변화되었다. '나'와 '너' 사이의 대립을 표시하는 기호 '나 | 너'가 달라지는 과정을 다음 시는 더욱 뚜렷하게 예증한다.

> 일어서 있는 너의 얼굴
> 일어서 있는 너의 얼굴
> 顎骨에서 내려가는 너의 경련
> —이것이 생활이다
>
> 나의 여자들의 더러운 발은 생활의 숙제
>
> 온돌 위에 서 있는 빌딩
> 하늘 위에 서 있는 꽃 위에로

하늘에서 내려오는 연령의 여유
시도 그런 여유에는 대항할 수 없고
지혜는 일어서 있는 너의 얼굴

종교의 연필 자국이 두드러진
청춘의 붉은 희롱?

「고맙습니다, 고맙습니다」
역사의 숙제, 발을 벗는 일,
연결의 <使徒>—일어선 것과 앉은 것의
불가사의에 신음하는 나

「고맙습니다, 고맙습니다」
서양과 동양의 차이
나는 여유있는 시인—쉬페르비엘이
물에 빠진 뒤에 나는 젤라틴을 통해서
詩의 진지성을 본다

내용은 술집, 내용은 나, 내용은 도시,
내용은 그림자,
그림자의 비밀
종교의 획득은 종교를 잃었을 때부터 시작되었고
나는 그때부터 차차 늙어가는 탈을 썼다

「고맙습니다, 고맙습니다」
일어서 있는 너의 얼굴은
오늘밤의
앉아 있는 내 방의 촛불 같은 재산, 보석이여.

—「반주곡」 전문

'나'는 "일어서 있는 너의 얼굴"과 "악골에서 내려가는 너의 경련"을 보면서, "이것이 생활"이라고 말한다. 1연에 제시된 '생활'을 '나'는 '너'

로 지칭한다. 생활의 얼굴을 주시하면서 '나'가 '너'에게 "고맙습니다, 고맙습니다"를 전하는 구조로 짜여진 이 시에서 '나'와 '너'의 관계는 뚜렷하다. 2연에는 '너'가 드러나지 않는다. 3연에서 '너'의 얼굴은 지혜의 대상이고, '나'의 시는 "하늘에서 내려오는 연령의 여유"에 대항할 수 없는 존재이다. '나'와 '너'는 서로 대비된다. '나'는 '너'에게 '고맙습니다'라고 말해야 한다. '너'는 지혜의 얼굴로 서 있지만, '나'는 "역사의 숙제, 발을 벗는 일, / 연결의 사도—일어선 것과 앉은 것의 / 불가사의에 신음하"고 있다. '나'는 "서양과 동양의 차이"와 "쉬페르비엘이 / 물에 빠진 뒤에"야 "젤라틴을 통해서" "시의 진지성"을 바라본다. '나'와 '너'는 대비된다. 생활은 생활인데, '나'는 생활에서 배울 수가 없다. '나'의 시는 생활을 통해서 획득되는 '진지성'을 찾지 못한 상태이다. 생활에서 얻어지는 시의 내용은 '술집, 나, 도시, 그림자, 그림자의 비밀'인데, 새로운 생활이라는 새 종교의 획득은 요원하고, 이미 얻었다고 생각되는 생활이라는 종교는 얻은 후에 곧바로 잃어가는 것이었고, 그때부터 '나'는 늙어갈 수밖에 없었다. 화자 '나'는 다시 한번 "고맙습니다, 고맙습니다"를 반복한다. 일어서 있는 생활의 얼굴은 "오늘밤의 / 앉아 있는 내 방의 촛불 같은 재산, 보석"이기 때문이다.

'나'는 '너'를 고마워해야 하는 존재이다. '너=생활'은 '나'의 배움의 터전이다. '나'의 시는 생활을 통할 때에만 진지성을 획득한다. 생활은 지혜의 얼굴로 일어서 있는데, 나는 방에 앉아서 "종교의 연필 자죽이 두드러진 / 청춘의 붉은 희롱" 같은 부정적인 상황에 놓여 있다. 언제나 시는 생활에 기반을 두어야 하는데 역사의 숙제 같은 큰 주제도, 여자들의 더러운 발에서 얻어지는 생활의 숙제도 '나'는 연결시키지 못한다. '나'는 크거나 작은 두 대상, 일어서 있거나 앉아 있는 두 대상 사이의 차이를 구별하지 못한다. '나'는 두 대상의 차이가 빚어내는 불가사의에 신음할 수밖에 없다. 이 모든 상황을 '나'는 고마워한다. 생활이라는 뚜렷한 배경이 있다. 그런데 생활이라는 반주곡에 얹어 시로 써야 하는 '나'의 언어들은 아직 명확하지 않다.[3)] 화자 '나'는 이러한 상황조차도 고맙다고 말한다. 생활에서 얻어지는 소중한 가르침과 깨달음 앞에 머리 조아리며 고맙다고 말하는 '나'의 태도가 "촛불 같은 재산, 보석"에 집중된 것이다.

이 시에서 '나'는 앉아 있고 '너'는 일어서 있다. '나'는 '너'에게 고맙습니다는 말을 반복한다. '나'를 가르치는 '너=생활'에게서 화자는 시의 진지성을 발견한다. '나'와 '너'의 표면적 대립이 내면의 결합으로 바뀌는 과정을 확인하게 된다. '나 | 너'의 대립 관계가 약해지는 과정을 보여주는 시이다.

아래의 시들에서 구체적인 인물로 치환되는 '너'와 화자 '나'의 대립 관계는 현저하게 약화된다. '나'는 '너'를 대화의 상대로 파악하고, 가르침을 전달해야 할 대상으로 여긴다.

> 이렇게 주기적인 수입 소동이 날 때만은
> 네가 부리는 독살에도 나는 지지 않는다
>
> 무능한 내가 지지 않는 것은 이때만이다
> 너의 독기가 예에 없이 걸레쪽같이 보이고
> 너와 내가 반반—
> 「어디 마음대로 화를 부려보려무나!」
>
> —「만용에게」 부분

> 복사씨와 살구씨와 곶감씨의 아름다운 단단함이여
> 고요함과 사랑이 이루어놓은 폭풍의 간악한
> 신념이여
> 봄베이도 뉴욕도 서울도 마찬가지다
> 신념보다도 더 큰
> 내가 묻혀 사는 사랑의 위대한 도시에 비하면
> 너는 개미이냐

---

3) 이 시의 '너'를 음표로 보는 견해도 있다. 정경은, 「생활의 뒤란, 시」, 『다시 읽는 김수영 시』, 최동호 · 강웅식 편, 작가, 2005, 160~177면 참조.

아들아 너에게 狂信을 가르치기 위한 것이 아니다
사랑을 알 때까지 자라라
인류의 종언의 날에
너의 술을 다 마시고 난 날에
미대륙에서 석유가 고갈되는 날에
그렇게 먼 날까지 가기 전에 너의 가슴에
새겨둘 말을 너는 도시의 피로에서
배울 거다
이 단단한 고요함을 배울 거다
복사씨가 사랑으로 만들어진 것이 아닌가 하고
의심할 거다!
복사씨와 살구씨가
한번은 이렇게
사랑에 미쳐 날뛸 날이 올 거다!
그리고 그것은 아버지 같은 잘못된 시간의
그릇된 명상이 아닐 거다

—「사랑의 변주곡」 부분

「만용에게」의 '나'와 아내는 닭의 모이값을 두고 서로 대립한다. 모이값 지출과 알값 수입의 차이를 두고 아내와 '나'는 다툰 것이다. "이렇게 주기적인 수입 소동이 날 때" 아내가 부리는 "독살에도 나는 지지 않는다." 닭 시중하는 놈인 '만용이'에게 전달하는 '나'의 발화로 이루어진 이 시에서 화자 '나'는 마지막 구절에 "어디 마음대로 화를 부려보려무나!"라고 말한다. 직접 인용된 이 구절에서 '나'는 '너=아내'가 부리는 화에 정면으로 대응한다. '나'는 아내의 독살에 지지 않는다. 떳떳한 자신의 심정을 '만용이'에게 보여준다. '나'와 대립되는 '너'이지만, 화자 '나'에게 '너'는 더 이상 적수가 아니다. 이런 일련의 상황을 만용에게 알리려는 의도를 지닌 이 시에서 '나'의 떳떳함은 부각된다. '나'가 시에 인입시킨 대화는 '너'가 더 이상 '나'를 가르치는 대상이 아님을, '나'가 '너'보다 열등한 존재가 아님을 예시한다. 일상의 자질구레한 다툼을 시의 제재로 삼으면서 '나'와 '너'의 차이가 무화되는 과정을 드러내는 이 시에서 '나'와 '너'는 서로가 비슷한 상황에 비슷하게 신경질 부리는 평범한 대상으로 등장한다. '너'와 '만용'과 '나' 사이의 변별이 어렵다. '나'는 '너'의 속성을 그대로 닮아간다. '나'의 옹졸한 소시민성과 '너'의 맹렬한 주장은 자그마한 이익을 두고 벌이는 다툼이며, 네가 옳은지 내가 옳은지를 판단해보자는 허위에 불과하다. '나'와 '너' 사이의 대결은 일상의 구체적 계기에 의해 완화된다.

「사랑의 변주곡」에 나오는 '너'는 부정의 대상이다. '나'가 깨달은 사랑의 가치에 대비되는 '너'의 상황을 화자는 부정적으로 바라본다. 부정의 대상이었던 '너'는 화자의 깨달음 이후에 가르침의 대상으로 변화된다. "내가 묻혀 사는 사랑의 위대한 도시에 비하면 / 너는 개미이냐"라는 물음에 화자가 깨달은 긍정적 가치에 대비되는 '너'의 상황이 제시된다. 다음 구절에서 '나'는 '나'의 아들 '너'에게 자신이 깨달은 가치를 전해주고자 한다. 깨달음 이전, 과거의 자신을 뜻하기도 하는 '너'에서 미래를 살아갈 다음 세대인 아들로 갑자기 '너'의 대상이 전이된다. '나'는 구체적인 '너'에게 깨달음을 전달한다. '너=아들'에게 전해주는 말인 마지막 연에서 '나'는 아들에게 말하고, 명령하고, 감탄하며 부르짖는다. 그리고 그것이 "아버지 같은 잘못된 시간의 / 그릇된 명상이 아닐" 것이라고 확신한다.

부정과 긍정의 대상으로 '너'가 등장하는 「사랑의 변주곡」은 한 작품 안에서 '너'의 위치가 변화하는 양상을 확인시킨다. '나'는 '너'와 대립하지 않는다. '너'는 '나'의 깨달음을 불러오는 대상이면서 동시에 '나'의 깨달음을 전달해야 하는 다른 '나'이자 '너=아들'이다. 부자지간의 애틋한 사랑[4]을 확인하면서 '나'는 '너'라는 대립자 앞에 놓여 있는 벽

4) 「사랑의 변주곡」에서 지극한 '부자유친'의 사랑을 발견할 수 있다는 견해가 있다. "그것은 아들의 잘못과 허물을 감싸는 아버지로서의 마음이자 아버지의 사랑을 거부했던 아들의 몫까지 포함된 사랑이다."(최동호, 「김수영과 부자유친 사상의 시적 변용」, 『다시 읽는 김수영 시』, 342~343면 참조) '나'와 '너'의 대립 관계가 허물어지는 김수영 후기시의 양상을 확인할 수 있는 부분이다.

(ㅣ)을 허문다.

VOGUE야 넌 잡지가 아냐
섹스도 아냐 유물론도 아냐 선망조차도
아냐—선망이란 어지간히 따라갈 가망성이 있는
상대자에 대한 시기심이 아니냐, 그러니까 너는
선망도 아냐

마룻바닥에 깐 비닐 장판에 구공탄을 떨어뜨려
탄 자국, 내 구두에 묻은 흙, 변두리의 진흙,
그런 가슴의 죽음의 표식만을 지켜온,
밑바닥만을 보아온, 빈곤에 마비된 눈에
하늘을 가리켜주는 잡지
VOGUE야

신성을 지키는 시인의 자리 위에 또 하나
넓은 자리가 있었던 것을 자식한테
가르쳐주지 않은 죄—그 죄에 그렇게
오랜 시간을 시달리면서도 그것을 몰랐다
VOGUE야 너의 세계에 스크린을 친 죄,
아이들의 눈을 막은 죄—그 죄의 앙갚음
VOGUE야

그리고 아들아 나는 아직도 너에게 할 말이
왜 없겠는가 그러나 안한다
안하기로 했다 안해도 된다고
생각했다 안해야 한다고 생각했다
너에게도 엄마에게도 모든
아버지보다 돈 많은 사람들에게도
아버지 자신에게도

—「VOGUE야」 전문

「사랑의 변주곡」과 비슷한 시기인 1967년 2월에 씌어진 시이다. '나'는 '너'로 지칭된 잡지 '보그'를 호명한다. '너=보그'는 잡지가 아니다. 섹스도 아니고 유물론도 아니다. 선망의 대상조차 될 수 없다. '너'를 따라갈 수 없기 때문에 '너'는 시기심의 대상이 아니다. '나'와 '너' 사이의 대결에서 '나'는 '너'를 따라갈 수 없음을 자인한다.

'나'의 현실을 선명하게 지적해주는 잡지 '보그'가 놓여 있다. '나'는 '너'를 바라본다. 2연에서 '나'와 '너'의 대비는 더욱 명확하다. 밑바닥만을 보고 있으며, 빈곤에 마비된 '나'의 눈에 "하늘을 가리켜주는 잡지" 보그가 보인다. 3연에서 '나'는 보그의 가치를 아들에게 가르쳐주지 않은 죄를 지었다고 고백한다. '너'는 '나'의 위에서 '나'를 관할하면서 '나'의 부정적 상황을 노출시킨다.

4연에서 '나'는 갑자기 아들을 호명한다. '너=아들'에게 전해야 할 말이 있는데, 보그가 가르쳐준 현실을 일러줘야 하는데, '나'는 갑자기 '너'에게 그 말을 하지 않겠다고 말한다. "너에게도 엄마에게도 모든 / 아버지보다 돈 많은 사람들에게도 / 아버지 자신에게도" 말하지 않겠다고 다짐한다. 선명하게 대립되던 '나'와 '너'의 상황이 아들을 매개로 해서 약화된다. '나'와 '아들' 사이에 보그가 있다. '너'로 지칭되는 보그와 아들이 뒤섞인다. '나'와 '너'의 대립이 없어지면서 '나—너', '나—아들'이라는 결합관계가 형성된다. '너=보그'라는 부정적 대상을 통해 획득된 반성이 있고, 그 반성을 전해주고 싶은 '나=아버지'의 구어체 말이 있다. '너=보그'에서 '너=아들'로 비약이 이루어지면서 '나 | 너'의 대립이 '나—너'의 결합으로 전이된다.

'나'와 '너'의 '대립 | 대결' 구도가 '무화—친화' 구도로 바뀌면서 김수영의 시에 타인의 자리가 마련된다. '나'는 타인인 '너'에게 자유롭게 말한다. '나'의 반성과 비판이 '나'에게 머물지 않고 '너'로 이동한다. '나'의 움직임과 '너'의 움직임이, '나'의 부정과 '너'의 부정이 병행된다. 김수영 시의 통시적인 변화·확장은 '나 | 너'에서 '나—너'로 이동되는 인칭대명사의 운동을 통해서도 예증될 수 있다.

## 4. 결론

인칭대명사의 사용 빈도에 따라 김수영의 시에 변화가 있다는 점을 밝히려는 의도에 따라 이 논문은 '나'와 '너'에 중점을 두었다. 김수영의 시에서 '나'와 '너'가 한 작품에 같이 등장하는 시의 통계를 제시한 후, 이 논문은 '나'와 '너'의 관계가 초기에는 '나 | 너'의 대립 구도에서 후기에 이르러 '나 — 너'의 통합 구도로 바뀐다는 점을 예증하였다.

인칭대명사 '나'의 사용은 김수영 시의 고백적 성향과 자기 반성적 면모를 드러낸다. 이는 김수영 시의 의미적 특성이 시의 언술 주체를 결정하는 인칭대명사의 사용과 밀접한 관계를 지니고 있다는 점을 나타낸다. '나'와 '너'가 사용된 작품의 주요 서법은 명령과 의문이었다. 화자 '나'와 대상 '너'는 명령하는 자와 명령을 수행하는 자의 역할로 구분된다. 다른 경우로는 '나'의 물음을 듣는 청자이거나 '나'의 깨달음을 유발시키는 대상이 되기도 한다. 후기시의 '나 — 너' 관계에서 주목되는 경향은 대화체의 사용과 구어의 자유로운 활용으로 획득되는 구체적인 일상성이었다.

김수영 시의 부정 정신이나 운동성은 시의 의미 분석을 통해서 획득될 뿐만 아니라, '나'와 '너'의 관계 변화에 의해서도 확인된다. 타자를 향한 열린 인식은 '나'와 대결하는 '너'의 의미를 넘어서서, '나'와 '너'의 대립을 무화시키고 복수 주체로의 확장을 불러온다. '나'는 '너'에 의해 확인되고, '너'는 다시 '나'의 다음 인식을 매개하는 과정이 김수영의 시에 나타난다. 김수영 시의 운동성과 부정성은 반복된다.

> 네 머리는 네 팔은 네 현재는
> 먼지에 싸여 있다 구름에 싸여 있고
> 그늘에 싸여 있고 산에 싸여 있고
> 구멍에 싸여 있고
> (…)
> 惰眠의 축적으로 우리 몸은 자라고

그래도 행동이 마지막 의미를 갖고
네가 씹는 음식에 내가 증오하지 않음이
내가 겨우 살아있는 표시라
(…)
죽은 행동이 계속된다 너와 내가 계속되고
전화가 울리고 놀라고 놀래고
끝이 없어지고 끝이 생기고 겨우
망각을 실현한 나를 발견한다

—「먼지」 부분

1967년 12월에 씌어진 이 시에서 김수영은 다시 '나'와 '너'를 호출한다. 먼지에, 구름에, 그늘에, 산에, 구멍에 싸여 있는 '너'를 확인하면서 '나'는 자신의 행동이 "마지막 의미를 갖"기 위해서 해야 할 일을 기술한다. '나'는 "네가 씹는 음식"을 증오하지 않는다. '너'를 인정하는 일이 곧 "내가 겨우 살아 있는 표시"를 확인하는 일이기 때문이다. 김수영의 '나'는 다시 반성하고, 그 반성을 토대로 전진하려고 한다. "죽은 행동이 계속"되더라도 '나'와 '너'는 두 주체로서 움직이고 또 움직여야 한다. "너와 내가 계속"된다. 끝없이 이어지는 '나—너' 관계를 인식하면서 새로운 '나'가 다시 탄생된다. 그것은 어제의 '나'를 과감히 지우고 새로운 '나'를 향해 나아가는 달라진 '나', 열린 '나'이다.

「먼지」의 마지막 행이 "망각을 실현한 나를 발견한다"로 끝난다는 것에서 김수영의 다른 '나'를 발견하게 된다. 이 '나'는 「성」에서 아내와 '나'의 섹스를 '개관'한다. 「원효대사」와 「의자가 많아서 걸린다」에서 '나'는 움직이고 변화하는 물상들의 운동 리듬을 반복되는 구절과 통사 구조에 담아낸다. 마지막 시 「풀」에서 '나'와 '너'와 '그'는 사라지고, 누웠다 일어서며 끝없이 운동하는 풀과 바람만이 남는다. 초기시에서 후기시를 포괄하는 인칭대명사 '나'와 '너'의 관계 변화 양상은 김수영 시의 통시적 변화와 궤를 같이 한다. 언술과 의미의 상동적인 변모 양상 또한 확인할 수 있다.

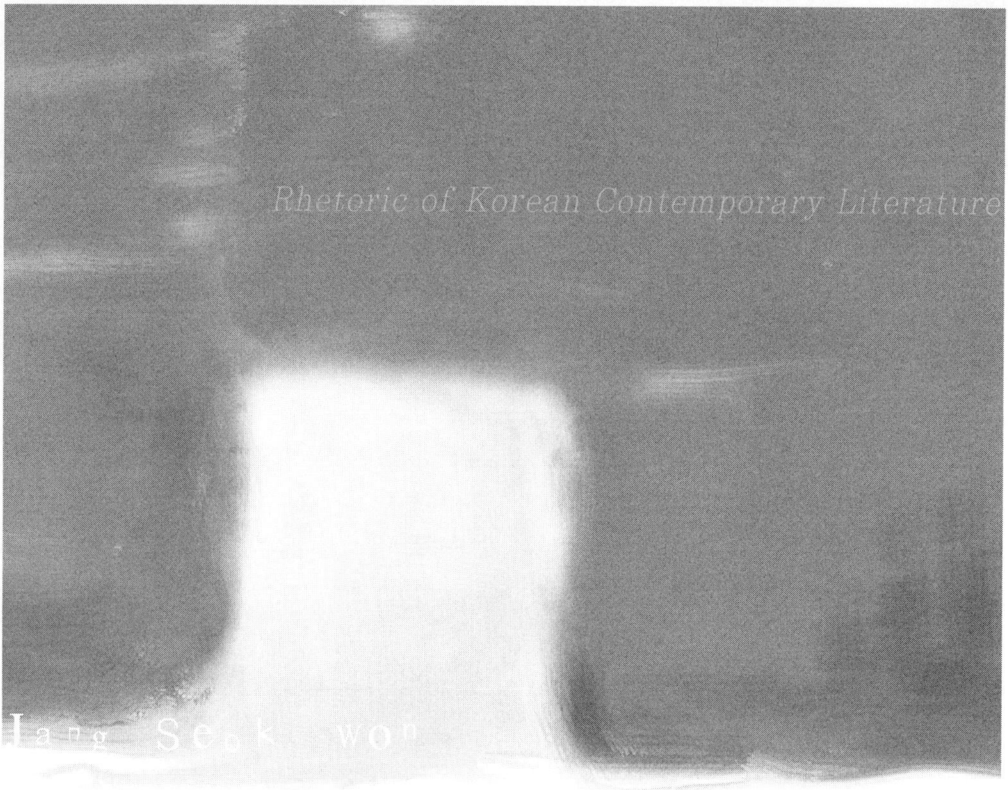


# 제 3 부

# 이인직과 친일

『銀世界』를 중심으로

## 1. 서론

신소설 「은세계」는 식민지시대에 류광열의 단편적인 언급[1])이 있은 후, 전광용에 의해 본격적으로 논의되었다. 전광용은 이 작품이 "갑오경장 후의 개화를 탄 시대정신을 반영하여, 적극적인 주제를 다룬 점에 있어서 다른 어느 신소설 작품의 추종도 불허하는" 작품이며, 특히 "봉건관료의 부패성의 폭로에 있어서는 관념에서가 아니라 최병도라는 적극적인 반항의식을 가진 불굴하는 성격의 주인공을 내세워 이것을 구체화"한 작품이라고 규정했다.[2]) 전광용은 이 글에서 「은세계」가 신극운동과 관련이 있다는 점을 언급하고 있을 뿐만 아니라, 이 작품이 반봉건과 개화라는 시대 의식을 충실히 반영한 작품으로 주제 면에서 신소설 중에서 "가장 우위에 놓을 수 있는" 작품이라고 평가했다.[3])

전광용의 연구 22년 후에 최원식은 "신소설 작가들이 친일적이거나

1) 류광열, 「국초 이인직 씨의 작품」, ≪삼천리≫, 1936.4, 103면.

2) 전광용, 「신소설 연구 4—「은세계」」, ≪사상계≫, 1956.2, 300면.

3) 전광용, 같은 글, 300면.

또는 명백히 친일파라 하더라도 작가의 세계관과 작품은 평면적으로 일치하는 것은 아니"라는 전제 하에 「은세계」의 반봉건적 요소를 적극적으로 부각시킨다.[4] 그의 연구에서 주목할 점은 「은세계」와 「최병두타령」 사이의 관련 양상을 심층적으로 연구했다는 사실이다. 최원식의 논문은 「은세계」가 친일파 이인직의 작품이지만 이인직의 정치 활동 및 사상과는 관계 없이 개화기의 시대 이념인 반봉건 의식을 투철하게 반영한 작품이라는 점[5]을 제시하여 "개화기 문학 연구에 있어서 한국문학의 내재적 축적을 지나치게 경시했다는 자기 반성"[6]의 계기를 촉발시켰다는 데 의의가 있다.[7]

김영민은 「은세계」와 「최병두타령」의 연관성을 논의하면서 최원식이 제시했던 「은세계」의 전·후반 구성과는 다르게 이 작품을 전·중·후반 구성의 3부로 구분할 수 있다고 한다.[8] 또한 「은세계」와 「최병두타령」의 연관에 대한 기존 연구에서 판소리에 바탕을 둔 창극의 대본으로 「은세계」가 창작되었다는 최원식의 견해와는 다르게 김영민은 이인직에 의해 신소설 「은세계」가 먼저 씌어진 이후 창극 대본이 각색되었을 수도 있다는 가능성을 조심스럽게 제기한다. 이 밖에도 김영민은 「은세계」의 주제와 연관해서 친일 매국노 이인직의 작품에서 반봉건 의식이 드러난다고 해도 이는 '필연적 망국론'을 은폐하기 위한 장치임에 불과하다는 사실을 실증적 근거를 통해 조목조목 제시하고 있다. 김영민의 논문은 한말 개화기의 문학 작품에서 반봉건 이외에도 반외세라는 필수적인 주제의식의 유무가 중요한 가치 판단의 척도임을 다시

---

4) 최원식, 「「은세계」연구」, ≪창작과비평≫, 1978 여름, 273~274면.

5) 「은세계」의 전반부가 "현실폭로와 민중의 항거"를 다루고 있다는 논점은 송민호의 논문(「한국개화기소설의 사적 연구」, 고려대학교 박사학위논문, 1975, 214면)에서도 제시된다.

6) 최원식, 앞의 글, 297면.

7) 최원식의 연구와 맥락을 같이 하는 김종철의 논문(「판소리의 근대 문학 지향과 「은세계」」, 『민족문학과 근대성』, 민족문학사연구소 편, 문학과지성사, 1995, 101~141면)을 참조할 수 있다.

8) 김영민, 『한국근대소설사』, 솔, 1997, 246~249면 참조.

한번 강조하였다는 점에서 최원식의 논문이 보여줬던 1970년대 후반 시민문학론의 연장선에서 이해될 수 있는 무리한 가치 평가와는 대조된다고 할 수 있다. 「은세계」에 대한 이 밖의 연구로는 성현경, 이재선, 유민영 등의 연구를 거론할 수 있다.9)

이 논문은 「은세계」의 구성에 대한 상이한 논점이 이인직의 창작 목적을 밝히는 과정과는 크게 연관되지 않는다고 가정한다. 2부 구성이냐 3부 구성이냐는 두 관점의 차이는 분명하다. 그럼에도 불구하고 이인직의 친일 의도라는 소설의 본래 목적이 구성의 관점에 따라 변화되지는 않는다. 신소설이 판소리의 영향을 흡수했다는 점, 「은세계」가 「최병두타령」과 연관되었다는 관점은 최원식과 김영민이 공유한다. 이러한 공통점은 작품의 이원적 구조가 이인직의 반봉건 의식을 반영했다는 최원식의 주장과 이를 논박하는 김영민의 3부 구조에 의해 변별된다. 「은세계」의 반봉건 의식이 친일 의도를 은폐시키기 위한 의도적 장치였다는 것은 김영민에 의해 지적되었다. 그러나 「은세계」의 친일 의식은 작품의 구조가 어떠하냐는 관점의 차이에 의해서 달라질 성질이 아니다.

이 논문은 「은세계」가 필연적 망국론을 배경으로 하여 노골적인 친일 의식의 전파에 그 목적이 있다는 김영민의 논의를 수용한다. 이를 토대로 「은세계」의 친일 의식이 작품 전반에 걸쳐 확인된다는 사실을 구체적인 예를 통해 귀납적으로 검증하려는 것을 목적으로 한다. 따라서 작품이 2부 구성인지 3부 구성인지는 이인직의 '친일'을 밝히는 데 있어서 긴밀한 요소가 아니라는 점을 전제로 한다. 분명한 것은 이인직의 계몽 대상이 다름 아니라 '친일'이었다는 것이고, 이인직이 대중성이 강한 「최병두타령」을 의도적으로 「은세계」에 혼합시켰다는 것이다. 이

9) 성현경, 「이인직 소설의 재평가 1—「은세계」의 경우」, 『동양문화』 제16집, 영남대학교 동양문화연구소, 1975.
이재선, 『한국현대소설사』, 홍성사, 1980.
유민영, 「연극(판소리) 개량 시대」, ≪연극평론≫ 1972 봄.

러한 문제 의식을 바탕으로 하여 「은세계」와 「최병두타령」의 연관 관계를 밝히고, 이러한 것이 '친일'로 수렴되는 과정을 이 글은 논의의 중심으로 삼는다.

## 2. 본론

### 1) 「은세계」와 「최병두타령」의 관계 그리고 구성의 관점

「은세계」의 구성에 대한 논의에는 두 가지가 있다. 최원식의 경우 「은세계」가 「최병두타령」과 밀접하게 연관된다고 하면서 「은세계」의 후반부에 전개되는 옥순과 옥남의 워싱턴 유학을 중심으로 한 이야기 전개가 이인직에 의해 창작된 부분이라고 한다. 최원식은 따라서 「은세계」가 「최병두타령」을 모델로 삼아 개작한 전반부와 이인직이 창작 첨가한 후반부로 나뉜다고 한다.[10)]

이와는 반대로 김영민은 「은세계」에서 최병도가 원주 감영에 잡혀간 이후 소설의 주요 무대가 원주로 바뀌면서 삽입가요가 등장하는 점, 소설의 초반부에서 민요(民擾)를 선동하던 김정수가 옥순과 옥남의 미국

10) 최원식의 이러한 주장은 신소설 「은세계」가 「최병두타령」이라는 판소리 작품의 소설적 정착이라는 전대 판소리 소설의 정착 과정과 같다는 점을 전제로 한다. 「최병두타령」을 기반으로 개작한 전반부와 이인직이 창작 첨가한 후반부가 서로 이질적인 구조라는 점을 최원식도 동의하고 있다. "반봉건적 의식은 강했지만 민중역량에 대한 철저한 불신에 근거한 친일 개화파 이인직이 어떻게 이 작품의 전반부에서는 이러한 불신을 극복할 수 있었을까?"라는 최원식의 질문은 판소리 「최병두타령」을 이인직이 창작의 전거로 삼았기 때문에 이인직 자신도 모르는 사이에 판소리가 지니고 있는 강한 반봉건 의식을 어쩔 수 없이 인정하고 사용할 수밖에 없었다는 뜻이 된다. 그러나 이러한 견해는 한 작가의 작품이 어떤 작품을 대상으로 삼아 개작한 부분과 창작한 부분이 있기 때문에, 작가는 작품의 전체를 장악하지 못했고, 따라서 작품 전체는 앞 뒤의 맥락이 전혀 연결되지 않는 이상한 작품이 되고 만다는, 그래서 「은세계」는 서로 다른 두 작품을 봉합해놓은 작품이라는 설명에서 벗어날 수 없다. 「은세계」의 경우 「최병두타령」을 전거로 삼은 전반부만 매우 질 높은 작품이라는 뜻인데, 판소리 장르의 우수성 때문에 「은세계」는 그나마 이인직의 소설 중에 괜찮은 축에 끼는 작품이 되었다는 말이 된다.

유학을 매개하기 위해 이인직이 의도적으로 소설에 삽입한 인물이라는 점, 소설의 후반부에서 김정수가 재산을 탕진한 아들 때문에 화를 못 이겨 술을 마시다가 죽는다는 점을 예로 들면서 「최병두타령」이 소설의 중반부에만 직접 영향을 미쳤다고 한다.

> 첫 번째 부분은 강원 감영의 장차들이 최병도를 잡으러 강릉으로 오고, 김정수가 민요(民擾)를 일으키려다 그만두며, 최병도가 결국 잡혀 가게 되는 부분까지이다.
>
> 두 번째 부분은 강원 감영으로 잡혀 간 최병도가 정감사에게 갖은 문초를 당하며 고생하다 결국은 죽게 되고, 대관령에서 그의 장사를 지내게 되는 부분까지이다.
>
> 세 번째 부분은 최병도의 아들딸인 옥남·옥순이의 미국 유학과 김정수의 죽음, 이어서 옥남·옥순의 귀국 등의 내용을 다루는 마지막 장면까지이다.
>
> 이 중 두 번째 부분만이 기존의 「최병두타령」(혹은 미완의 떠도는 노래들)을 바탕으로 이인직이 완성한 것이고, 첫 번째 부분과 세 번째 부분은 순수한 이인직의 창작이다.
>
> …(중략)…
>
> 결론적으로 말하면, 이 작품은 세 부분으로 나뉜다. 그 중 중간 부분만이 기존의 「최병두타령」 혹은 그와 유사한 구전되는 이야기와 노래에 바탕을 두고 이인직이 완성한 것이고, 나머지 부분들은 모두 이인직이 직접 창작한 것이다. 세번째 부분이 이인직의 순수 창작이라는 점에는 의심의 여지가 없으며, 첫번째 부분 역시 기존의 논의와는 달리 이인직의 창작임이 분명하다.[11]

김영민이 말하는 세 번째 부분과 최원식이 말하는 후반부는 같은 부분이라고 할 수 있다. 김영민의 논의에서 최원식과 다른 점은 전반부를 다시 두 부분으로 나누었다는 점이고, 두 부분으로 나뉜 전반부의 첫 번째 부분이 이인직의 '순수 창작'이라는 점이다. 「은세계」의 두 번째

11) 김영민, 앞의 책, 249~253면.

부분에 삽입된 노래들이 판소리 혹은 연극 무대에서 불리는 가창이라는 점은 확실하다. 이들 노래는 전승되던 동요이거나 모심기할 때 노래된 노동요의 성격이 강하다.

> 내려왔네, 내려왔네, 불가사리가 내려왔네
> 무엇하러 내려왔나, 쇠 잡아먹으러 내려왔네

> 서어 마지기 방석밤이 산골 논으로는 제법 크다. 여어허 여어허 어여라 상사디이야.
>
> 불볕을 등에 지고 진흙 물에 들어서서 이 농사를 지어서 누구하고 먹자 하노? 여어허 여어허 어여라 상사디이야.
>
> …(중략)…
>
> 삼대독자 최서방님 조실부모하였으니 불효·부제 죄목 듣기 그 아니 원통한가? 순사도 그 양반이 정씨성을 가지고 돈 소리에만 귀가 길고, 원망 소리에는 귀먹었데, 여어허 여어허 어여라 상사디이야.
>
> 우리 동무 내 말 듣게, 이 농사를 지어서 먹고 입고 남거든 돈 모을 생각 말고 술 먹고 노름하고 놀대로 놀아보세, 마구 뺏는 이 세상에 부자되면 경치느니, 여어허 여어허 어여라 상사디이야.12)

최병도가 원주 감영에 잡혀 간 이후 원주 지역에서 불리던 '불가사리 노래'는 가렴주구를 일삼는 부패 관리를 불가사리에 빗댄다. 강릉 대관령 밑 경금 동네에서 전승되던 농부가에는 최병도가 잡혀 간 이후의 민심이 반영되어 있다. 이들 노래가 판소리 「최병두타령」이나 창극 「은세계」의 공연에서 가창되었을 것임은 추측 가능하다. 삽입 가요의 가사는 소설의 내용 전개에서 중요한 역할을 담당한다. 두 번째 부분에서 최병도의 피검에 따른 작품의 주제는 노래에 의해 전개된다. 봉건 관료제에 저항하는 의식이 강렬하게 표출되고 있으며, 수탈 때문에 부자가 될 수 없을 바에는 실컷 먹고 쓰겠다는 허무주의적 정서 또한 농후하다. 이는

12) 이인직, 「은세계」, 『한국신소설전집』 제1권, 을유문화사, 1968, 426~427면. 작품 인용은 앞으로 이 책을 따른다.

부패한 관료제도에 대한 당대 민중의 분노가 최병도 사건을 계기로 폭넓게 확산되고 있었던 상황을 암시한다. 따라서 이들 노래가 삽입된 두 번째 부분이 어떤 식으로든 판소리 「최병두타령」이나 창극 「은세계」의 대본과 연관된다고 할 수 있다. 또한 위에서 언급되었듯이 이인직이 「최병두타령」을 기초로 소설의 이 부분을 창작했음이 확인된다.

작품 내에서 서술자의 자문자답은 판소리소설이나 고전소설에서 볼 수 있다. 「은세계」에서 이러한 기법은 주로 두 번째 부분에 사용되었다. 이는 작가가 소설의 전면에 개입하는 과정이기도 하면서 판소리 연행 과정에서 창자가 관객들에게 사건의 상황과 배경 등을 설명하거나 감정의 동의를 구할 때 사용되는 기법이다.

> 무슨 까닭으로 그 꼭대기에 묻어달라 하였는고? 죽은 후에 높은 봉에 묻혀 있어서 이 세상이 어떻게 되는 것을 좀 내려다보겠다 한 유언이 있었더라.
>
> —440면

최병도는 모진 고문 끝에 원주 감영에서 풀려나 강릉으로 돌아가던 중 대관령에서 죽는다. 죽으면 산 꼭대기에 묻어달라고 했던 최병도의 유언 내용을 작가가 묻고 설명한다. 작가가 소설의 전면에 등장해서 독자에게 직접 자신의 말을 전달하고 있는 것이다. 자문자답은 판소리를 바탕으로 개작한 이 소설의 두 번째 부분에서 뿐만 아니라 세 번째 부분에서도 빈번하게 쓰이고 있는 반면에 첫 번째 부분에서는 쓰이지 않는다.

> 그 소생이란 아이는 옥동자 같은 아들이라. 그러한 아이를 무슨 까닭으로 해산 구원하던 사람이 부인의 귀에 말을 그렇게 놀랍게 하여 드렸던고? 해산 구원하던 사람은 부인을 놀래려고 그러한 것이 아니라, (…)
>
> —443면
>
> 무슨 곡절로 지게문만 남겨 놓고 다른 문은 다 봉하였던고? 본평부인이 광증이 심할 때에는 벌거벗고 문 밖으로 뛰어나가려 하기도 하고, (…)
>
> —445면

> 제 마음으로 그렇게 되었던가, 남의 꾀임에 빠져서 그렇게 되었던가? 제 마음이 글러서 그렇게 된 것도 아니오, 남이 꾀어서 그렇게 된 것도 아니라. 그러면 어찌하여 그렇게 되었던가? 그때는 갑오(甲午) 이후라, (…)
>
> —451면

> 그 마음 교육이라 하는 것은 어떠한 마음인고? 본래 최병도와 김정수는 국가사상(國家思想)이 머리에 가득찬 사람이라.
>
> —455면

> 옥순이는 여자의 편성(偏性)으로 처음에 먹었던 마음이 조금도 변치 아니하였는데, 그 처음에 먹었던 마음은 무슨 마음인고? 고국을 바라보고 오장이 살살 녹는 듯한 근심하는 마음이라.
>
> —456면

자문자답 형식의 서술이 소설의 세 번째 부분에 더 많이 사용되는 경우를 위의 예에서 확인할 수 있다. 여기에 의문점이 있다. 판소리에 근거해서 개작한 두 번째 부분부터 쓰이기 시작한 자문자답 기법이 어째서 첫 부분에는 쓰이지 않는가이다. 최병도 이야기라는 줄거리가 소설 전체를 관통하고 있는 만큼 이 소설은 「최병두타령」과 연결된다고 볼 수 있다. 그렇다면 이인직의 순수 창작임이 분명한 첫 번째와 세 번째 부분에서 서술자의 자문자답이라는 전대 소설의 기법이 어떻게 한 부분에서는 아주 빈번하게 쓰이고 있는데 다른 한 부분에서는 전혀 쓰이고 있지 않은가에 대한 고려가 필요하다.

이러한 양상이 벌어지게 된 이유로 두 가지를 가정해볼 수 있다. 먼저, 이인직이 전해지는 최병도 이야기를 바탕으로 첫 부분을 창작하고는 「최병두타령」을 빌려와 두 번째 부분을 서술한 후 다시 세 번째 부분을 창작하여 첨가했을 가능성이 제기될 수 있다. 다른 하나는 최원식의 지적대로 소설의 전반부에서 「최병두타령」을 적극적으로 원용하여 이인직이 개작한 후 최병도의 죽음 이후 부분만을 창작했을 가능성 또한 제기될 수 있을 것이다. 문제는 소설이 두 부분으로 구성되었느냐 세 부분으로 구성되었느냐에 있지 않다. 이인직은 「최병두타령」을 분명 소설 기술의 대본으로 삼았다. 이러한 이유 때문에 「은세계」에는 이인직이 창작한 부분과 「최병두타령」의 내용이 각각 겉돌아 작품의 유기적 통일성이나 주제의 일관성이 없다.

> 우리가 들어가거든 호방 비장(裨將) 나리께도 말씀을 잘 여쭙고 수청 기생 계화더러도 말을 잘 하여서 서방님이 무사히 곧 놓여 오시게 할 터이니 우리만 믿으시오. (…) 압다, 요새 그년이 뽐내는 서슬에 호사 한 번 잘 시키고 그 김에 계화란 년 상관이나 한 번 하시구려.
>
> —413면

최병도를 잡으러 온 장교의 말에 등장하는 기생 계화를 서술하는 이 부분은 소설의 전체 전개와는 크게 상관이 없는 부분이다. 이는 봉건 관료의 부패가 어디까지 다다랐는가에 대한 간접적인 설명이면서 부패가 총체적으로 만연되어 있음을 고발하는 부분이다. 이 소설에는 소설의 전개와는 상관없는 부수적인 인물들이 이야기 전개 과정에서 독자가 느낄 수 있는 사건의 분위기나 감정을 고조시키는 역할을 맡는 경우가 있다.

> 이웃에 사는 늙은 할미 하나히 두 어 달 전에 외아들 참척(慘慼)을 보고, 제 설움이 썩 많은 사람이라, 최병도 집에 와서 안방문을 열고 와락 들어오며, (…) 하더니 청승 주머니가 툭 터지며 목을 놓고 우니,
>
> (…) 일변으로 초상 치를 의논하는 중에 박좌수라 하는 노인이 오더니 그 일 주장하는 사람이 되었더라. 본래 박좌수는 십년 전에 좌수를 지내고, 일도 아는 사람이라.
>
> —430면

이웃 할미와 박좌수는 소설의 두 번째 부분에 나오는 인물이다. 「춘향전」의 주인공은 춘향과 이몽룡이다. 나머지 인물들은 모두 춘향과 이몽룡의 사랑을 위한 보조적 인물이라고 할 수 있다. 이웃 할미는 최병

도가 죽었다는 헛소문이 돌 때 본평부인보다 더 쉽게 울어 최병도의 죽음이 가져올 분위기를 예시하는 인물이지만 소설의 전개에서 빠져도 무방한 인물이다. 마찬가지로 박좌수는 최병도의 죽음이 헛소문일 수 있는 가능성이 있으니 최병도가 잡혀가 있는 원주로 직접 가보라는 말을 해서 본평부인을 원주로 이동하게 하는, 즉 소설의 무대를 원주 감영으로 이동하게 만드는 인물이다. '박좌수'여도 괜찮고 '김좌수'여도 괜찮은 인물이다. 이는 고전소설에서 흔히 볼 수 있는 기법으로 소설의 두 번째 부분이 분명 「최병두타령」과 연관이 있음을 알려준다.

그런데 계화가 등장하는 장면은 소설의 첫 번째 부분이다. 계화 역시 이웃 할미나 박좌수와 같은 역할을 하는 인물이다. 계화는 장교의 말로만 언급될 뿐 소설의 실제 전개에서는 두 번째 부분에 가서야 잠깐 등장한다. 계화라는 인물은 「최병두타령」에 등장하는 인물일 가능성이 높다.

「최병두타령」은 "이본의 존재뿐만 아니라 그 원본조차 실재했는지가 불확실"하다.[13] 그러나 소설의 두 번째 부분에서 삽입 가요를 통해 「최병두타령」이 작품 제작의 기초 자료였음을 충분히 추정할 수 있다고 한다면, 첫 번째 부분에서도 「최병두타령」의 영향 요소를 찾을 수 있다는 가정이 가능하다.

> ① 擧床 風樂 질게 치고, 아리따운 기생들이, 琉璃鐘 琥珀盃의, 桂當酒 甘紅露를, 가득 가득 부어들고, 사이 사이 늘어앉아, 勸酒歌 將進酒를, 엇걸어 불러 낼 제. 어사또의 상 앞의는, 水汲婢나 올 수 있나.[14]
>
> ② 거문고는 두덩실, 양금(洋琴)은 증지당, 피리는 닐리리, 장구는 꿍 하는데, 꽃밭에 헌 날리는 나비같이 너울너푼 너푼너울 춤추는 것은 장번(長番) 수청기생 계화이라.
>
> —「은세계」, 423면

13) 김영민, 앞의 책, 248면.

14) 「춘향전」, 『申在孝 판소리 辭說 여섯 마당집』, 강한영 校註, 형설출판사, 1981, 75면.

③ 경각간의 윈 고을이, 예석 쑥덕 제서 쑥덕. 本官 公兄 거동 보소. 질廳으로 급히 와서, 出頭 差備 차릴 적의,
"工房아 일 오너라. 사처를 단속하라."
首奴 불러 남여 등대. 執事를 급히 찾아, 戎服을 차리고.
"都訓導 어디 갔나, 旗幟를 내어라."
都使令을 급히 불러, 羅卒을 待令하고.
…(중략)…
행수 불러 기생 단속. 통일 불러 수청 조심. 급창 불러 廳令 申飭. 일읍이 뒤집히되, 본관은 염치 없이, 浮氣만 연해 쓴다.15)

④ (…) 천쇠의 소리를 듣고 우우 몰려나오면서 천쇠더러 무슨 일이 있느냐 묻는데, 천쇠는 본래 호들갑스럽기로 유명한 놈이라, 영문 장차가 김진사댁 서방님을 죽이는 듯이 호들갑을 부리며 어서 본평댁으로 들어가자 소리를 어찌 황당하게 하던지, 농군들이,
"자아, 들거라!"
소리를 지르고 최본평집 사랑 마당에 들어오는데, 제 목소리에 제가 정신을 못 차릴 지경이다.

—「은세계」, 416면

①은 「춘향전」에서 변사또의 생일 잔치가 벌어질 때의 광경이다. ②는 「은세계」의 두 번째 부분에 해당되는데 최병도가 원주 감영으로 잡혀갔을 당시 강원 감사가 감영에서 잔치를 벌이는 장면이다. 이 두 장면은 열거와 반복이라는 기법 측면과 사건의 내용 측면에서 매우 비슷하다. 또한 판소리 「춘향전」에서 악인인 변사또와 「은세계」의 악인인 정감사의 특성은 유사점을 지닌다.16) 이와 같은 사례를 검토해 볼

15) 같은 책, 78면.

16) 「은세계」의 삽입가요가 춘향전에서 영향 받았을 가능성이 있다는 점은 전광용의 다음과 같은 언급에서도 확인된다. "삽입 가요를 이같이 대대적으로 작품 속에 엮은 예는 드문 것으로서 작자의 기발한 착상을 엿볼 수 있게 하는 동시에 이런 장면은 춘향전에 있어서 이도령이 암행어사로 내려갈 때 임실 구화뜰 근처에서 들리는 '농부가'나 '백발가'의 대목을 연상시키는 점이 없지 않아 어느 시대에든지 집권자에 대하여 직접 항거를 할 수 없는 무력한 백성은 이러한 자연발생적인 가요를 통하여 대중의 공통적인 심정을 토로 호소하고 있음을 엿볼 수 있게 한다." (전광용, 앞의 글, 298~299면)

때, 「최병두타령」을 기반으로 해서 「은세계」의 두 번째 부분이 서술되었음을 확인할 수 있다.17)

③은 「춘향전」에서 암행어사가 출두하기 전에 급박하게 전개되는 상황을 서술한 부분이다. ④는 「은세계」에서 김정수의 분부를 받아 천쇠가 농민들을 선동하여 최병도의 집으로 인도하는 장면으로 민요가 일어나기 전 상황이다. 두 부분 모두 사건의 전개가 매우 급박하다. ③은 「춘향전」 전체에서 절정 부분이고, ④는 「은세계」의 첫 번째 부분에서 절정의 전 단계이다. ③, ④ 모두 "소설적 문체에서 찾아보기 어려운 리듬과 속도감"18)을 통해 사건의 전개를 축약된 동작 제시로 설명하여 장면화하고 있다. 또한 "本官 公兄 거동 보소", "천쇠는 본래 호들갑스럽기로 유명한 놈이라" 같은 구절은 서술자 혹은 창자가 작품에 개입하여 독자 혹은 청자에게 인물의 행동과 성격을 직접 설명하는 부분이다. 이러한 기법은 연행적 요소가 강하게 작용한 것으로 볼 수 있다. 따라서 소설의 첫 번째 부분에도 「최병두타령」의 영향이 강하다는 점을 알 수 있다.19)

---

17) 춘향전과 「은세계」의 유사한 측면을 확인할 수 있다고 해도, "판소리는 일반적으로 비장한 체험과 골계적 체험을 복합적으로 조직한다고 한다. 그러나 비장하게 전개되는 최병도 이야기에서는 골계적 체험이 전면적으로 소멸한다. 「춘향전」의 방자와 같은 역할을 하는 최병도의 종 천쇠에게도 방자적 골계성은 거의 소멸되어 나타난다. 골계의 소멸은 바로 최병도 이야기의 비극성에 뿌리박고 있으며 나아가서 이제 더 이상 봉건주의와의 타협이 불가능하다는, 성장한 평민의식을 반영한다. 이렇게 하여 이 소설은 판소리의 이원성을 극복하고 통일된 리얼리즘으로 한 단계 발전했다"(최원식, 앞의 글, 289면)는 주장은 납득하기 어렵다. 골계가 소멸되면 비극성으로 귀결되는지 의문이다. 비극성이 발견된다고 해서 그것이 봉건주의와의 타협 불가능성을 이야기하는 것이라고 할 수 있는지 또한 의문이 든다. 그렇다고 해도 판소리의 이원성이 부정의 대상이고, 그것이 극복되어 한 단계 높아진 상태를 리얼리즘에 도달했다고 규정한 후, 그것의 가치가 더 높다는 평가는 설득력이 없다. 「은세계」에서 최병도와 천쇠 사이에는 직접적인 행동의 연결이 보이지 않는다. 최병도는 천쇠에게 어떤 명령을 내리지 않는다. 천쇠는 오히려 김정수와 관계를 맺는다. 춘향전에서 방자가 춘향과 이도령을 매개하는데 반해서 천쇠의 행동은 소설 전개에서 핵심을 이루지 못한다. 천쇠가 없다고 해서 소설의 전개가 불가능해지지는 않는다. 천쇠와 방자는 비교의 층위가 다르다고 할 수 있다. 천쇠와 방자를 비교해서 획득된 '골계미의 소멸'이라는 평가는 근거가 부족하다. 따라서 「은세계」가 판소리 소설보다 한 단계 높은 리얼리즘을 성취했다는 주장 역시 설득력을 얻기 어렵다.

18) 서연호, 『한국근대희곡사연구』, 고려대학교 민족문화연구소, 1982, 33면.

이상의 논의에서 「은세계」가 「최병두타령」를 적극적으로 원용한 앞부분과 순수한 이인직의 창작으로 이루어진 뒷 부분으로 구성된 이원적 구조로 이루어졌음을 알 수 있었다. 전대 소설의 특성이 작품 전반에 걸쳐 고르게 적용되었다는 점, 「최병두타령」의 특성이 작품 전반부에 두드러진다는 점은 「은세계」의 구성을 어떻게 보느냐는 관점의 차이가 작가의 목적 의식을 이해하는 데에는 큰 영향을 미치지 않는다는 것을 확인시킨다. 판소리의 연행적 요소, 「최병두타령」의 반봉건 의식과 대중성은 친일 의도를 은폐시키기 위한 이인직의 의도된 고려라고 할 수 있다.

### 2) 「은세계」에 내재된 목적 의식

「은세계」의 주제에 대한 전광용의 논점을 계승한 최원식은 작품 전반부의 판소리적 요소에 주목하여 이 작품이 "성장한 평민층의 의식을 통일적으로 반영하는 리얼리즘을 획득"했다고 평가한다. 작품 후반부에 제시되는 옥남이의 의병 비판 연설은 친일 작가 이인직의 "의도를 배반하고 오히려 옥남이를 희화화시키고 있다"는 말로 「은세계」 전체의 주제에 대한 일관성을 드러내려 한다.[20]

이에 대해 김영민은 "작품의 구조가 두 개의 분리된 부분으로 이루어진다고 해서 각 부분의 주제와 작품적 가치 역시 분리되는 것인가"라는 문제를 제기한다.[21] 「은세계」의 주제는 "전후반 전체 속에서 논의되어야 한다"는 김영민의 논점은 시민문학론 전개의 연장선 상에서, 작품의

19) 서연호는 같은 책(24~34면 참조)에서 「은세계」가 「최병두타령」에 영향을 받았다는 사실을 연극의 시각에서 면밀하게 논의한다. 소설 전반부 플롯의 견고한 짜임새, 삽입가요, 소설 전반부뿐만 아니라 후반부에도 지속적으로 나타나는 아니리체의 서술 양식 등의 특징을 통해 「은세계」의 판소리적 요소를 증명했다. 이를 토대로 창극 「은세계」와 신소설 「은세계」가 판소리 「최병두타령」을 기반으로 거의 같은 시기에 제작되었다고 주장한다.

20) 최원식, 앞의 글, 296~297면.

21) 김영민, 앞의 책, 255면.

이원적 구조에도 불구하고 반봉건이라는 시대의식을 가장 높게 형상화한 작품이 「은세계」라는 최원식의 평가와는 대조된다.

> 「은세계」는 조선의 국권 상실과 일제의 식민 통치를 정당화하기 위한 수단으로 쓰여진 작품 가운데 하나이다. 결국 조선은 탐관오리 등으로 인해 스스로 멸망해갈 수밖에 없었고, 그러한 불행한 운명에 처해 있는 조선의 정치 개혁을 도와 이만큼이라도 살아갈 수 있도록 해준 일본 제국주의의 개입에 감사하는 마음을 갖도록 유도하는 것이 바로 <신소설> 「은세계」의 일관된 주제인 것이다.[22]

김영민의 이러한 평가는 「은세계」와 친일 작가 이인직의 본질을 정확하게 파악한 것이다. 김영민은 「은세계」가 조선의 패망을 정당화하는 논리를 대중에게 유포시키기 위한 목적을 갖고 있다는 사실을 작품 곳곳에서 전개되는 '필연적 망국론'을 통해 검증했다. 이인직은 「은세계」에서 개화당 김옥균의 사상을 최병도와 옥남의 발언으로 강조하고 있다. 이는 작가 이인직의 논설 의지가 개입된 부분이라고 볼 수 있다.

> (옥남) "여보 누님, 우리나라 이천만 생명의 성쇠(盛衰)가 달린 나라가 결단나게 된 생각은 아니하고, 최가의 집 하나 망하는 것만 그리 대단히 아오? 내가 살았다가 우리나라 일이나 잘하여 볼 도리가 있으면 뿐이 노릇은 고사하고 개 노릇이라도 하겠소마는, 최씨의 집 뫼가 묵는 것은 꿈 같소."
>
> (옥순) "오냐, 기특한 말이다. 네 마음이 그러할수록 죽지 말고 살았다가 나라를 붙들 도리를 하여보아라."
>
> (옥남) "여보 누님, 그 말 마오. 사람이 죽을 마음을 먹을 때에 오죽 답답하여 죽으려 하겠소? 김옥균은 동양의 영웅이라 하는 사람이 우리나라 정치를 개혁하려다가 역적 감태기만 뒤집어쓰고 죽었는데, 나 같은 위인이야 무슨 국량(局量)이 있어서 나라를 붙들어 볼 수 있소? 미국 와서 먹을것 없어서 고생되는 김에 진작 죽는 것이 편하지. 누님이나 고생을 참

22) 김영민, 앞의 책, 264~265면.

고 남의 집에 가서 심부름이나 하고 밥이나 얻어먹고 살아 보오." (괄호—인용자)

—454면

워싱턴으로 유학을 간 옥순과 옥남이 유학비를 마련하기 위해 귀국한 김정수의 사망 소식을 듣고 좌절하여 자결하려고 다짐하는 장면이다. 여기서 이인직의 의식을 대변하는 옥남은 누나 옥순에게 죽는 것이 어떤 의미가 있냐고 따지고 있다. 나라 일을 위하여, 조선의 정치 개혁을 위해서 작은 일이라도 해야 한다면서 옥남은 죽자고 하는 옥순을 비판한다. 그런데 죽지 말고 살아서 "나라 붙들 도리"를 하라는 옥순의 말을 듣고는 돌연 말을 바꾼다. 옥남은 김옥균의 죽음을 말하면서 정치를 개혁하고자 하는 애국지사 김옥균이 비명횡사하는 상황에서는 나라 위한 일을 할 수 없다고 한다. 김옥균이 죽은 것처럼 자신도 죽고 말겠다는 것이다. 애국의 전범으로 김옥균을 제시하고 있으면서, 김옥균이 살해될 수밖에 없었던 상황을 들어 우리나라의 정치 상황이 매우 한심하다는 사실을 은연중에 제시하고 있다. 애국하기 위해 살아야 하지만, 김옥균이 죽을 수밖에 없었던 상황이므로, 애국해야 할 당위성이 중요함에도 불구하고 그냥 죽고 말겠다는 옥남의 발언은 논리적으로 모순된다.

옥남의 발언은 친일 작가 이인직의 현실 인식과 정치 의식을 숨김없이 드러낸다.[23] 나라를 위해 무슨 일이든지 하고 싶으나 상황이 허락하지 않으므로 나라를 위해 어떤 일을 하기보다는 그냥 죽고 말겠다는 옥남의 말에는 제국주의의 침략을 인정한다는, 조선이 일본의 식민지가 되어도 무방하다는 의식이 숨어 있다. 작가 이인직의 친일 논리라고 할 수 있다. 조선의 '필연적 망국론'이 다시 한 번 제기되는 부분이다.

23) 미국 유학 중에 옥순이가 옥남에게 어머니 이야기를 하는 부분(457면)에는 '청삽사리'가 등장한다. 여기서 약한 개를 못살게 구는 폭력적인 존재로 청삽사리는 표현되는데 당대의 정세를 비추어볼 때, '청삽사리'는 청나라에 대한 비유로 보인다. 이인직의 정치 의식이 은연중에 드러나는 부분이다.

① 이런 놈의 세상 얼른 망하기나 했으면…… 우리같은 만만한 백성만 죽지말고 원이나 감사나 하여 내려오는 서울 양반까지 다 죽는 꼴 좀 보게.

② 응? 뺏으면 뺏기고, 죽이면 죽고, 당하는대로 앉아 당하지. 말이 났으니 말이지, 백성이 이렇게 살 수 없이된 나라가 아니 망할 수 있나.

③ 요새 세상에 돈만 많이 쓰면 쉽게 놓여 나오는 줄은 알지마는 나라를 망하려고 기를 버럭버럭 쓰는 놈의 턱밑에 돈표를 써서 들이밀고 살려달라, 놓아달라, 그따위 청을 하고 싶은 마음은 없는걸. 죽이거나 살리거나 제 할대로 하라지.

④ 글 잘하는 양반이 말을 하여도 남과 다르데, 최서방님이 나를 보고 순사도를 욕을 하는데, 나라 망할놈이라고 이를 북북 갈고 피를 퍽퍽 토하면서, 우리나라 백성들이 불쌍하다고 말을 하니, (…)

⑤ 순사도께서 이 백성들을 수족같이 알으시고, 동생같이 여기시고, 어린 자식같이 사랑하시면 이 백성들이 무궁한 행복을 누리고, 이 나라가 태산과 반석같이 편안할 터이오나, 만일 그렇지 아니하여 백성이 도탄에 들 지경이면, 천하의 백성 잘 다스리는 문명한 나라에서 인종(人種)을 구한다는 옳은 소리를 창시하여 그 나라를 뺏는 법이니, 지금 세계에 백성 잘못 다스리던 나라는 망하지 아니한 나라가 없습니다. (…)

⑥ 지금 우리나라 형편이 어떠하냐 할진대, 말 한 마디로 그 형편을 자세히 말하기 어려운지라. 가령 한 사람의 집으로 비유할진대, 세간은 다 판이 나고 자식들은 다 난봉이라. 누가보든지 그 집은 꼭 망하게만 된 집이라.[24]

'필연적 망국론'의 여섯 가지 경우는 작품 구조를 세 부분으로 나눌 경우 ①~③까지는 첫 부분에, ④와 ⑤는 둘째 부분에, 마지막 ⑥은 세 번째 부분에 속한다. 이때 작품의 첫 부분과 둘째 부분이 판소리 「최병두타령」을 기초로 이인직이 창작한 부분이라고 한다면, ①~⑤의 망국론은 반봉건 이념에 수렴되는 민중의 소망을 드러내는 것으로, ⑥만을 이인직의 친일논리를 은폐한 '필연적 망국론'으로 재분류할 수 있다.

24) 김영민, 앞의 책, 262~263면.

①~⑤ 중에서 ①과 ④는 마을사람들과 모심는 농부들의 발언이다. 특히 ④의 경우 노동요의 가사인데 이는 이인직의 필연적 망국론이 투영된 것으로 보기 힘들다. 또한, 최병도의 발언에서도 이인직이 창작한 부분과 판소리적 요소가 분리되는 지점이 소설의 두 번째 부분에 있다. 최병도가 감사의 잘못을 지적하면서 대항하는 장면(433~434면)에서 최병도의 발언은 '—ㄹ시다', '—ㅂ시사', '—까' 등의 종결어미가 반복되어 일정한 리듬감을 형성한다. 이는 판소리 같은 연행에서 창자가 노래하거나 독백하는 부분의 발화를 연상시킨다. 발언 내용 역시 최병도의 개화사상과는 대척된다. 관리의 윤리적 덕목을 지적하고 있는 이 부분은 개화사상에서 비롯된 근대 정치 제도에 바탕을 둔 비판이라고 보기 어렵다. 문장 종결 어미가 '—읍니다'로 바뀌는 지점에 "천하의 백성 잘 다스리는 문명한 나라에서 인종(人種)을 구한다는 옳은 소리를 창시하여 그 나라를 뺏는 법이니"라는 친일적 내용이 등장하는데, 이는 이인직이 창작한 부분이라고 판단된다. 이인직이 창작한 부분에서 친일 요소가 드러난다는 것은 분명한 사실이다. 「최병두타령」에 근거를 둔 부분의 망국론은 반봉건의 시각이라고 볼 수 있을 것이다. 반봉건 망국론을 일본에 의한 '필연적 망국론'으로 이인직이 왜곡시켰다는 점이 드러난다.

최병두의 발언에서 판소리에 영향받은 반봉건적 요소와 이인직의 정치 의식이 반영된 부분이 분열된다는 점은, 이인직이 창작한 이 대목이 "군더더기처럼 보"이기 때문에 소설의 두 번째 부분의 내용 전개에서는 실상 불필요하다는 데 기반을 둔다. "최병도와 김옥균을 연관시킨 것은 도저히 판소리 광대의 몫이 될 수 없고 김옥균 사상에 경도된 이인직의 몫"이다.[25)]

이인직의 친일논리는 작품의 후반부에서 고종의 양위 사건을 정치개혁이라고 판단한 옥남과 옥순이 조선에 귀국한 후, 절에서 의병을 만

---

25) 이상경, 「이인직 소설의 근대성 연구-이인직 연구2」, 『민족문학과 근대성』, 민족문학사연구소 편, 문학과지성사, 1995, 167면.

났을 때 옥남이가 행한 연설에서 확실하게 드러난다. 의병에 대한 옥남의 비난은 당대의 반외세・반봉건이라는 이념 중에서 반외세를 거세시키려는 이인직의 의도가 투영된 것으로 볼 수 있다. 이인직의 친일 논리는 최병도 사건을 축으로 한 소설의 전반부에서 반봉건의 외피를 두른 채 잠복되어 있다가 옥남의 발언을 통해 소설의 전면으로 나서는 것이다. 대중적인 인기가 있었던 판소리 혹은 창극의 요소를 소설에 적극적으로 도입한 이유 역시 친일 논리를 전파시키기 위해 이인직이 고려한 의도적 수법이라는 판단이 가능하다.

> 옥남의 마음에 우리나라 일은 놀부의 박 타듯이 박은 타는데 경만 치게 된 판이라고 생각한다. (…) 대체 그 박씨가 어느 바람에 불려 온 것인고? (…) 한 통을 타면 초상 상제(初喪 喪制)가 나오고, 또 한 통을 타면 장비(張飛)가 나오고, 또 한 통을 타면 상전이 나오니 (…)
>
> —459면

옥남이가 미국 유학 중에 조선의 상황을 걱정하고 있는 장면이다. 작가는 소설에 개입해서 자신의 시국관을 설명한다. 작품의 전개 과정과 상관성이 부족한 「흥부전」은 작품의 흥미를 유발시키기 위해 의도적으로 인용된 것으로 보인다. 작품의 흥미 유발이라는 목적은 대중성을 고려하여 계몽의 실현을 수월하게 하기 위한 것이었다. 친일 논리를 대중에게 빠른 시일 내에 전파하려는 이인직의 의도인 것이다. 「은세계」에 나타나는 이와 같은 고전 소설적 특성[26]은 신소설이 근대 소설로 이행

---

26) 옥남, 옥순 남매가 미국으로 유학가는 길에 옥순이는 어머니를 회상한다. 옥순의 어머니는 최병도가 죽은 후에 실성해서 자식들마저 알아보지 못한다. 그러던 어머니가 성장한 옥남과 대면하자 갑자기 정신이 들어 말을 한다. "(…) 몇 해만 되면 세상에 변이 자꾸 날 터이요. 극성을 부리던 사람들은 꼼짝을 못하게 되고, 백성들은 제 재물을 제가 먹고 살게 될 터이요. 두고 보오, 내 말이 맞나 아니 맞나……. 옥순 아버지가 대관령에서 운명할 때에 하던 말이 낱낱이 맞을 터이요." (447면) 미쳤던 사람이 갑자기 정신을 차린다는 설정도 어색하지만, 수 년간 정신 없던 어머니가 정신 들어 하는 말이 나라가 망하고 새 세상이 올 것이라고 말하는 대목은 구성의 작위성을 느끼게 한다. 이인직의 노골적인 친일 논리가 숨어들어

되는 과도기의 특성[27]을 드러낸다.

> (…) 그 남편이 대답 한 번 하려면 힘이 드는 모양같이 보이는 고로 불러보지도 못하고 앉아서 속만 탄다. 이 몸이 의원이나 되었으면, 맥이나 짚어보고 싶고, 이 몸이 불사약이나 되었으면 남편의 목숨이나 살려보고 싶고, 이 몸이 저승에 갈 수가 있으면 내가 대신 죽고 남편을 살려달라고 축원을 하여보고 싶고, (…)
>
> —439면

> 김씨 생각에 내가 집에 있어서 그 일을 본 해만은 못하더라도, 그 후에 우리나라의 곡가가 점점 고등하였으니 내 지휘대로만 하였으면 돈이 많이 모였을 듯하여, (…)
>
> —450면

위의 인용은 서술자가 인물의 심리를 설명하고 있는 부분이다. 서술자가 소설에 직접 등장하여 독자에게 인물의 심리 정황을 이야기한다. 첫 번째 인용문은 원주 감영에서 풀려나온 최병도를 상면한 아내의 심리가 서술되는 부분이고, 두 번째 인용문은 귀국하는 김정수가 아들에게 재산 관리를 맡긴 후 그간의 사정을 생각하는 장면이다. 판소리가 전거로 사용되었음이 확실하게 드러나는 부분과 이인직의 창작임이 분명한 부분에 같은 기법이 쓰이고 있다. 첫 번째 인용문은 연행의 발화자를 상정하면 발화의 맥락이 쉽게 이해되는 대목이다. 전대 소설의 기법[28]은 두 번째 인용문에서도 사용된다. 독자의 흥미를 유발시키기 위

---

있다. 이 대목은 목적을 위해서 소설의 구성에서 개연성을 무시하는 전대 소설의 특징 또한 보여준다고 할 수 있다.

27) 외국인에 의해 주인공의 운명이 결정된다는 내용은 이 시기 신소설에서 자주 목격된다. 이 작품에서도 씨엑기 아니쓰에 의해 옥남과 옥순 남매가 구출을 받아 유학 생활을 계속 하게 된다는 내용은 이러한 특징에 해당한다.

28) 「은세계」의 현대소설적 면모는 소설의 문장과 표현법에 있다. 이 작품에서 간헐적으로 표현된 현대적 문장은 이후 이광수 소설에서 그 완성을 이룩한다는 점에서 분명 혁신적인 의미가 있음에는 틀림없다. 그러나 거의 대부분의 문장이 "서술시제로서의 역사적 과거시제나 또는 역사적 현재법인 '—더라', '—다'로 되어서 이조 소설의 서술적 시제를 그대로 답습하고 있다."(이재선, 『한국개화기소설연구』,

해 대중성이 강한 판소리계 소설의 특성을 이인직이 의도적으로 사용했을 가능성을 배제할 수 없다. 이 부분을 작가의 직접 발화라고 한다면, 작가가 자신이 전달하고자 하는 내용을 청자에게 직접 설명하고 있는 부분으로 이해할 수 있다. 「은세계」 전체가 판소리의 기법을 원용하고 있다는 점이 확인된다.

대중적 흥미를 유발하기 위해 판소리 요소를 도입한 「은세계」에서 이인직의 의도는 소설을 통해 친일논리를 계몽하고자 함이었다. 이원적 구조는 「은세계」의 한계를 여실히 드러낸다. 의도 달성을 위해 전대 소설의 장점을 과감히 도입한 「은세계」의 목적 문학적 면목을 확인할 수 있다.

## 3. 결론

내용상 근대적 측면을 담지하고 있는 것은 분명하지만, 기법 면에서 신소설은 전대의 소설 관습에서 벗어나지 못했다.[29] 작가의 빈번한 개입, 작가가 전달하려고 하는 논설적 주제를 위해 사건 진행의 서술이 축약된다는 점, 작가의 발언을 대신하는 주인공의 논설적 발언이 소설 전개의 대부분을 차지한다는 점, 인물 묘사에서 전범을 벗어나지 못하

일조각, 1993, 293면)

29) 이 작품의 서술 면에서 근대적 요소가 보인다는 점은 이재선, 전광용, 김영민 등의 논자에 의해 지적되었다. "서력 일천 구백 칠년은 우리나라 개국 오백 십륙년이라. 그 해 여름이 되었는데 하늘에서는 불빛이 뚝뚝 떨어진다. 그 불빛이 미국 화성돈 어느 호텔 객실에 비추었는데, 그 객실은 동남향이라. 동남 유리창에 아침볕이 들이쪼인다. 그 유리창 안에는 백포장을 드렸고, 백포장 밑에는 침대가 놓였고, 침대 위에는 여학생이 누웠는데 그 여학생은 옥순이라. 옥같은 얼굴이 아침볕 더운 기운에 선 앵두빛같이 익어서 도화색이 지고, 땀이 송송 나서 해당화에 이슬 맺힌 듯하였는데 어여쁘기는 일색이나 (…)"(460면) 여기서 소설의 공간은 조선에서 미국으로 순간 이동하여, 워싱턴의 호텔에 투숙하고 있는 옥순이의 외양 묘사로 이어지고 있다. 근대소설에서는 잘 쓰이지 않는 공간 이동의 압축이라고 할 수 있고, 옥순이의 외양 묘사는 전대 소설의 영웅 묘사 부분과 흡사하다. 「은세계」의 서술 측면에서도 전대 소설적 특성이 강하게 드러나는 부분이다.

는 비유가 사용되는 점, 남·녀 주인공의 성격 표현에 있어서 남녀차별적인 의도[30]를 벗어나지 못한다는 점을 볼 때, 신소설은 전대 소설에 가까운 이행기의 소설 양식이라는 점을 확인할 수 있다.

「은세계」는 판소리 「최병두타령」의 요소가 작품 곳곳에 산재한다. 친일 논리를 빠른 시일 내에 전파시키기려는 이인직의 목적 의식이 판소리 기법의 차용에 숨어 있다. 대중성에 대한 고려는 자신의 의도를 효과적으로 수행하기 위한 선택이었다.

"이인직의 모든 <신소설>들은 기본적으로 그의 '개화'와 '친일'의 의지를 담기 위한 그릇이었다."[31] "주제의 시대적인 참신성에나 대표적 주인공의 성격을 뚜렷이 그린 점"에서는 「은세계」를, "구성이나 묘사면에서는 「귀의 성」"[32]을 이인직의 대표작으로 꼽을 수 있다는 이원적인 판단은 이인직의 전 작품이 친일의 논리로 귀결된다는 사실에 비추어 볼 때, 이인직 소설의 창작 동기와 배면의 논리를 파악하지 못한 일면적인 평가이다.

친일 논리를 가장 빠르게 그리고 가장 효과적으로 대중에게 전파할 수 있는 방법이 소설이라고 이인직이 판단했을 가능성은 충분하다. 전대 소설의 양식적 특성을 전면적으로 사용했다는 점이 이러한 판단의 근거이다. 「은세계」가 신극과 어떤 양상으로든지 관련을 맺고 있다는 점 역시 연행의 대중성을 통해 친일 논리의 전파라는 목적 달성을 고려했다고 판단하게 하는 요소이다. 이인직이 계몽해야 할 것은 친일이었고, 그에게 소설의 목적은 친일의 계도였다. 최병두의 이야기에서 두드러지는 반봉건적 특성 역시 망국의 필연적 결과인 식민지와 연결된다는 점에서 「은세계」는 이인직 사상의 본질인 '친일'에서 벗어나지 못한다.

---

30) 「은세계」에 등장하는 여성 인물들 즉, 최병도의 부인과 옥순이는 대부분 울면서 말한다. 이에 비해 최병도, 김정수, 옥남은 거의 울지 않는다.

31) 김영민, 앞의 책, 264면.

32) 전광용, 앞의 책, 300면.

# 폭력적인 역사에 대응하는 언어의 양상

정한숙의 『끊어진 다리』를 중심으로

## 1. 언어와 사회, 언어와 역사

6·25가 끝난 후 10년만에 나온 『끊어진 다리』는 현대사의 중요한 사건을 소설의 소재로 다룬다. 우리 현대사에 대한 작가의 성찰이라고 부를 수 있을 것이다. '역사 격변기'[1)]의 소설에는 현실 역사 상황에 대응하는 표현 층위의 일정한 양식이 있을 것이라는 가정에서 이 글은 출발한다. 이는 역사와 문학 작품의 관계가 밀접하다는 의미에서, 역사와 문학 작품은 서로 영향을 주고 받을 수 있다는 의미에서 '상동한 대립 관계'를 확인하는 작업이 될 것이다.

『끊어진 다리』를 정한숙의 대표 작품으로 거론하는 연구의 대부분은 작품의 내용 분석에 치중했다. 이들 연구는 '끊어진 다리'를 전후 한국

1) 현대사의 주요 사건은 식민지, 8·15, 6·25, 4·19, 5·18 등으로 요약된다. 언급된 주요 사건들을 통해 현대사의 목표가 해방·통일국가 성립·민주화로 수렴되었음을 알 수 있다. 이 글에서 '역사 격변기'란 용어는 우리 현대사를 지칭하는 말로 제시한다. 식민지와 해방, 전쟁과 민주화 운동을 한 단어로 포괄하기에는 각각의 용어가 매우 넓은 역사적 함의를 지닌다는 난점이 제기된다. 또한 전쟁으로 인한 남북 분단 국가 성립이라는 역사 단계는 민족통일국가가 이루어지기까지 현재진행형이 될 수밖에 없다. 현재진행형인 우리 민족의 역사 단계를 포괄하기 위해 '격변기'라는 용어를 쓴다.

인이 회복하여야 할 근본적이고 숭고한 정신의 상징으로 여겼거나,[2] 소설의 내용과 실제 역사 사건을 비교 분석하여 작가의 역사 의식을 전후 문학의 관점에서 파악했다.[3] 정한숙 사후의 첫 학위 논문인 정영아의 연구[4]는 『끊어진 다리』의 결말 부분에서 외세에 의존해서는 민족 자립이 성립될 수 없다는 점을 깨닫는 주인공 연의 자각이 작가의 역사 의식을 반영한다는 점에서 작품의 성과를 높게 평가했다. 이상의 연구는 언어 층위에 반영된 작가의 역사 인식과 폭력적인 이데올로기에 대한 작가의 대응 양상을 놓치고 있다는 약점을 일정 정도 공유한다.

정한숙의 『끊어진 다리』는 식민지부터 6 · 25 이후를 다루는 전쟁 소설이다.[5] 6 · 25를 제재로 삼는 많은 전쟁 소설 중에서 현대사의 중요한 사건 전부를 일별하는 작품으로 꼽을 수 있는 작품이 『끊어진 다리』이다. 이 작품은 역사 사건을 다루는 작품의 언어 양상에 대한 미시적 고찰을 통해 언어와 사회의 긴밀한 관계를 폭넓게 확인할 수 있다는 가치를 지닌다.

---

2) 신동욱, 「자유의 신화」, ≪현대문학≫ 제127호, 1965.7.

3) 정현기, 「역사적 진술의미와 소설적 진실」, 『한국문학의 사회사적 의미』, 문예출판사, 1986.
이주형, 「정한숙 소설에서의 한국 현대사 인식」, 이주형 외, 『한국현대작가연구』, 민음사, 1989.
한승옥, 「한국 전후소설의 현실극복의지」, 『숭실어문』 제3집.
윤석달, 「분단현실의 소설적 형상화와 역사의식」, 『한국항공대학논문집』 제28집, 1990.8.

4) 정영아, 「정한숙 소설 연구」, 고려대학교 석사학위논문, 1998.

5) 전후 20년이 지나기 전에 발표된 6 · 25를 다룬 대표적인 장편 전쟁 소설로는 강용준 『밤으로의 긴 여로』, 송병수 『빙하시대』, 이범선 『동트는 하늘 밑에서』, 오유권 『방앗골 혁명』, 박경리 『시장과 전장』 등을 들 수 있다.

## 2. 소설의 발화와 구조의 상관성

### 1) 구조의 단절과 기억의 비약

『끊어진 다리』는 "주인공 연(演)의 회상 형식으로 사건이 진행된다. 작품 전체의 대부분을 차지하는 연의 소년 시절은 일제 말기로 설정되어 있다. 연의 기억에 포착되는 시간대는 일제 말기로부터 해방, 6·25를 거쳐 분단 이후까지 이른다." 소설의 구성은 사건의 시간 순서에 따르지 않는다. "20년이 넘는 격변의 역사"가 "연대기 순으로 배열"되어 있지 않고 주인공 '나'의 일관되지 않은 기억에 따라 "무작위적으로 구성"되어 있다.[6]

> 모리스 일가는 그날을 마지막으로 조부 때부터 정들여 살아온 땅을 떠난 채 오늘에 이르렀다.
>
> 나는 그날 오후 세 시쯤 집으로 돌아왔다. 보통 때 같았으면 대개 두 시쯤 집에 돌아오는 것이지만, 그날은 도중 마냥 장난을 치며 돌아왔던 탓에 한 시간은 더디었다.
>
> 이후 이십 년……. 그 이십 년이란 세월은 마치 세찬 소용돌이 속을 헤어나지 못하고 휩쓸려 다녀야 했던 담수어(淡水魚)와 같은 생활이었던 탓으로, 내 지난날의 기억은 온통 뒤죽박죽이 되어버렸다.
>
> 삼년 전 일이 십년 전 일 같기도 하고, 십년 전 일이 삼년 전 일 같기도 하니 말이다.
>
> 두뇌 속에 차곡차곡 정리되어 있어야 할 모든 기억들이, 이렇듯 질서를 잃고 갈피를 잡을 수 없게 된 것은 (…) 타고난 내 두뇌가 명석치 못했다는 것이 가장 큰 원인이어야 할 것이다.[7]

주인공 '나'는 유년시절을 같이 보냈던 선교사 '모리스' 가족이 떠나

---

6) 정영아, 같은 글, 35면.

7) 정한숙, 『끊어진 다리』, 을유문화사, 1963, 5면. 이후 작품은 이 책에서 인용하며, 면 수만 표시함.

던 날을 떠올린다. 소설은 이 기억에서 시작되어 '나'가 지난 20년 동안 겪은 일들을 여러 층위의 기억을 오가며 서술해간다. '나'는 "세찬 소용돌이 속을 헤어나지 못하고 휩쓸려 다녀야 했"다. 삼년 전 일과 십년 전 일이 뒤엉켜 있어 '나'는 흘러간 20년 세월의 순차적 질서를 분간할 수 없다. 소설의 전개 방식을 작가가 미리 고지하고 있는 이 부분에 의해 작품 전체의 구성 특징이 파악된다.

모리스 일가가 떠다던 날의 기억에서 촉발된 기억의 연쇄는 다음과 같이 진행된다. 하학길에서 만난 목사님 → 하학길의 뽕나무 밭 → 오디 먹던 추억 → 오디물 → 학교 선생님의 꾸중 → 토인이라는 별명 → 니그로 → 6·25때 만난 흑인 장교 캐리 → 캐리의 흑인 영가 소리.

'나'의 기억은 사건의 연대기적 순서를 따라가지 않는다. 소설의 처음 부분에 제시된 모리스 일가와의 이별을 기점으로 삼아 '나'는 기억의 연쇄에 의해 소설을 서술한다.

> ① 자기 자리로 돌려 보냈지만, 마음 속은 평온할 수가 없었다. 나는 다시 창 가에 놓여 있는 의자에 와 앉았다. 고르지 못한 숨길을 돌리기라도 하려는 듯 눈을 감았다.
>
> ② 지금 내 눈 앞에 떠오르는 환상은 조금 전 내가 불러세웠던 일인 형사 후루가와의 얼굴이 아니다. 아버지의 모습이다. 넓은 정원에 앉아 젖소를 다루거나, 딸기 밭을 가꾸던 아버지의 얼굴이다.
>
> 아버지의 모습은 하나도 변한 데가 없다. 억지로 아버지의 모습을 지금(강조-인용자) 유치장 속에다 옮겨 놓고 생각해 보았지만, 그 환상 속엔 조금도 괴로운 빛이 보이질 않는 것은 무슨 이유일까?……
>
> …(중략)…
>
> 후루가와…….
>
> 그는 내 아버지를 희생시킨 원수일 뿐 아니라 조국의 원수이기도 하다. 그를 대하여 내가 이렇듯 냉정할 수 있다는 것은 나 자신이 그토록 관용(寬容)해졌다는 것일까?……
>
> ③ 이런 생각에 골몰하고 있을 즈음 나는 나를 부르는 나지막한 목소리에 제정신으로 돌아갔다. (96~97면)

해방이 되어 주인공이 유치장에 붙잡힌 일본인 형사를 감시하고 있는 장면이다. 형사였던 후루가와와 대면한 '나'는 흥분된 감정을 가라앉히기 위해 심호흡을 하고 눈을 감는다. 서술 시점인 1960년대의 현재에서 인용 부분의 기억은 해방으로 거슬러 올라간다. 모리스 일가와 헤어진 날의 기억에서 후루가와 형사와 대면한 사건에 대한 기억으로 시간대가 이동한다. ②의 기억은 형사와 대면한 날의 기억에서 다시 더 먼 과거로 이동한다. 아버지를 희생시킨 후루가와 형사에 대한 기억에 뒤이어 아버지에 대한 기억이 떠오른다. 기억은 다시 모리스 선교사와 함께 평화롭게 살았던 과거의 과거로 이동했다가 ③에서 다시 유치장으로 돌아온다.

②에서 시간을 나타내는 명사 '지금'이 지시하는 시간대가 불분명하다는 점이 주목되는 요소이다. 우선 '지금'은 서술자 '나'가 소설을 서술하고 있는 시간인 현재의 지금을 의미한다. 다른 하나는 과거의 기억을 기술하고 있는 서술자의 기억 속 현재, 즉 유치장에 앉아서 아버지를 회상하고 있는 '나'의 현재를 의미한다. 두 가지 의미 중 어느 것으로 해석해도 '지금'의 의미는 소통된다. 작가의 무의식적인 혼란에서 이와 같은 서술 시점의 혼란이 야기되었는지, 또는 기억에 의해 소설의 전개가 이루어지는 소설 구성 방법상 기억의 층위를 풍부하게 만들기 위해 의도적인 서술 시점의 혼합을 고려했는지는 명확하지 않다.

> ① 나는 그때도 난생 처음 어머니를 미워했던 내 감정이 부끄러워 사람들이 들끓는 속으로 뛰가다시피 빠져나왔다. 아직도 내 마음 속엔 어머니에 대한 미안감이 가시질 않고 있다.
> 가마니 치는 강습을 받기 위하여 존네 집 응접실을 치우던 나는 일손을 멈추고 이 주변에 벌어졌던 어느 날 새벽의 광경이 생각히워 빙긋이 웃었다. (242면)
>
> ② 나는 자란 후론 고을 밖을 나가보지 못한 주제인 우물 안 개구리나 다름없는 존재다. (…) 이남이란 땅이 나에겐 유일한 희망이요, 기대요, 보람의 복지(福地)인 것 같기만 했다.

> 목사님네 식구와 더불어 고향을 떠나 서울에 도착한 것은 근 열흘만이었다. 미군이 우리들에게 약과 밥을 주어 구호해줄 때 나는 정말 그 온정에 울지 않을 수 없었다. (337면)

늘어난 일제의 공출 때문에 식량 사정이 극도로 좋지 않았던 대동아 전쟁 시절, 일인들과 친일파들이 먹다 버린 뼛조각을 구해 국물을 우려 먹었던 기억에서 '나'의 기억은 갑자기 현재로 돌아온다. 버린 음식을 주워다 먹는다고 '나'는 어머니를 미워했다. 지금 와서 생각해보니 "내 마음 속엔 어머니에 대한 미안감이 가시질 않고 있다." 다음 문단에서 '나'의 기억은 다시 일제 말기, 공출 기한에 맞추기 위해 가마니를 짜던 때로 돌아간다. 과거와 현재가 한 문장에서 다음 문장으로 이어지고, 다시 과거로 돌아가는 서술은 ②에도 나타난다. 첫 문단은 소련 진주군 지휘관 이반의 딸 소냐와 나눈 대화에 이어지는 구절이다. 다음 문단에서 '나'의 기억은 아무런 인과 없이 목사님네 식구와 함께 월남한 기억으로 옮겨간다. 사건은 한 문단에서 다음 문단으로 비약된다. 연상에 의지하는 기억이기에 원인과 결과가 일치되지 않는다. 사건 전개의 일관성이 흐트러진다. 기억의 주요 지점을 스치는, 완결된 구조로 재구되지 않는 단편의 기억들이 이 작품을 구성한다.

작가는 현재에서 출발해 각 사건의 시간 층위를 기억에 의지해 서술한다. 현재에서 과거로, 과거에서 먼 과거로, 먼 과거에서 더 먼 과거로, 더 먼 과거에서 현재로 진행되는 소설의 이러한 특징을 통해 작가가 자신이 경험한 사건을 계열화시켜 배열한 후 이를 시간의 연대기적 순서를 따르지 않고 기술했음을 알 수 있다. 기억에 의거해 과거의 경험을 기술하면서 서술자 '나'는 현재의 시각을 개입시킨다. 이 작품의 구조는 현재의 시점에서 출발하여 과거를 통과하고, 다시 현재로 돌아온 상황에서 과거가 어떤 의미를 지니는가를 작가가 자신의 경험을 토대로 탐구해본 과정이라고 할 수 있다.

작가는 과거 사건의 원인과 결과를 통찰할 수 없었다. 식민지, 해방,

전쟁, 독재, 그리고 4 · 19로 이어지는 현대사의 역사 동인을 진행중인 과정 속에서 파악하기란 쉽지 않은 일이다. 현재의 삶에 과거의 역사 경험들이 진행형으로 영향을 미치고 있었기 때문에 작가는 시간 순서에 따라 기억을 배치할 수 없었다. 구성의 단절과 서술되는 기억의 비약은 주관적인 기억에 의해 과거를 해석할 수밖에 없었던 '나'의 현실 상황을 반영한다.

친일파가 살아서 국회의원을 하고, 주인공 '나'는 전쟁에서 다리를 잃고, '나'의 아내 미혜는 시력을 잃고, 북의 어머니가 살아 있는지 죽었는지 확인조차 할 수 없는 분단 상황, 독재 정권을 무너뜨린 혁명 등 과거의 모든 역사가 이 작품에서는 현재형으로 진행된다. 과거의 현재화 즉, 현재로 끊임없이 호출되는 과거가 기억의 여러 층위를 자유롭게 오가는 현상은 시대와 소설의 상관관계를 나타낸다.

### 2) 기억에 의지하는 서술자의 발화 특징

주인공 '나'의 불연속적이고 환유적인 기억 연쇄에 따라 진행되는 이 작품에서도 서술자 '나'에 의한 '랑그의 사유 과정'인 직시의 지시소들이 사용된다. '나'는 과거의 사건, 과거의 기억을 소설이 서술되고 있는 현재로 불러온다. 과거는 현재로 불려와서 '나'에게 현재의 어느 순간처럼 생생하게 기술된다.

> 처음 그가 여기 잡혀왔을 때 반죽음이 되었던 것이 요즈음은 제대로 운신도 하게끔 되었다. 그가 그 지경에 이른 것은 자기가 저지른 일에 대한 당연한 업보이기도 했다. (…)
>
> 그가 나와 시선이 마주치자 놀란 표정으로 당황하게 된 것은 다름이 아니었다. 그의 상처와 건강이 어느 정도 회복되었을 때 일이다. 그날도 나는 이 자리에 앉아 보초를 보았다. (95면)

해방 후 후루가와 형사가 유치장에 구금되어 있을 때를 회상하는 장면이다. '나'의 기억은 현재에서 과거로 이동되어 있다. 서술자 '나'는 과거에 머무른다. 후루가와 형사가 '처음' 잡혀왔을 때를 떠올리는 '나'가 지칭하는 '요즈음'은 잡혀 있는 후루가와와 철창을 사이에 두고 대면하고 있는 '요즈음'을 가리킨다. 두 번째 문장에서 '나'는 후루가와가 "반죽음이 되었던 것"을 '그 지경'이라고 지칭한다. 과거 속의 현재 시점에서 조금 더 먼 과거를 '그'로 지칭하면서 서술자 '나'는 시간상의 거리와 사건의 경과를 표현한다.

지시어 '그'가 사건에 대한 '나'의 심리적 거리를 나타내는 반면, 두 번째 문단에서 후루가와의 상처가 어느 정도 회복되었을 때를 서술하는 '나'는 과거를 현재로 끌어당기는 지시어를 쓴다. '나'가 앉아 있는 '이 자리'에 후루가와가 잡혀 '있고', '나'는 보초를 서고 있는 유치장 안에 '있다'. '나'는 1960년대에 소설을 서술하고 있고, 서술되는 사건의 시간은 1945년이다. '나'는 기억 속의 1945년으로 이동한다. 거기서 '나'는 후루가와가 잡혀오던 때를 떠올리고, 유치장이라는 공간을 현재의 공간으로 인식한다. 소설이 기술되는 현재의 시간대로 과거가 끌려와 있다. 또한 기억의 무대가 되는 1945년 어느 날로 이전의 어떤 날이 끌려와 있다.

주체 '나'를 기준으로 해서 주체와 근거리에 놓여 있는 사물이나 사건을 지시하는 지시어 '이'는 현재와 과거, 과거와 과거의 과거에 대한 기억의 혼합 양상을 보여줌으로써 현재 시점에서 주인공 '나'가 느끼는 과거에 대한 심리적 밀착감을 표현한다. 지시사 '이'는 과거가 사라진 시간에 불과하지 않고, 여전히 현재의 '나'에게 깊은 영향을 끼치고 있다는 사실을 드러낸다. 주체 '나'가 느끼는 사건에 대한 주관적 거리감을 나타내는 지시사 '이'와 '요즈음'은 '나'가 진술하는 진술 대상이 심리적으로 아주 가까운 자리에 놓여 있음을 확인시킨다. 소설의 서두에서 "삼년 전 일이 십년 전 일 같기도 하고, 십년 전 일이 삼년 전 일 같기도 하"다는 '나'의 발언은 소설의 구체적인 서술 양상에서도 확인된다.

## 3. '나'의 발화와 이데올로기의 상관성

언어 활동에는 개인적 측면과 사회적 측면의 두 가지 측면이 있는데, 이는 서로 분리해서 생각할 수 없다.[8] 대화를 구성하는 말은 대화 참여자의 주관에 의해 맥락이 결정되지만, 그 맥락에는 사회적 측면이 개입될 수밖에 없다는 뜻이다. 대화의 이데올로기적 요소 역시 소쉬르가 지적한 '언어 활동'[9]의 사회적 측면과 연결된다. 다음 대화에서 대화의 맥락에 포함된 사회적 측면을 살필 수 있다.

> "장로님 안녕하셔요?"
> "응……."
> "어디 가셨다 오시는 길인가요?"
> "응, 학교서 지금 오냐?"
> "오늘 무슨 일이 있었나요?"
> "응, 어서 집으로 가거라……." (20면)

'나'가 장로를 보고 안녕하셨느냐고 묻는다. 어른인 장로는 '응'이라면서 잘지냈다고 말한다. 모리스 선교사 일행이 떠나던 날의 기억을 다루는 이 부분에서 장로는 그들이 떠난 사실을 알고 있다. 자신이 몸담고 있는 교회의 외국인 선교사가 떠나는 날에 안녕할 리는 없는 것이다. '응'이라는 인사는 따라서 어린 아이의 인사에 대한 관행적인 대답이 된다.

---

8) Ferdinand De Saussure, 앞의 책, 20면 참조.

9) 소쉬르는 언어 활동을 'langage'로, 언어학의 연구 대상이 되는 언어는 'langue'로 불렀다. 'parole'은 랑그의 실제적 운용을 뜻하는 화행(話行)으로 이해되며, '화행'이 실제의 언어 활동에 쓰여 담론으로 확장되는 전체 현상, 랑그와 파롤을 포함하는 더 큰 개념이 랑가쥬이다. 소쉬르가 지적한 랑가쥬는 언어의 실제 운용이라는 화용론의 대상을 의미하는 것으로 이해할 수 있다. 일반적으로 소쉬르가 언어학(일반 언어학)의 대상으로 랑그만을 고려했다고 여겨지나, 『일반 언어학 강의』에서 그는 랑가쥬에 해당하는 언어의 실제적 활용에 대해 자세하게 언급한다(Ferdinand de Saussure, 앞의 책, 19~34면 참조).

'나'는 장로에게 어디 갔다 오느냐고 묻는다. 장로는 '나'의 물음에 대답하지 않는다. 대신 '너는 어디 갔다 오는 길이냐, 학교에 갔다 오는 것이지'라는 내용을 되묻는다. 장로의 질문에는 '내가 어디 갔다 오는지 너는 알 필요가 없다'는 의미가 내포되어 있다. 모리스 선교사가 떠난 이후로 장로가 친일에 앞장서는 소설의 후반 내용에 비추어볼 때, 장로의 이러한 대답은 선교사의 추방과 장로의 행동 사이에 어떤 은밀한 인과 관계가 설정되어 있다는 의심을 불러일으킨다. 대화의 맥락은 인물들의 행위와 밀접한 연관을 맺는다. 제시된 대화는 이후 작품에서 인물의 행위를 추정할 수 있는 근거를 제공한다.

'나' 역시 학교 다녀오는 길이냐는 장로의 질문에 대답하지 않는다. 학생인 '나'가 하학 시간에 집으로 돌아가고 있다는 것을 장로 역시 알고 있었을 것이다. '나'는 당연히 학교에서 집으로 돌아가는 길이기 때문에, 장로 역시 '나'가 하학중인 것을 알고 있으면서도 의례적으로 물어보았던 말이기 때문에, 서로는 자신의 의사가 충분히 전달되었다고 느끼고는 더 이상 묻지 않는다. '나'의 질문 "오늘 무슨 일이 있었나요?"는 '나' 역시 장로에게 학교에 다녀오는 길이라는 상황을 설명할 필요가 없다는 의도를 포함한다. '나'와 장로 사이의 갈등을 예견할 수 있는 대목이다. 장로와 '나'는 주인공의 아버지가 일제에 의해 체포되는 과정과 교회 종의 공출 과정에서 갈등을 겪는다. 이러한 인물 관계가 '나'와 장로의 대화에 함축되어 있다.

장로는 어서 집으로 가라고 '나'에게 명령조로 말한다. 언표된 내용의 주체는 '나'이고, 언표 행위의 주체는 장로이다. 장로라는 언표 행위의 주체는 언표 내용의 대상 '나'에게 집으로 빨리 가라고 명령한다. 지시하는 자와 지시를 수행하는 자의 관계가 설정된다. 장로는 지시하고 '나'는 지시받는다. '나'는 역사의 격랑에 어쩔 수 없이 말려들어 피해받고, 명령하는 장로는 일제의 권력을 수여받아 작은 권력자가 된다. '나'와 장로의 관계는 침략자 일본과 피식민지 조선이라는 거대 권력 관계의 미시적 배치 양상을 보여준다.

장로와 '나'의 대화는 언어를 사회에 연결시키는 여러 유형 가운데 하나인 명령하는 자와 명령을 수행하는 자의 관계를 내포한다. 주체 '나'의 주관성에 의해 대상과 '나'의 관계가 설정되듯이 발화자와 발화 상대자인 청자—대화의 상대자—사이의 관계가 이러한 배경에 의해 구별된다. 생략된 대화와 그에 따른 명령형 문장의 사용에는 대화자들 간의 미시적인 권력 배치가 숨겨져 있다. 언어는 사회 구조와 기능의 분모이며 동시에 사회 구조의 해석 체계로 쓰일 수 있는 복잡한 매커니즘이다.[10)]

작품의 서두에서 "내 지난날의 기억은 온통 뒤죽박죽이 되어버렸다"고 '나'는 말한다. 과거에 대한 기억의 일관성을 따라갈 수 없고, 역사의 원인과 결과를 정확하게 따져볼 수 없는 '나'는 소설의 여러 곳에서 '나'에게 묻고, '나' 스스로 대답한다. 스스로 묻고 스스로 대답한다는 의미에서 이러한 의문문은 알 수 없는 의미를 자신이 찾아가는 과정이라고 할 수 있다. 서술 주체인 '나'의 질문은 작품을 읽는 독자(청자)에게 묻는 경우이기도 하다는 점에서 자문자답은 '나'가 독자에게 제시하고자 하는 소설의 주제를 직접적으로 드러내는 장치이다.

> 그들은 서양 사람들이 우리들에게 가르쳐준 주님이나, 일본사람들이 우리에게 권하는 천조대신보다도 약한 존재들이란 말일까?
>
> 어머니의 말로 듣기엔 그렇게 무쌍한 재주와 힘을 갖추고 있으면서도 무슨 까닭에 우리들로 하여금 자기들을 믿게 하지 못하고 남의 나라 신을 섬겨야 하는 불행한 처지에 빠져들게 하였을까……. (78면)

신사에 청소를 하러 다녔던 기억을 서술하는 부분에서 '나'는 어머니가 들려주었던 '산신령이나 용신'을 생각한다. '나'는 서양인에 의해 전파된 '주님'과 일본인에 의해 강요된 '천조대신'과 우리나라 토속 신앙의 대상인 '산신령과 용신'을 비교한다. '나'는 용신과 산신령이 아주 변

10) Emile Benveniste, 앞의 책, 121면 참조.

화무쌍한 재주와 힘을 지니고 있지만, 무슨 이유 때문에 외국에서 전해진 신들에게 무기력한지 알 수 없다. '나'는 왜 그러냐고 묻는다. 이러한 '나'의 의문은 서술자 스스로가 자신에게 묻는 말이면서 동시에 독자의 동의가 전제된 상태 즉, 해답을 놓고 하는 질문의 형태를 띤다. 우리나라가 외국보다 힘이 약하기 때문에 믿어야 하는 외국 신은 외국 것이 우리 것을 이기는 과정의 상징임을 서술자 '나'는 독자들에게 묻고 있고, 독자들은 이러한 질문자의 답을 이미 알고 있다. '나'는 의문문으로 독자들에게 문제를 제시하고, 독자들은 답을 알면서도 문제를 풀어본다. 일인칭 서술자가 사건의 의미를 각성하기 위해 던진 의문 안에 답은 이미 주어져 있다. "나로서는 우리들이 남의 나라 신을 가져다 믿게 된 원인과, 이유 같은 것을 알아차릴 수 있기엔 너무나 어렸다"고 '나'는 말하지만, 서술하고 있는 지금의 '나'는 답을 알고 있다. 다음 인용에서 '나'의 답이 드러난다.

> 사찰과 서원과 공자묘를 비롯하여, 신궁 · 신사와 그리고 거리마다 있는 성당과 교회…….
> 서학에 일어난 동학이며…….
> 이 모든 신과 종교는 우리들에게 무엇을 가져다주었던 것인가? (81면)

불교, 유교, 일본의 신사, 기독교, 천주교 모두 외국에서 유입되었다. "이 모든 신과 종교는 우리들에게 무엇을 가져다주었던 것인가?"라는 질문은 '나'에서 1960년대 '우리'의 질문으로 확장된다. 외국에서 들어온 종교가 '우리'에게 무엇을 이룩하게 했는가를 묻는 '나'의 질문은 외세에 의해 파탄된 역사라는 인식으로 이어진다.

> 일본말을 일본 사람보다 더 잘 한다던 강 선생…….
> 만주나 중국을 떠돌아 다니는 사이에 중국사람이나 다름없이 중국말을 쓸 뿐 아니라 호복을 입고 중국인 행세를 하던 사람들…….
> 게다를 끌고 하까마를 즐겨 입던 얼굴…….

표정까지 닮으려는 통역 장교님들…….

나는 내가 입고 있는 군복을 보았다. 그리고 눈을 감았다. 쉽게 동화되기를 바라는 내 살속의 피가 갑자기 증오스러웠던 까닭이다.

누구의 탓이 아니라 오늘의 비극은 여기서부터 시작하였던 것은 아닐까……. (113면)

전쟁 중에 고향까지 진격했다가 후퇴하던 '나'가 생각하는 장면이다. 후퇴하면서 '나'는 해방 후 이북에 진주한 소련군 이반과 그의 딸 소냐를 생각한다. 소설의 서술 시점인 현재에서 전쟁을 떠올리고, 거기서 전쟁보다 먼 과거인 해방(과거의 과거)으로 기억의 층위는 깊어졌다가 다시 전쟁의 현장인 과거로 돌아온 '나'의 기억에 연쇄되는 인용문의 마지막 문장에서 서술자 '나'는 현재를 평가한다. '나'는 외세에 주체적으로 대응하지 못했던 '우리 민족'의 행동 때문에 동족상잔이라는 비극적 전쟁이 벌어졌던 것은 아니냐고 말한다. '아닐까'라는 의문의 형태이지만 '나'의 의문은 '아니다'라는 부정이 아니라 '그렇다'라는 긍정을 함의한다.

'나'의 역사 의식은 4장의 서두 부분에서 현재의 목소리로 직접 제시된다. 다리를 잃은 '나'와 눈이 먼 '미혜'가 자리잡은 황무지는 이스라엘 민족이 세계를 떠돌다 이천년만에 다시 찾은 땅과 비슷하다. '나'는 그 땅에서 현재의 가난과 고통을 극복하고 새로운 미래를 개척하려고 한다. '나'는 생각한다. "고통과 가난을 버리고 살 수 있다면야 좀 좋으랴……. 그러나 우리들이 그것을 버릴 수 있는 길이란 인내밖에 없다." (177면) '나'는 현재의 고통스런 현실을 극복하기 위해 과거를 회상한다. 식민지와 해방, 전쟁과 혁명으로 얼룩진 현재에 남겨진 것은 가난뿐이다. 가난을 극복하려는 '나'는 이스라엘 민족이 나라를 되찾았을 때의 상황과 '우리'의 상황을 연결시킨다. 새롭게 역사를 개척해나가자는 작가의 의식이 이스라엘 민족과 황무지를 개척하려는 '나'를 통해 제시된 것이다.

이 과정에서 외세에 대한 작가의 의식은 '자립'으로 수렴된다. 4·19 혁명의 좌절을 언급하면서 작가는 혁명도 현실의 가난을 극복하는데 도움이 되지 못했다고 말한다.

> 희망, 승리……, 도취……, 그 어느 것도 우리들을 당장에 기아로부터 건져주진 못했다. 우리들을 가난과 기아로부터 구출시킬 수 있는 힘은 우리들의 어깨와 다리를 믿는 것 밖엔 없다는 신념을 스스로 습득할 수 있었을 뿐이다.
>
> (…)
>
> 자신을 믿어보려는 마음보다, 남에게 기대려는 마음은 새로운 불평을 이끌어 내었고, 도취는 안일을 길러내어 혼란한 현실을 꾸며댔던 것이다. (180면)

최고의 악은 '가난'이고, 가장 먼저 해야 할 일은 가난의 '타파'이며, 이를 위해서는 자신을 믿는 마음이 필요하다. 현실의 가난을 타파하기 위해서는 외세의 힘을 빌리지 않고 우리 손으로 개척해나가야 한다는 의미를 황무지라는 공간에 살고 있는 '나'와 '미혜'라는 장애인 부부를 통해 그려내는 작가의 의도는 그러나 미국에 대한 인식에서 이율배반적인 면모를 보인다.

> 죤……. (…)
>
> 자유와 평화를 자랑하는 너의 조국 아메리카의 진주군은 우리들을 이러한 현실 속에서 구원하기 위하여 그 많은 물자와 노력을 기울였다는 것을 나는 잘 알고 있다. (…) 죤! 너와 나와는 일찌기 같은 울타리에서 우리 어머니의 젖을 나눠 먹고 자란 믿음의 형제였던 것이다.
>
> 죤!
>
> 1950년 6월 25일
>
> 우리는 공산군의 남침을 막기 위하여 같은 전선에 섰던 자유의 용사요 자유의 형제였던 것이다. (217~218면)

'나'는 존과 유년시절을 같이 보냈다. '나'는 일본, 소련 같은 외세 중에서 유일하게 '미국'만은 우방으로 생각한다. '젖을 나눠 먹고 자란 믿음의 형제'이자 공산주의에 맞섰던 '자유의 형제' 미국과 우리나라의 관계는 존과 '나'의 관계 설정으로 예시된다. 작가의 의식은 '나'의 의문에 대한 대답의 형태인 '~것이다'로 제시된다. 미국은 자유의 형제이자 젖을 나눠먹은 형제이기 때문에 외세를 배격하고 자립해야 한다는 작가의 주제 의식에서 예외가 될 수밖에 없다. 역사에 대한 작가의 직접적인 언급에서 나타나는 '~것이다', '~말이다'를 통해 알 수 있는 자기 깨달음의 강요적인 문장 형태는 작가의 역사 의식을 드러낸다. 또한 이러한 문장 형태는 당대 권력의 억압적 코드를 상기시킨다.

화자의 담화는 의미를 전달하기 위해 자신의 주관에 의해 적당한 문장 형태를 만들어낸다. 이런 의미에서 화자는 대화자와 공유하는 선택된 상황과 대화의 맥락에 따라 그 문장의 형태를 결정한다고 할 수 있다. 그러나 화자 외부에 존재하는 사회적 현실의 이데올로기를 담고 있는 말들은 화자의 주관성과는 연결되지 않는다. 사회적인 이데올로기는 화자의 주관적 상황과 관계없는 문장 형태로 사회라는 외부에서 화자의 내부로 인입된다.

> 황국신민(皇國臣民)의 서사(誓詞)
> 一, 우리는 황국신민이다. 충성(忠誠)으로 군국(君國)에 보답함.
> 二, 우리 황국신민은 서로 신애협력함으로써 단결을 굳게 함.
> 三, 우리 황국신민은 인고단련 힘을 기름으로써 황도를 선양함. (76면)

명사형으로 끝나는 위의 서약문은 일본의 충실한 '신민'이 되기 위해 '나'가 외워야 했던 문장이다. 명사형 '보답함'은 '보답한다'에 표시되지 않은 의무를 표현한다. '우리'는 충성으로 군국 일본에 보답하고 있다는 의미와 보답해야 한다는 의미가 명사형 '보답함'에 포함되어 있다. 명령과 강제의 의미가 숨어 있다. 조선인 '우리'가 '황국신민'이라는 진술을 발화하는 순간 일본의 신민이라는 신분이 획득된다. '우리'는 황국신민의 서사를 읊으면서 군국에 보답하고 있으며, 굳게 단결하고 있으며, 황도를 선양하고 있다. 말하면서 동시에 행동한다. 말이 행동이 된다. 말로 강제된 행동이 발화와 동시에 '수행'[11]되는, 또는 수행되어야 하는 권력적 문형의 상징으로 동사의 명사형이 쓰였다.

'나'는 황국신민의 서사를 말하면서 외재하는 이데올로기를 내면화한다. 제국주의의 침략 논리가 저항없이 인식되고, '우리'가 제국주의 일본의 충실한 '신민'임을 당연하게 여기게 된다. '우리'라는 복수 주어로 황국신민 서사를 발화하는 순간 개인으로서의 조선인이라는 발화 주체는 사라진다. 명령과 당위를 내포하는 수행 동사에 의해 발화 주체인 조선인 '우리'는 저항이나 비판의 의지를 박탈당한다. 행위 수반 동사로 짜여진 황국신민의 서사는 이데올로기를 전달하는 문형을 전형적으로 보여준다.

수행 동사가 수행되기 위해서는 수행 동사의 수행 주체 '나'와 사회적 맥락 사이에 계약 관계가 성립되어야 한다고 오스틴은 지적했다.[12] 황국신민 서사는 피식민지인 조선인과 조선인을 지배하는 일본인 사이의 주종관계에 의해 성립된다. 그 바탕에는 서사의 문형을 만든 일본인과 서사를 외워야 하는 조선인 모두가 그러한 사실을 인정한다는 상황이 전제되어 있다. 황국신민 서사의 화용적 맥락에는 언어 사용자와 외

---

11) 동사에 의한 문장의 수행적 특성을 오스틴(John L. Austin)은 '수행문'이라는 특수한 범주로 구별하였다. 일반적으로 진술문은 참과 거짓을 구별할 수 있는 문장인데 비해, 수행문은 참과 거짓을 구별할 수 없는 문장이다. 수행문은 발화되는 동사가 발화자의 행동을 성취시키는 경우를 일컫는다. "예를 들어 'I order to…'라는 문장에서 동사 order의 목적어가 되는 사람은 묵시적이건 구두적이건 간에 사전에 정해진 어떤 절차에 따라 먼저 '나는 당신이 나에게 명령한 것을 이행할 것을 약속합니다'와 같은 말을 함으로써 내려진 명령을 좇아서 할 수 있는 사람이 되어야 하는 것이 절차상 필요"(『말과 행위』, 김영진 역, 서광사, 1992, 51면)하다. 이런 의미에서 수행 동사가 쓰인 문장에는 그 발화가 요구하고 있는 행위의 대상이나 발화에 따라 행동해야 하는 사람 또는 그러한 수행 동사의 행위가 이루어지기 위한 조건이 마련되어야 한다.

12) John L. Austin, 위의 책, 48~54면 참조.

부 이데올로기 사이의 관계, 그리고 언어에 영향을 미치는 권력 관계가 숨겨져 있다.

## 4. 언어라는 정치적 사건

전쟁에서 다리를 잃은 주인공 '나'와 타락과 사치로 시력을 잃은 미혜가 가족을 이루고, 가난을 타파하기 위해 황무지를 개척한다는 소설의 결말은 우리 민족이 처한 상황을 상징한다. 남북 분단 상황에서 이 소설은 공산주의에 대한 적대감으로 무장되어 있지 않다. 분단의 원인 탐구나 친일파의 청산에 대한 주의 주장을 설파하지도 않는다. 작가는 주인공 '연'의 기억에 의지하여 식민지 말기부터 1960년대까지 20여년에 걸친 역사의 격변을 탐구하면서 역사가 현재에 어떤 영향을 미치고 있는가를 회상한다. 어떤 이유로 해서 조국이 남북으로 분단되었는지, 6·25의 원인이 무엇인지에 대해서는 자세한 언급이 없다. 작가는 4·19와 혁명의 실패를 짧게 언급할 뿐이다. 작가는 지나간 과거의 역사보다는 가난을 타파하기 위하여 황무지를 개척한다는 상징적 행위가 시도되는 현재의 삶이 더욱 중요하다고 말한다.

소설의 결말 부분(7장)에서 개척지를 휩쓸어버린 홍수는 역사의 격랑을 상징한다. 홍수와 산사태에 휩쓸릴 수밖에 없는 무기력한 존재이지만 '나'는 좌절하지 않는다. 자연과 역사의 거대한 폭력에 맞서는 개인인 '나'는 홍수와 산사태가 지나간 이후, 번개와 우레 소리가 "태산의 낙락장송을 스치고 지나가는 한 가닥 바람결 모양 미미한 것"(394면)이라고 생각한다. 나의 '끊어진 다리'와 마을의 '끊어진 다리'는 각각 역사에 희생당한 한 개인과 파괴된 사회를 지칭한다. 끊어진 마을의 다리는 "昭和 ×年 ×月 ×日 竣工"(402면)되었다. 일제시대의 유물인 다리가 끊어져 없어졌다. 과거의 아픈 역사를 깨끗이 잊고 새로 시작하려는 '나'의 다짐이 소설의 마지막 부분에 제시된다. 작가는 "미혜의 보이지 않는 눈이 우리 나라의 현실"이라고, '연'의 끊어진 다리가 "우리들이 살고 있는 경제적인 실정"(405면)이라고 말하면서 '연'의 목소리를 빌어 개척과 자립 의지를 표명한다.

> "죤, 신경 없는 이 고무 다리도, 보이지 않는 미혜의 눈도, 결국은 내 의지(意志)로서 볼 수도 있고 움직일 수 있는 것이야. 인간의 의지가 곧 운명이란 말이 있지 않나. 말하자면 운명이란 의지의 결정 같은 것이니까." (405면)

폐허의 땅에서 자립하여 새 삶을 개척해나가겠다는 '나'의 의지 표명으로 끝나는 소설의 결말을 가능하게 하는 내적 동인은 찾기 힘들다. 헤어졌던 존이 소설의 결말부에서 다시 등장해서 '나'의 생활을 돌아보고, '나'의 의지 표명을 들어준다는 설정에는 개연성이 부족하다. 미국의 힘에 의지하지 않고 우리나라 스스로 자립해야 한다는 작가의 의도로도 파악할 수 있다. 존이 광범위한 수해 현장에서 우연하게 '나'가 살고 있는 곳을 찾아온다. 우연에 의존한 소설 구성이라는 비판을 면하기 어렵다. 그렇지만 모든 가능성이 소멸되었지만, 다시 일어서서 삶을 개척해나가야 한다는 주제 의식은 실패에 절망하지 않는 작가의 건강한 세계관이 없다면 형성될 수 없는 가치이다.

일상적 대화나 소설의 대화에도 사회적 권력 관계는 투영된다. 장로와 '나'의 대화에서 드러나듯이 사회적 권력 체계는 언어 주체의 말에 반영된다. "언어 활동은 언어학을 위한 사건이기 이전에 정치적인 사건이다."[13] 문제는 권력의 지표인 언어가 어떻게 배치되느냐인데, 이러한 배치 관계의 연장선에서 작가는 역사의 압력에 상응하는 문형을 통해 역사에 대응한다.

『끊어진 다리』에 나타나는 이데올로기의 문형은 당대의 권력을 반영

13) "language is a political affair before it is an affair for linguistics" (Gilles Deleuze & Félix Guattari, *A Thousand Plateaus —Capitalism and Schizophrenia,* trans. Brian Massumi, Univesity of Minnesota Press, Minneapolis, 1987, pp.139～140)

하고, 자문자답의 문형은 작가가 역사에 대응하는 방법으로서 시대와 작품의 상동성을 설명해준다. 억압적인 이데올로기의 시대에 정한숙은 이데올로기의 강도에 비례하는 이념 표현의 문형을 통해 시대와 역사의 의미를 탐구했다.

# 김승옥 소설의 문체

「서울의 달빛 0章」, 「霧津紀行」, 「서울 1964년 겨울」을 중심으로

## 1. 문체와 세계 이해

문학은 문학만의 독자적 자율성을 지닌다. 사회의 규칙들이 통용되지 않는 영역을 분명히 지니고 있는 것이다. 그렇다고 문학이 사회와 동떨어져서 사회와 아무런 상관없이 독자적 영역 속에 유폐된 자율적인 미의 영역일 수는 없다. "문학을 하나의 사회 현상으로서 개인과 집단 그리고 제도 및 사회 구조"에 속하는 "사회적 산물"[1])로 볼 때, 문학은 사회와 '상동성'을 지니게 된다. 상동성은 소설과 사회가 일방적인 등가관계를 형성한다는 의미가 아니라, 소설이 그 시대의 현실 상황에 어떠한 식으로든 대응된다는 의미로 이해해야 한다. 소설 고유의 대응 방식을 통해 소설은 사회의 현실 질서, 지배 논리에서 벗어나 소설 나름의 세계를 구축한다. 사회 현상으로서 문학은 정치, 경제 등의 영역과 비교할 수 있는 독자적인 영역을 구축한다. 소설가는 "문학 장에 고유한 규범의 이름으로 정치 장 속에 개입"[2])할 수 있다. 소설 '장'과 정치 '장'이

1) 현택수, 「문학의 장과 아비투스」, ≪사회비평≫ 제11호, 1994, 93면.

2) Pierre Bourdieu, 『예술의 규칙-문학 장의 기원과 구조』, 하태환 역, 동문선, 1999, 177면.

서로 경쟁하고 투쟁하고 영향을 준다. 소설과 사회의 관계는 결정된 어떤 이념에 의해 그래야만 해야 하는 어떤 모범에 들어맞는냐 들어맞지 않느냐에 따른 가치 판단에 의해 이루어진다기보다는 사회적 상황에 다양한 대응 양상을 보여준다는 측면에 의해 결정된다고 볼 수 있다.[3] 소설과 사회의 관계는 소설의 내용 층위에 반영된다기보다는 언어 층위에 보다 직접적으로 투영된다는 관점, 즉 문체에 직접적으로 반영된다는 것의 논증이 이 논문의 목적이다.

이 논문은 이와 같은 개념을 귀납적으로 검증하기 위해 김승옥의 단편 소설 가운데서 세 편을 검토하기로 한다. 「무진기행」과 「서울 1964년 겨울」은 김승옥의 문체 특성을 파악할 수 있는 대표작이다. 「서울의 달빛 0장」은 1970년대 후반에 발표된 작품으로 김승옥 소설의 변화 양상을 드러내는 작품이다. 새로운 세대의 감수성을 표현했다는 평가를 받아온 1960년대 김승옥의 대표작 두 편과 1970년대에 발표된 단편 하나는 그 시간의 간격에도 불구하고 김승옥 소설의 문체 특성을 파악하기에 적절한 작품이라고 판단된다.

김승옥 소설의 반복되는 문장 특성은 일정한 문체를 형성한다. 문체는 내용을 담는 그릇이 아니다. 문체는 작품의 제반 표현 층위가 적층되어 형성된다. "문체는 작품에 고유한 지각의 형식, 특별한 지각의 통일성을 부여"한다. 김승옥 소설의 문체를 형성하는 특성들은 "작품에 내재하는 화자의 태도"와 화자가 작품을 통해서 개진하는 세계 이해의 방식을 드러낸다.[4]

---

3) 부르디외의 場이론에 대한 설명에서 현택수(앞의 글, 98면)는 문학 장과 사회 장 사이의 관계를 "상동한 '대립관계'"라고 한다. "문학의 장과 권력의 장 또는 전체 사회의 장 사이에 상동 관계가 성립된다는 것은 대부분의 문학적 전략이 다원적으로 결정되며 '선택'이란 미학적인 동시에 정치적이고, 내적인 동시에 외적인 '이중적' 행위인 것이다."

4) 김인환, 『비평의 원리』, 나남출판, 1999, 142면.

## 2. 작가에 의한 '나'의 일방적 서술과 독백의 언어

김승옥의 소설은 1인칭 화자에 의해 서술된다. 그의 세 단편에 제시되는 대화 역시 서술자인 1인칭 화자가 중심이다.

> 그게 아녜요. 형편이 나빠져서가 아녜요. 아내가 말한다. 그럼 뭐야. 그렇군, 형편이 더 나빠져서군. 돈 때문이니까. 우리를 지배하고 있는 건 돈이니까. 아녜요. 슬픔 때문에요. 종말에 대한 슬픔이 섹스를 만든 거예요. 마찬가지로 우리 모두를 지배하고 있는 슬픔이 우리들의 섹스를 만들어요. (…) 내가 얘기하는 건 그런 전쟁이 아냐. 전쟁은 다 마찬가지예요. (…) 우리를 지배하고 있는 것은 자본주의도 정치권력도 아녜요. 종말에 대한 불안이에요. (…) 그래요, 모두를 지배하고 있는 것은 슬픔예요. 그 슬픔은 특히 남자들을 사로잡고 있어요. 그 슬픔이 남자들의 윤리를 허물어뜨려요. 윤리란 미래적인 거죠. 우리에겐 미래가 없는 거예요. 그리고 허물어진 남자들이 여자를 지배하고 있구요. 그래서 슬픈 거예요. 악귀 붙은 년, 악귀 붙어 미친 년. (…) 왜 화제를 나한테로 돌리세요? (…) 그래 우습게 보고 있었다. (…) 누구냐? 네 입을 빌려서 떠들고 있는 놈. (…) 아직도 네 자궁 속에 살아서 까불어대고 있는 놈. 개 같은 욕망에 시대의 구실을 붙여 널 유혹한 놈. 이름을 대. 모두 이름을 대. 몇 놈이냐? 모두 이름을 대. 개새끼야, 미친 것 네놈이야.
>
> —「서울의 달빛 0章」[5)]

"1960년대에 가장 왕성한 작품 활동을 하였으며, 그의 예리한 감수성과 세계를 꿰뚫는 안목으로"[6)] 시대를 형상화해낸 작가로 평가받는 김

---

5) 김승옥, 『김승옥 소설 전집』 제1권, 문학동네, 1998, 299~300면. 작품은 모두 이 책에서 인용한다. 인용시 면수만 밝힌다.

6) 정현기, 『한국 문학의 해석과 평가』, 문학과지성사, 1994, 274면. 김승옥을 1960년대를 대표하는 작가로 보는 견해에 대부분의 평자들(한상규, 「환멸의 낭만주의-김승옥론」, 『1960년대 문학연구』, 문학사와 문학비평회 편, 예하, 1993; 류보선, 「김승옥론-개인과 사회의 대립적 인식과 그 의미」, ≪문학사상≫, 1990.5; 김윤식, 「60년대 문학의 특질」, 『김윤식 선집 4』, 솔, 1996, 176~183면; 김현, 「구원의 문학과 개인주의」, 『현대 한국 문학의 이론』, 문학과지성사, 1992)이 동의하고 있다.

승옥이 1977년에 발표한 이 작품은 평자들에 의해 김승옥의 문학이 파탄에 이르렀음을 예시하는 작품으로 거론된다.7) 1960년대 이후 김승옥의 문학적 역량이 소진되었다는 견해에 대부분의 평자들이 동의하고 있다고 하더라도, 어느 기준 시기 이전의 작품은 매우 훌륭한데 이후의 작품은 형편없다는 식의 평가는 이해되기 힘들다.8)

술집에서 여종업원과 질탕하게 술을 마시다가 과거를 회상하는 주인공 '나'는 "가슴 복판에서 시작하여 독사처럼 외줄기로 목구멍까지 치달려오는 통증마저도 상투적"이라고 느낀다. '나'는 아내와 이혼했다. 탤런트였던 아내의 불륜 때문에 이혼하게 된 '나'는 술집에서 아내에 대한 증오에 사로잡혀 세상을 저주한다. 아내의 불륜을 목격한 이후 아내와 나누었던 대화를 '나'가 기억해내는 이 대목에서 대화의 주체가 누구인지 독자는 구별하기 어렵다. 구별의 시각적 지표인 따옴표가 사용되지 않았고, 대화가 주인공 '나'의 주관적 서술로 제시되어 있기 때문이다. 주인공 '나'가 서술하기 때문에 주인공과 아내의 싸움이라는 사건의 객관적 상황을 정확하게 알 수 없다. 서술자의 주관적 판단이 개입되었기 때문이다.

서술자와 주인공이 일치되는 1인칭 서술은 김승옥 소설에서 중요한 기능을 담당한다. 인용한 대화에서 '나'는 타인인 아내의 말을 듣고서 기록한다. 그것도 타인의 말임을 표지하는 따옴표 없이 '나'의 서술 층

7) 한형구, 「金承鈺論-金承鈺 문학의 문학사적 성격」, 『韓國現代作家研究』, 민음사, 1989, 226면. 이 글에서 한형구는 김승옥을 다음과 같이 평가한다. "실상 그의 작가적 생명력은 힘겹게 억지로 씌어졌던 1966년의 「多産性」 이래 1969년의 「夜行」에서 거의 소진되었다고 보아도 좋을 터이며, 오랜 침묵 끝에 발표한 1977년의 「서울의 달빛 0章」 (…) 등은 한갓 餘技이거나 에피소드에 지나지 못할 터이다."

8) 주인공 '나'와 아내의 만남에서 결혼, 이혼에 이르는 이야기가 주인공의 회상을 중심으로 전개되는 이 소설은 작품의 제목에서 알 수 있듯이, 김승옥의 다른 단편 「서울 1964년 겨울」과 비슷한 부분이 있다. 공간 배경이 서울이라는 점, 서술자가 주인공 '나'라는 점, 김승옥 소설의 장점으로 평가되는 화려한 문체 등을 두 소설의 공통 요소로 들 수 있다. 「서울 1964년 겨울」에는 '나'와 '안'과 '사내'가 나누는 대화가 따옴표에 의해 인용되고 있지만, 이 소설에서 인물들의 대화는 대부분 인용 지표 없이 소설에 직접적으로 제시되고 있는 점이 두 작품의 차이이다.

위 안에서 '나'의 말과 병렬시킨다. '나'의 기억 속에 남아 있는 것은 아내가 아니라 아내가 '나'에게 했던 말이다. 발화자인 아내는 사라지고 아내의 말만 남아 있다. 아내의 말은 '나'와 대화를 나누었던 타인의 말이 아니다.[9] 타인은 사라지고, 타인의 응답도 사라졌다. 서술자 '나'에 의해 제시되는 '나'와 아내의 대화는 주인공 '나'의 주관에 의해 윤색된 말들이다. 대립하는 두 인물의 세계관을 반영하는 살아 있는 말이 아니다. 세상에 비난과 저주를 퍼붓고 있는 '나'의 폭력적 발화에 대한 '나' 자신의 반성적, 비판적 언술이 아내의 말이다. 결국 내가 묻고 내가 질문한다.

> 썩은 술에 의해 썩어가는 사고(思考), 썩은 사고에 의한 썩은 감정. 상투적으로 끓어오르는 상투적인 증오. 혈관 속의 피는 검은색으로 변하고 있으리라. 인간은 행복할 자격이 있는가? 먹을 것이 부족하던 시절에는 생선시장의 개들처럼 꼬리를 뒷다리 사이에 감아넣고 눈을 슬프게 치켜뜨고 다니다가 형편이 좀 나아지면 발정한 개들처럼 닥치는 대로 붙을 자리만 찾아다닌다.
>
> —「서울의 달빛 0章」(299)

주인공 '나'가 아내의 부정을 비판하는 부분이 사회 전반에 대한 비판으로 전이된다. '나'라는 개인의 목소리가 아니라 집단의 목소리가 이 부분에 개입된다. "인간은 행복할 자격이 있는가?"의 서술 주체가 '나'에서 집단으로 전이되는 주체의 양상을 드러낸다. 서술자 '나'는 누구에

9) 타인(타자)의 말이 인용될 때 사용되는 언술 형태인 화법이 표현하는 것은 "하나의 전언이 다른 전언에 대해 취하는 능동적인 관계이다." 간접인용에서는 타인의 발화를 발화 구성에서 인용자의 주제에 맞게 전환하려는 경향이 나타나지만 그러한 경우에도 "타자의 발화를 인용자의 맥락 속으로 용해시키려고 하는 것은 끝까지 실현되고 있지 않으며, 또 실현될 수도 없다." 인용된 타자의 말과 '나'의 말이 이루는 관계가 의미의 역동적 창조를 일으키는 '대화'를 형성한다고 할 때, 김승옥 소설의 대화는 인용된 타자의 말과 주인공 '나'의 관계가 대립적이지 않은, 같은 이념을 지닌 동일한 인물의 다른 목소리로 들리는 경우이기 때문에 다성적이라고 할 수 없다(Mikhail Bakhtin, 『마르크스주의와 언어철학』, 송기한 역, 한겨레, 1988, 159면 참조).

게 질문하고 있는가. 질문의 대상이 뚜렷하지 않다. 독자 전부 또는 사회 전반에 대해 서술자는 질문한다. 독자들이 살고 있는 사회, 우리가 살고 있는 사회 전반에 대한 질문을 통해 서술자는 자신의 주관적 판단을 제시한다. 이러한 서술자의 시각은 강요를 포함한다. 썩은 사회를 비판하고 반성하라는 작가의 요구는 교조적인 의문으로 제시된다. 서술자 '나'의 목소리에 작가의 목소리가 개입되었다.

세 번째 문장의 행위 주체는 주인공 '나'가 아니다. '나'를 포함한 '우리'로 주체가 확장된다. 부정한 아내 때문에 이혼할 수밖에 없었다는 '나'의 이야기가 사회 비판으로 확대되는 이 부분에서 작가는 서술자를 지배한다. 집단화된 가치 평가의 주체는 작가이다. 주인공과 서술자 '나'의 거리는 밀착되어 있다. 서술자와 작가의 거리 또한 협착되어 있다. "김승옥 소설에 있어서 작가와 작품의 주인공—화자에 가까운—은 동일한 인물의 분신들이다. 작가는 그 동일한 인물을 노출시키는 자이고, 주인공은 동일한 인물을 수행하는 자이다."[10] 작가의 판단 및 개입이 자유롭게 시도될 수 있는 장치로 김승옥의 소설에는 '주인공=서술자=작가'의 관계가 설정된다.

주인공과 서술자의 밀착 관계는 인칭 '나'가 지니는 강력한 지시성에 의해 강화된다. 독자는 주인공 '나'의 탈을 쓰고 소설 속 주인공이 된다. 하지만 서술자와 작가의 관계에 이르면 독자는 작가의 지시를 받고 판단에 따라야 하는 수동적 위치에 놓인다. 독자는 스스로 서술자가 되어 주인공과 대화할 수 있지만 작가와는 대화할 수 없다. 대화는 타인으로의 능동적 지향을 의미한다. 미리 가치를 평가하여 바뀔 수 없는 판단에 다다른 작가와 선입견 없이 소설을 읽는 독자 사이에는 진정한 대화가 이루어질 수 없다. 독자는 작가의 판단과 평가를 그대로 수용하기만 하면 된다. 사회 현상에 대한 작가의 판단이 옳다고 해도 그것이 교조적 목소리로 독자에게 전달된다면, 그 내용이 독자에게 수용되기는 어

10) 정과리, 「유혹 그리고 공포-金承鈺論」, 『文學, 존재의 변증법』, 문학과지성사, 1985, 185면.

렵다. 작가가 서술자를, 서술자가 주인공을 지배한다. 가치 판단이 결정된 김승옥 소설의 의미 확장 가능성은 폐쇄되어 있다.

> 아내나 친구나 그리고 내가 알고 있던 모든 사람들과 이전의 나는 그때의 그 관계대로 어느 시점에서 영화의 정지된 화면처럼 멈춰서 지나가버린 시간의 땅 위에 남겨진 채로 나 자신에게조차 전연 낯선 나만이 낯선 여자들과 함께 가까워질 아무것도 발견하지 못한 채 캄캄한 바다로 떠내려가고 있었다. 그 어두운 바다는 전연 다른 법칙으로서 역시 상투적이었다. 타인끼리만 지키는 캄캄한 법칙의 바다였다.
>
> —「서울의 달빛 0章」(313)

아내와 이혼을 결정한 이후로 주인공 "나는 지난 3개월 동안 60명 이상의 여자와 관계했다." 그에게는 "세면이 일과의 하나이듯 성교 역시 일과의 하나였다." 타인을 진정으로 사랑할 수 없고 이해할 수 없는 '나'에게 성관계를 가질 때마다 "매번 다른 여자"를 만났다는 "사실은 매일 낯선 지방으로 여행하는 것과 흡사"하게 느껴진다. 위의 인용은 '나'가 느끼는 감정을 비유에 의지해 제시하고 있는 부분이다.

자신이 살고 있는 세계의 사물과 사건에 대한 분석적 서술이 결여된 비유적 표현은 주체 '나'의 주관적 대응 양식을 드러낸다. 자신의 성적 방황과 타락 과정이 알 수 없는 "어느 시점에서 영화의 정지된 화면처럼" 멈춰지기를 바라지만, 육체관계 이후에도 결국 타인일 수밖에 없는 "낯선 여자들과 함께" "아무것도 발견하지 못"할 "캄캄한 바다로 떠내려"갈 수밖에 없음을 '나'는 느낀다. 다만 느낄 뿐이다. 타인과의 진정한 관계가 차단된 '나'에게, 그렇기 때문에 진정한 소통이 있을 수 없는 '나'에게 다가올 시간은, 주체 '나'가 존재하지 않는 "타인끼리만 지키는 캄캄한 법칙의 바다"라는 상징으로 제시된다. 소외된 '나'가 세계에 대응하는 방법은 자신에게 폭력을 행사한 세계를 자신의 주관적 언어로 해석하고 비판하는 것이다. 주체 '나'에게 세상은 캄캄한 바다라는 비유로 인식될 수밖에 없다. 대상의 주관화는 비유로 이루어진다. 소설의 핵심 부분에 시적인 비유가 등장하는 김승옥 소설의 특성이 드러난다.

비유에 의지하는 김승옥의 소설에는 주체 '나'와 세계의 일방적 통행만이 있다. '나'와 '너', '나'와 세계의 대화는 불가능하다. 세계에 적응하지 못하고 분열될 수밖에 없는 주인공 '나'에 대한 작가의 서술, 이 말로 김승옥 소설의 독백적 양상은 집약된다.

## 3. 분위기를 지배하는 '나'의 시적 언어

김승옥 소설의 개성적 특징이 구현된 작품, 바로 이 점 때문에 60년대를 대표하는 '감수성의 혁명'을 이루었다고 평가되는 작품이 「霧津紀行」이다.

> ① 그것은 안개다. 아침에 잠자리에서 일어나서 밖으로 나오면, 밤 사이에 진주해온 적군들처럼 안개가 무진을 빙 둘러싸고 있는 것이었다. 무진을 둘러싸고 있는 산들도 안개에 의하여 보이지 않는 먼 곳으로 유배당해버리고 없었다. 안개는 마치 이승에 한(恨)이 있어서 매일 밤 찾아오는 여귀(女鬼)가 뿜어내놓는 입김과 같았다.
> ② 바람은 무수히 작은 입자로 되어 있고 그 입자들은 할 수 있는 한 욕심껏 수면제를 품고 있는 것처럼 내게는 생각되었다. 그 바람 속에는 신선한 햇살과 아직 사람들의 땀에 밴 살갗을 스쳐보지 않았다는 천진스러운 저온(低溫) 그리고 지금 버스가 달리고 있는 길을 에워싸며 버스를 향하여 달려오고 있는 산줄기의 저편에 바다가 있다는 것을 알리는 소금기, 그런 것들이 이상스레 한데 어울리면서 녹아 있었다.
>
> —「霧津紀行」(126～127)

주인공 '나'가 무진행 버스 안에서 무진의 안개를 생각하는 장면이 ①에 제시된다. 버스 안에서 '반수면 상태'에 빠진 주인공이 열린 차창으로 들어오는 바람을 어떻게 생각하고 있는지를 알 수 있는 부분이 ② 이다. '霧津'은 늘 안개에 싸여 있다. 주인공의 고향 무진을 휘감는 안개를 주인공은 마치 객지인처럼 낯설어 한다. '나'는 안개를 적군으로, "이승에 한이 있어서 매일 밤 찾아오는 여귀가 뿜어내놓은 입김"으로 생각한다. 안개가 의인화되어 적군과 여자 귀신으로 표현된다.

"자아가 세계로부터 일정한 거리를 유지하면서 그 세계를 냉철하게 관찰하는 입장"을 지닌 서사장르에서 대상에 대한 비유적 인식은 작품을 시적인 분위기로 몰고간다. 김승옥의 무진에는 자아와 세계 사이에 거리가 존재하지 않는다. "자아와 세계 사이에 본질적으로 아무런 단절이 없"으므로 주인공 '나'는 안개를 자아와 동일시하고, 이에 따라 전망할 수 없는 자신의 상황을 안개에 의탁할 수 있는 것이다. "자아와 세계 사이, 서로 다른 사물들 사이의 동일성을 발견"[11]한 '나'의 은유적 발상법은 "논리적 억압을 뚫고 나가는 힘이 되기도 하고 그 자체가 논리를 무시하는 데서 언어가 곧 사물인 세계를 표현하는 방법"[12]이다.

김승옥의 소설에 등장하는 비유들은 독특한 분위기를 창조해내는 결정적인 요소이다. 무진의 안개 역시 소설을 휘감는 환상적이고 몽환적인 분위기를 창조하고 있으며, 독자는 인물을 감싸고 있고 무진의 거리를 채우고 있는 안개만을 느낄 수 있다. 분위기에 가려진 서사는 관심을 끌지 못한다. 소설의 주인공이 사람이 아니라 안개인 듯하다. 「霧津紀行」에는 분위기만이 가득하다. 이런 점에서 김승옥의 소설을 '분위기 소설'로 칭하는 것은 타당하다.[13]

안개에 싸인 무진에 햇빛이 들자 무진의 실체가 드러난다. '나'가 도

---

11) 김준오, 「시의 형식과 이데올로기」, 《시와사상》 1994.11, 43면.

12) 우한용, 『한국현대소설 담론 연구』, 삼지원, 1996, 224면.

13) 김승옥의 소설을 분위기 소설로 규정할 수 있다. 분위기 소설의 문학사적 맥락은 다음과 같다. "이효석과 이태준의 분위기 소설은 김동리와 황순원을 거쳐 김승옥에 이르러 한국 단편소설의 한 갈래를 형성하였다. 90년대에도 김지원 · 이혜경 · 심상대 · 김훈 · 윤대녕 · 한강 · 이응준 등이 분위기 소설의 전통을 계승하고 있다."(김인환, 「한국 현대소설의 계보」, 《문학동네》 1998 겨울, 211면)

착한 무진은 햇빛보다 강렬한 이미지로 제시된다.

> ① 버스는 무진 읍내로 들어서고 있었다. 기와지붕들도 양철지붕들도 초가지붕들도 유월 하순의 강력한 햇볕을 받고 모두 은빛으로 번쩍이고 있었다. 철공소에서 들리는 쇠망치 두드리는 소리가 잠깐 버스로 달려들었다가 물러났다. 어디선지 분뇨 냄새가 새어들어왔고 병원 앞을 지날 때는 크레졸 냄새가 났고 어느 상점의 스피커에서는 느려빠진 유행가가 흘러나왔다. (…) 햇볕만이 눈부시게 그 광장 위에서 끓고 있었고 그 눈부신 햇살 속에서, 정적 속에서 개 두 마리가 혀를 빼물고 교미를 하고 있었다.
>
> ② 그들은 책가방이 주체스러운 모양인지 그것을 뱅뱅 돌리기도 하며 어깨 너머로 넘겨 들기도 하며 두 손으로 껴안기도 하며 혀 끝에 침으로써 방울을 만들어서 그것을 입바람으로 훅 불어 날리곤 했다.
>
> —「霧津紀行」(131~132)

①에서 김승옥 소설의 핵심 기법이 비유적 표현임을 확인할 수 있다. 사물과 '나'의 경계를 구분할 수 없는 안개의 모호함과 함께 분위기의 한 축을 형성하는 것은 햇빛과 양철 지붕에서 환기되는 시각적 이미지로서의 눈부심 또는 은빛이다. 햇빛이 너무 강렬할 때 사물은 잘 분간되지 않는다. 시각적 이미지는 분뇨와 크레졸이라는 후각적 이미지로 변환된다. 이어 상점의 스피커에서 들려오는 유행가 소리라는 청각 이미지 그리고 햇볕의 시각 이미지, 정적의 청각 이미지, 교미하는 개로 제시되는 근육 감각 이미지가 혼재되어 이미지의 향연이 펼쳐진다. 세계의 본질을 분위기로 환기하는 이러한 방법은 비유 없이는 성공할 수 없다. 작가는 무진이라는 장소뿐만 아니라 '나'가 살고 있는 세계의 분위기를 날카로운 감각에 기반을 두는 비유적 표현으로 제시한다. 분석의 시간이 아니라 직관의 시간이기 때문에, 이러한 비유가 제공하는 시적 세계는 '초시간적 현재'에 머무른다.

①에서 '~고'로 연결되는 문장과 '~있었다'로 반복 제시되는 통사

구조는 시적 세계와 서사적 세계를 적절히 절충한다. 시의 발화가 기본적으로 현재 시제를 사용하는 것과 다르게 서술자가 경험한 사건이 서술되는 서사 장르는 발화의 기본 시제를 과거로 삼는 방법이 일반적이다. 서술된 문장의 시제가 과거냐 현재냐를 따지는 것은 그리 중요하지 않다. 현재, 과거, 미래 등의 시제는 한 작품에서 혼합되는 경우가 허다하다. "서정 양식의 본질을 회상이라고 했을 때" 이러한 요소는 "서정시가 과거시제임을 가리킨 것이 아니라 과거 · 현재 · 미래를 하나의 통일체로 동화시키는 내면화를 의미"[14]한다. 김승옥의 소설에서 출현 빈도가 높은 '~고 있었다'는 이미지로 제시되는 세계에 대한 비유적 인식을 서사적 요소와 기능적으로 결합시킨 중요한 문체 기법이다. 과거 진행형 시제는 과거 시제에 현재의 직관적 인식을 혼합시킨다. 외부 상황과 주체의 폭력적 조정이 언어로 결합된 양상, 마치 이 둘을 접착제로 붙여놓는 듯한 표현이 '~있었고'이다. 김승옥 소설에 제시되고 있는 1960년대의 분위기가 "30여 년의 시간적인 차이를 넘어 여전히 동시대성을 지"[15]닐 수 있는 문체적 이유가 바로 여기에 있다.

②는 무진의 거리에서 '나'가 하학길의 학생들을 관찰 · 묘사하는 부분이다. ①과 마찬가지로 ②에서는 구문 구조의 반복과 대상의 열거가 주요한 기법으로 제시되었다. ②에서 행위 주체인 학생들은 책가방을 i) 돌리기도 하며 ii) 두 손으로 껴안기도 한다. 또 iii) 혀로 침방울을 만들어 날리기도 한다. 한 문장으로 제시된 학생들의 행위는 세 가지이다. '학생들의 하학 광경을 봤다' 정도로 ②를 요약할 수 있다. 세계의 근원적 질서를 알 수 없는 주체 '나'는 안개에 휩싸여 몽환적 분위기에 가려진 세계를 해석하고 싶어한다. 이러한 욕망의 담론적 실현이 반복과 열거로 제시된다. 주체를 억압하는 세계에 대한 주체의 대응이 반복과 열거라는 언어의 확장을 불러일으킨다. 폭압적인 세계에 대응하는 주체의 인식 방법은 직관이다. 비유와 이미지라는 시적 담론 특성이 발

14) 김준오, 앞의 글, 47면.

15) 채호석, 「「무진기행」과 소설의 가능성」, 『작가연구』 제6호, 새미, 1998, 115면.

현되는 것이다. 세계와 대결하기 위해 웅크리며 '집중'[16]한다. 비유로 세계를 해석할 때 비유의 주체는 1인칭 '나'가 될 수밖에 없다. 1인칭 '나'의 주관에 영향을 미치는 다양한 목소리는 존재하기 어렵다. 세계와 주체 '나' 사이에 일방적 관계가 형성된다. 한 쪽이 이기면 다른 한 쪽은 패배할 수밖에 없다. 김승옥의 소설이 지니고 있는 패배적 분위기, 암울한 분위기는 여기서 기원된다. 소통될 수 없는 단성적 세계가 놓여 있고, 김승옥은 그 세계를 소설로 쓰고 있다.

> ① 오랫동안 우리는 다투었다. 그래서 전보와 나는 타협안을 만들었다. 한 번만, 마지막으로 한 번만 이 무진을, 안개를, 외롭게 미쳐가는 것을, 유행가를, 술집 여자의 자살을, 배반을, 무책임을 긍정하기로 하자
>
> —「霧津紀行」(152)
>
> ② 중국집에서 거리로 나왔을 때는 우리는 모두 취해 있었고, 돈은 천원이 없어졌고 사내는 한쪽 눈으로는 울고 다른 쪽 눈으로는 웃고 있었고, 안은 도망갈 궁리를 하기에도 지쳐버렸다고 내게 말하고 있었고, 나는 "악센트 찍는 문제를 모두 틀려버렸단 말야, 악센트 말야"라고 중얼거리고 있었고, 거리는 영화광고에서 본 식민지의 거리처럼 춥고 한산했고, 그러나 여전히 소주 광고는 부지런히, 약 광고는 게으름을 피우며 반짝이고 있었고, 전봇대의 아가씨는 '그저 그래요'라고 웃고 있었다.
>
> —「서울 1964년 겨울」(215)

김승옥 소설의 주요 서술 방법인 열거와 반복을 ①에서도 확인할 수 있다. '나'의 긍정 대상인 목적어들의 나열과 이에 따른 통사 구조의 반복은 현실에 적응하지 못하는 주인공의 성향을 드러낸다. 머뭇거리는 주인공, 판단하거나 결정하지 못하는 주인공의 연약함이 문체에 투영되었다. 나열된 대상들은 주인공이 긍정하고 싶어 하는 대상이지만 실

---

16) "헤겔은 서사의 '확장'과 대비시켜 서정장르의 주관성을 '집중'의 용어로 기술한다."(G. W. F. Hegel, 『헤겔시학』, 최동호 역, 열음사, 1987, 183면)

제로 주인공은 그 어떤 것도 긍정하지 못한다. 청유형 '~하자'는 주인공이 자신에게 하는 말이다. 긍정하려는 주인공의 의도를 강하게 느낄 수 있지만, 이 말의 배면에 현실을 긍정할 수 없는 주인공의 심리와 그러한 상태를 만들어낸 현실의 조건이 숨어 있음을 알게 된다. 「무진기행」은 현실을 탈출한 '나'의 기행담이다. '나'의 현실 무대인 서울로 돌아가면서 주인공 '나'가 하는 다짐은 청유형으로 종결된다. 그러나, 그 약속은 어정쩡한 타협에 불과하다. 김승옥에게 타협은 "실상 타인과 다름이 없음을 인정하는"[17] 말이다. 억압적인 현실 속에서 주체인 '나'의 확립이 절실했기에 김승옥 소설은 서술의 주체 '나', 인식의 주체 '나'가 문체소로서 수미일관 등장한다.[18]

'나'는 서울을 떠나 무진에 들렀다가 다시 서울로 돌아간다. 서울은 떠났던 곳이자 돌아가야 하는 곳이다. 마찬가지로 무진 역시 떠나면 언제나 도착하게 되는 장소이다. 서울의 대척점에 무진이 존재한다. '나'는 서울과 무진 사이를 왕복할 것이다. 현실 공간인 서울과 환상 공간인 무진을 '나'는 결코 벗어날 수 없다.

안개에 싸인 무진이 현실의 대척점에 존재하고 있으므로 현실에서

---

17) 채호석, 앞의 글, 126면.

18) 김승옥 소설의 문체를 분석하면서 장영우(「4·19 세대의 문체의식-김승옥의 「무진기행」을 중심으로」, 『작가연구』 제6호, 새미, 1998, 52~56면 참조)는 주어 '나'의 강조를 우리말 문법에 어긋나는 경우로 거론한다. 장영우의 견해대로 주어 '나'의 강조를 우리말 문법에서 주어가 자주 생략된다는 문법 범주를 알지 못하는 김승옥의 교란된 감수성을 나타내는 징표로 읽을 수도 있다. 그러나 김승옥 소설의 화려한 문체가 우리 것이 아니라 서양 문법의 직접적 영향을 받아 가치가 낮다는 의견은 설득력이 부족하다. 매 문장마다 주어 '나'가 등장하는 경우를 김승옥 소설의 문체 특성을 형성하는 중요한 요소로 이해하면 더 중요한 결과를 도출할 수 있다. 김승옥의 소설에서 주어 '나'의 강조는 서술자의 전면화를 통해 억압적 세계에 대응하는 주체를 강조하려는 작가의 의도로 볼 수 있다. 또 김승옥의 소설에 피동문이 많이 나온다는 지적 역시 그것이 "SOV형 언어인 한국어 문법이나 문장 체계를 교란시킨다"고 판단할 수는 없다. 세계에 대한 주체의 대응 양상이 피동으로 이루어진다는 사실은 주체를 압도하는 세계를 이해하는 방식 혹은 담론의 체계로 볼 수 있다. 이 점에서 반복되는 문형이 문체를 형성하는 결정적인 표현 층위의 기제이고, 형성된 문체가 세계에 대한 소설의 대응 양상을 드러내는 일종의 이데올로기적 체계임을 알게 된다.

도피하고 싶을 때마다 '나'는 언제나 무진으로 돌아올 수 있다. 무진으로 가는 버스에서 시작된 소설이 무진을 떠나는 광경으로 마무리되는 「무진기행」은 원점회귀구조이다. 서로 다른 사물 A와 B 사이의 인과적 동일성이 희박함에도 불구하고 은유는 인식의 동일성을 확립시킨다. 은유에 의해 'A=B' 관계가 형성된다. A를 떠나 B를 거쳐 다시 A로 돌아오는 소설의 구조는 A의 특성을 B의 특성과 결합시켜 A와 B를 새로운 개념으로 이동시키는 은유의 구조와 유사하다. 소설의 구조가 비유 구조인 것이다. '나'가 살고 있는 서울과 '나'가 들렀던 무진은 다르지 않다. 두 공간의 인식적 차이는 없다. 회귀 구조에 의해 서울과 무진이라는 상이한 공간의 벽이 허물어지고, 두 세계는 폭력적으로 재조정된다.

②에서 김승옥 소설의 문장이 반복과 열거로 구성되며, 그때 이미지와 비유가 대상에 대한 김승옥의 인식을 드러내는 장치로 사용되고 있음을 다시 한 번 확인할 수 있다. '1964년 서울의 겨울'을 이 문장 하나가 완벽하게 묘사한다. 소설 「서울 1964년 겨울」의 전체 분위기가 이 문장으로 파악된다. 포장마차에서 만난 '나'와 '안'은 아내의 시체를 판 '사내'의 돈으로 중국집에서 술을 마시고 거리로 나왔다. 서술자 '나'의 시선에 포착된 거리가 행동 주체인 '우리'의 시선으로 전이되어 묘사된다. 단 한 문장으로 시대 상황과 소설의 상황을 서술하는 작가는 '~었고'의 병렬과 통사 구조의 반복으로 대상의 비유적 인식을 표현한다. 이렇게 하지도 저렇게 하지도 못하는 가난한 사내의 처지는 "한쪽 눈으로는 울고 다른 쪽 눈으로는 웃"는 장면으로 제시된다. 사랑하는 아내를 잃고서 삶의 의미를 잃어버린 사내의 어쩔 수 없는 상황이 시적 비유로 표현되었다. '안'은 갑갑한 현실을 빠져나갈 궁리만 하고 있지 행동으로는 실천하지 못하는 인물이다. '나'는 어떤 것이 중요한 것인지, 자신이 해야 할 일이 무엇인지 제대로 판단—'악센트를 찍을 수 없다'—할 수 없다. 소외된 세 인물이 걷고 있는 서울의 거리는 "식민지의 거리처럼" 춥고 한산하다. 1964년의 사회 상황은 어떤 논리적 진술로도 파악되지 않는 직관적 인식의 영역에 가 닿는다. 사회와 사회 구성원 개개인

을 짓누르고 있는 거대한 힘이 비유에 의해 제시된다. 그러나 그 실체는 정확하게 알 수가 없다. 억압의 분위기는 느껴지지만, 억압의 주체는 명확히 밝혀지지 않는다. 따라서 현실에 대한 객관적 인식은 불가능하고, 행동으로 옮길 어떤 대안도 마련될 수 없다. "여전히 소주 광고는 부지런히, 약 광고는 게으름을 피우며 반짝이고 있"고, "전봇대의 아가씨는 그저 그"렇다고 웃고 있다. '우리'는 '여전히' 술로 현실의 상처를 달랠 수밖에 없다. 상처를 치유하기 위해서는 약을 먹을 수밖에 없다. 체념과 굴복의 분위기가 가득하다.

세계는 안개 저 너머에 뚜렷한 실체로 존재한다. 분위기만으로는 해결책을 제시할 수 없다. 분위기의 안개에 싸여 있는 '우리'들은 그 어떤 행동도 취할 수 없는 패배한 인물이 될 수밖에 없다. 절망도 없고, 절망을 구원할 희망 또한 없다. 다만 그러한 분위기만 존재한다. 이것이 김승옥 소설의 특징이다. 사회에 대한 객관적 인식의 결여와 전망의 부재 때문에 김승옥 소설의 가치는 폄하되기도 한다.[19)]

분위기는 특정 시대의 특정 상황이라는 가정을 요구한다. 어떤 시대에도, 어떤 사회에도 그 시대와 사회를 지배하는 분위기가 있다. 자본주의 사회에서 절망과 불안은 사라질 수 없다. 절망과 불안의 원인과 현상을 냉철하게 분석하고 대안을 마련하기란 쉽지 않다. 보편적인 '우리'는 다만 절망에 빠져 불안할 뿐이다. '우리' 속의 '나'와 '안'과 '사내'의 하룻밤 이야기에서 독자들이 알 수 있는 것은 '1964년 서울의 겨울'을 지배했던 분위기뿐이다. 그 분위기를 현재의 우리도 느낄 수 있는 이유는 시대와 현상을 객관적으로 분석할 수 없었던 김승옥 소설의 문체적 특성 때문이다.

---

19) 김승옥의 작품이 우리 문단에서 거론되는 리얼리즘의 개념으로는 좋은 작품으로 평가될 수 없음을 정과리는 지적한다. "김승옥은 엄격한 의미에서의 리얼리즘과는 차이가 있다고 말할 수 있다. (…) 중요한 것은 현실의 모습을 직접적으로 드러냈건, 구조적으로 재구성했건, 그 소설화 작업이 얼마만한 깊이를 담고 있느냐 하는 것이다."(앞의 책, 170면) 협의의 리얼리즘 개념에 묶일 경우 김승옥의 소설은 제대로 이해되거나 평가될 수 있는 계기의 많은 부분을 상실할 수 있다.

## 4. 타인이 존재하지 않는 '나'의 세계

폭력적이고 억압적인 세계에 대한 소설의 대응은 세계를 그대로 반영하여 폭력적이고 억압적일 수 있고, 그와는 반대로 평화적이고 개방적일 수도 있다. 그것이 어떤 양상으로 펼쳐지든지 문체는 세계를 반영하며, 반대로 세계에 영향을 주기도 한다.

> 그러나 도깨비가 붙어 있는 썩은 자궁. 유산 경험이 많으시군요. 습관성 유산입니다. 전쟁이 나면 고아원에나 가게 될 아이, 안 낳으면 어때요? 나의 자리를 오염시킨 놈들은 누구냐. 철저히 불완전하고 위선적인 삼각형. 바로 너의 논리에 의하여 부정당해야 할 너의 주장. 아이는 신이 될 수 없다. 아이는 언제까지나 아이로 있는 게 아니다. 아이를 갖지 않는 어른들, 아이를 잃어버린 어른들이 된다. 내것이어야 할 아내의 처녀를 도둑질한 놈은 이십대 미혼 청년이었고 (…) 부모에겐 신이 되고 스스로는 악마인 두 가지 얼굴의 신은 신이 아니다. 탐욕적인 청춘, 이기적인 중년, 발기되는 노년들이 물처럼 공기처럼 빈자리를 메우려 드는 세계. 우리의 삼각형은 그들 틈에 우글쭈글 뒤틀려 잠시 끼어 있을 뿐. 상투적인 저녁이었다.
>
> —「서울의 달빛 0章」(312)

아내의 부정 때문에 자신의 아이를 유산하게 된 주인공 '나'가 아내와 산부인과에 가서 경험한 사건을 서술하는 부분이다. 이 부분에서 서술자 '나'와 아내와 산부인과 의사의 목소리는 혼합된다. 누구의 말인지 분간하기가 어렵다. 섞여 있는 등장 인물들의 말 속에 작가의 말이 끼어든다. "철저히 불완전하고 위선적인 삼각형" 다음 구절은 서술의 대상이 '너'로 지칭된다. "'나'가 '너'와 더불어 담화내적 인칭을 구성하"[20]고 있는데, 여기서 작가는 서술자이자 주인공인 '나'에게 말을 건다. 작가가 소설의 전면에 개입하여 전능한 신의 목소리로 심판자 혹은 판단자의 역할을 맡는 부분이다. 또한 이 부분의 전체 서술자

20) 유재호, 「화용론의 문학 이론적 성과」, ≪현대비평과이론≫ 제7호, 1994, 57면.

'나'에 의해 "독자는 작가의 이미지를 화자에게 전이시킨 채 텍스트를 읽게 된다."[21] 마찬가지로 작가는 독자 '너'에게 말을 하며 동시에 주인공 '너'에게도 말한다. 주인공은 작가의 이념적 평가에서 자유로울 수 없다.

김승옥의 소설에서 작가와 인물, 인물과 독자, 작가와 독자의 대화는 이루어지지 않는다. 설사 표면적인 대화가 이루어질 수 있다고 해도 작가와 서술자이자 주인공인 '나'는 변별되지 않는다. 따라서 이들의 대화는 단성적이고, 이때의 대화는 '대화'가 아닌 것이다. 타인의 목소리가 등장한다고 해도 이는 위장한 작가 혹은 주인공 '나'의 목소리이며, 그렇기 때문에 그 목소리는 동일한 사건에 대한 동일한 가치 평가에 머무를 수밖에 없는 단일한 목소리의 변형에 그치고 만다. '나'와 타자인 '너'는 구별되지 않는다. 타인이 존재하지 않는 '나'의 세계,[22] '나'와 '세계' 사이의 일방적인 소통만이 존재하는 이차원의 세계로 묘사된 '1964년 겨울의 서울'은 "식민지의 거리처럼 춥고 한산하다."

김승옥의 문체는 폭력적 세계에 대응하는 '나'의 폐쇄된 세계를 드러낸다. 주체 '나'를 침해하는 타자의 폭력이 있다. 폭력적 상황의 근원에 사회와 국가가 있다. 이러한 객체에 대항하는 주관화된 인식 주체로서의 '나'가 있다. 타자의 폭력과 이에 대응하기 위한 주체 '나'의 폭력적인 언어 사용이 김승옥의 문체에 반영되어 있다.

김승옥의 소설은 1960년대를 넘어서서 현재에도 읽힐 가능성이 있다. 억압과 폭력의 사회, 소외된 인간 관계가 지배하는 사회, 진정한 대화가 절연된 사회라는 점에서 1960년대와 '지금, 여기'의 삶 사이에, 문학

21) 우한용, 앞의 책, 45면.

22) 고진은 "'말하는=듣는' 주체, 즉 자신이 말하는 것을 듣"는 것이 대부분의 발화자들이 표현하는 '말하다'에 내재된 의미라고 한다. 김승옥 소설의 말하는 주체와 듣는 주체는 수미일관되게 주인공 '나'이다. 작가는 주인공 '나'의 입을 조종하여 말한다. 자신의 의식에서 출발해 자신의 의식으로 회귀하는 이러한 발화 양태는 앞에서 언급되었듯이 「무진기행」의 원점 회귀 서사 구조와 유사하다. 김승옥 소설의 모놀로그에는 타자를 향한 "목숨을 건 도약"이 없다고 볼 수 있다(가라타니 고진, 『언어와 비극』, 조영일 역, 도서출판 b, 2004, 98면 참조).

과 사회 사이에 상동성이 확립될 수 있다면, 김승옥의 소설의 문체는 여전히 유효한 미적 가치를 지니고 있다고 할 수 있을 것이다.

## 참고 문헌

### 1. 국내 논저

권오만, 『개화기 시가 연구』, 새문사, 1989.

_____, 「김수영 시의 고백시적 경향」, 『김수영 다시 읽기』, 프레스21, 2000.

권재일 편, 『일반언어학 이론』, 민음사, 1989.

김영민, 「신소설 「은세계」 연구」, 『매지논총』 제7집, 1990.

_____, 『한국근대소설사』, 솔, 1997.

김용직, 『해방기 한국 시문학사』, 민음사, 1989.

김윤식 · 정호웅, 『한국 소설사』, 예하, 1993.

김인환, 『비평의 원리』, 나남출판, 1999.

_____, 『언어학과 문학』, 고려대학교 출판부, 1999.

김종철, 「「은세계」의 성립 과정 연구」, 『한국학보』 제51집, 1988.

_____, 『민족문학과 근대성』, 민족문학사연구소 편, 문학과지성사, 1995.

서연호, 『한국근대희곡사연구』, 고려대학교 민족문화연구소, 1982.

서준섭, 『한국 모더니즘 문학 연구』, 일지사, 1988.

송민호, 「한국개화기소설의 사적 연구」, 고려대학교 박사학위논문, 1975.

오성호 · 윤여탁, 『한국현대리얼리즘 시인론』, 태학사, 1990.

우한용, 『한군현대소설담론연구』, 삼지원, 1996.

윤지관, 「영혼의 노래와 기교의 시 — 이용악론」, ≪세계의문학≫, 1988 가을.

이상경, 「「은세계」 재론」, 『민족문학사연구』 제4호, 1994.

이재선, 「개화기의 수사론—그 이론 형성 과정의 영향권」, 『인문연구론집』, 서강대 인문과학연구소, 1969.

_____, 『한국개화기소설연구』, 일조각, 1993.

임종국, 『親日文學論』, 평화출판사, 1966.

장인수, 「김수영 시 연구-'나'의 단독성과 주체성을 중심으로」, 성균관대학교 박사학위논문, 2001.
정과리, 『문학, 존재의 변증법』, 문학과지성사, 1985, 185면.
정영아, 「정한숙 소설 연구」, 고려대학교 석사학위논문, 1998.
정원용, 『隱喩와 換喩』, 부산: 新知書院, 1996.
정재윤, 『우리말 감각어 연구』, 한신문화사, 1989.
조명제, 「李庸岳 詩의 親日性向考」, 『비평문학』 5호, 1991.
최동호, 『平定의 詩學을 위하여』, 민음사, 1991.
최동호 · 강웅식 편, 『다시 읽는 김수영 시』, 작가, 2005.
최두석, 『시와 리얼리즘』, 창작과비평사, 1996.
최원식, 「「은세계」 연구」」, ≪창작과비평≫ 1978 여름.
한수영, 「'일상성'을 중심으로 본 김수영 시의 사유와 방법 (1)」, 『작가연구』 제5호, 1998.
______, 「'일상성'을 중심으로 본 김수영 시의 사유와 방법 (2)」, ≪시문학≫, 2001.5.
한형구, 『한국현대작가연구』, 민음사, 1989.
홍일식, 『한국개화기의 문학사상연구』, 열화당, 1980.
황인교, 「이용악 시의 언술 분석」, 이화여자대학교 박사학위논문, 1991.

## 2. 국외 논저

가라타니 고진, 『언어와 비극』, 조영일 역, 도서출판 b, 2004.
Austin, J. L., 『말과 행위』, 김영진 역, 서광사, 1992.
Bakhtin, Mikhail, 『도스또예프스키 시학』, 김근식 역, 정음사, 1988.
____________, 『마르크스주의와 언어철학』, 송기한 역, 훈겨레, 1988.
____________, 『프랑수아 라블레의 작품과 중세 및 르네상스의 민중문화』, 이덕형 · 최건영 역, 아카넷, 2001.
Barthes, Roland, 『사랑의 단상』, 김희영 역, 문학과지성사, 1991.
____________, 『텍스트의 즐거움』, 김희영 역, 동문선, 1999.
Benveniste, Emile, 『일반 언어학의 제문제』, 황경자 역, 민음사, 1992.

Bourdieu, Pierre, 『예술의 규칙』, 하태환 역, 동문선, 1999.

Cattell, N. R., 『언어학의 이해』, 김인환 역, 홍성사, 1984.

Deleuze, Gilles & Guattari, Félix. *A Thousand Plateaus — Capitalism and schizophrenia,* trans. Brian Massumi, University of Minnesota Press, Minneapolis, 1987.

Hegel, G. W. F., 『헤겔시학』, 최동호 역, 열음사, 1987.

Horkheimer, Max · Adorno, Theodor W. 『계몽의 변증법』, 김유동 외 역, 문예출판사, 1996.

Husserl, Edmund, 『데카르트적 성찰』, 이종훈 역, 철학과현실사, 1993.

Le Goff, Jacques, *History and Memory,* New York : Columbia University Press, 1992.

Lotman, Jurij, 『詩 텍스트의 분석 ; 詩의 구조』, 유재천 역, 가나, 1987.

__________, 『예술 텍스트의 구조』, 유재천 역, 고려원, 1991.

Mey, Jacob L., 『화용론』, 이성범 역, 한신문화사, 1996.

Moulton, William G., McKinnon. A. R. 『언어의 구조』, 김인환 역, 종로서적, 1983.

Mukařovský, Jan, 『무카로브스키의 詩學』, 김성곤 · 유인정 공역, 현대문학사, 1987.

____________, 「시어란 무엇인가?」, 『시의 이해와 분석』, 조주관 역, 열린책들, 1994.

Reboul, Olivier, 『언어와 이데올로기』, 홍재성 · 권오룡 역, 역사비평사, 1995.

Saussure, Ferdinand De, 『일반 언어학 강의』, 최승언 역, 민음사, 1990.

Searle, John R., 『정신, 언어, 사회』, 심철호 역, 해냄, 2000.

Todorov, Tzvetan, 『構造詩學』, 곽광수 역, 문학과지성사, 1998.

**장석원** 張錫原

1969년 충북 청주에서 태어나 고려대학교 국어국문학과와 동대학원을 졸업했다. 2002년 ≪대한매일≫(현 서울신문) 신춘문예 시로 등단했다. 2004년 고려대에서 「김수영 시의 수사적 특성 연구」로 박사학위를 받았다. 저서로 『김수영 시의 수사학』(2005), 시집으로 『아나키스트』(2005)가 있다.

## 한국 현대문학의 수사학

**초판 1쇄 인쇄** 2006년 10월 21일 **초판 1쇄 발행** 2006년 10월 25일
**지은이** 장석원 **펴낸이** 박성복 **펴낸곳** 도서출판 月印
주소 142-879 서울특별시 강북구 수유2동 252-9
등록번호 제6-0364호 등록일 1998. 5. 4
대표전화 (02) 912-5000 팩스 (02) 900-5036
homepage http://www.worin.net



ISBN 89-8477-332-8 93810

값 10,000원